2018 年度全国党校（行政学院）系统重点调研课题"习近平总书记关于国企改革重要论述研究"

混合所有制企业竞争力与股权结构关系研究

——基于制造业的分析

胡 锋 著

中国财经出版传媒集团

经济科学出版社
Economic Science Press

U0516879

图书在版编目（CIP）数据

混合所有制企业竞争力与股权结构关系研究：基于
制造业的分析/胡锋著 . —北京：经济科学出版社，
2018.8
ISBN 978 – 7 – 5141 – 9655 – 9

Ⅰ. ①混…　Ⅱ. ①胡…　Ⅲ. ①混合所有制 – 企业竞争 –
竞争力 – 关系 – 股权结构 – 研究 – 中国　Ⅳ. ①F279.246

中国版本图书馆 CIP 数据核字（2018）第 191667 号

责任编辑：李晓杰
责任校对：郑淑艳
责任印制：李　鹏

混合所有制企业竞争力与股权结构关系研究
——基于制造业的分析
胡　锋　著
经济科学出版社出版、发行　新华书店经销
社址：北京市海淀区阜成路甲 28 号　邮编：100142
总编部电话：010 – 88191217　发行部电话：010 – 88191522
网址：www. esp. com. cn
电子邮件：esp@ esp. com. cn
天猫网店：经济科学出版社旗舰店
网址：http://jjkxcbs. tmall. com
北京财经印刷厂印装
710 × 1000　16 开　15.25 印张　270000 字
2018 年 9 月第 1 版　2018 年 9 月第 1 次印刷
ISBN 978 – 7 – 5141 – 9655 – 9　定价：48.00 元
（图书出现印装问题，本社负责调换。电话：010 – 88191510）
（版权所有　侵权必究　打击盗版　举报热线：010 – 88191661
QQ：2242791300　营销中心电话：010 – 88191537
电子邮箱：dbts@ esp. com. cn）

前　　言

　　党的十九大报告提出"推动国有资本做强做优做大，有效防止国有资产流失。深化国有企业改革，发展混合所有制经济，培育具有全球竞争力的世界一流企业"，而且将对国有企业的论述放在了"贯彻新发展理念，建设现代化经济体系"和"加快完善社会主义市场经济体制"的章节之中，显示了国有企业在建设现代化经济体系、深化供给侧改革、发展实体经济中的重要作用，同样显示了深化国有企业改革对完善社会主义市场经济体制具有重要意义。

　　党的十九大报告又一次提出了要发展混合所有制经济，其实在党的十八届三中全会通过的《中共中央关于全面深化改革若干问题的决定》就提出要积极发展混合所有制经济，全国各省市也在党的十八届三中全会以后相继发布了关于国有企业发展混合所有制经济的相关措施；为进一步规范混合所有制经济发展，2015 年 9 月，《中共中央、国务院关于深化国有企业改革的指导意见》的顶层设计出台，而且还有针对性地出台了《国务院关于国有企业发展混合所有制经济的意见》，而发展混合所有制经济在实践层面的内涵就是通过不同性质的资本相互融合形成混合所有制企业，那么混合所有制企业是否有竞争力，竞争力和股权结构之间是否存在一定相关关系？

　　党的十九大报告中还提出要着力加快建设实体经济、科技创新、现代金融、人力资源协同发展的产业体系，而实体经济的发展必然离不开制造业的发展，制造业是实体经济发展的重要载体和支撑。《中国制造 2025》把制造业发展提升为国家战略，提出到 2025 年，使中国迈入制造强国行列，形成一批具有较强国际竞争力的跨国公司和产业集群。那么，如何利用建设制造强国的战略契机，提升我国制造业企业的综合竞争力，去实现十九大报告中提出的培育形成一批具有全球竞争力的世界一流企业？出于对以上两个问题的考虑，本书选择了制造业中的混合所有制企业作为研究对象，通过对当前制造业混合所有制企业竞争力的测评来了解当前我国制造业混合所有制企业的竞争力现状，再通过竞争力与股权结构之间的定量关系研究，找出股权结构对竞争力的影响机理，并提出促进制造业混合所有制企业竞争力提升的相关对策。

对混合所有制企业竞争力的测评需要从多个维度建立竞争力的评价指标体系，再根据评价指标的数量、所选样本数量以及二者之间的定量关系，确定科学的定量评价方法进行竞争力最终分值的计算。通过对控股股东属于不同层级的混合所有制企业竞争力分析，可以发现不同控制层级的混合所有制企业竞争力存在差异；同样，在制造业门类当中，不同的行业大类之间竞争力也会表现出不同。混合所有制企业的主要特征就是其股权结构不同，对所选样本企业的股权结构现状进行分析有利于了解当前的制造业混合所有制企业股权结构是否合理。还可以将混合所有制企业竞争力与股权结构之间进行回归分析，找出股权结构与混合所有制企业竞争力之间的关系，尤其是混合所有制企业竞争力最大时，最优的国有股比例、股权集中度、股权制衡度和流通股比例等。可以预知，这肯定是一项工作量不小的研究，也正是作者的写作动力。

胡　锋

2018 年 8 月

目 录
contents

产效率和创新效率的双重损失，而且创新效率损失要大于生产效率损失。①

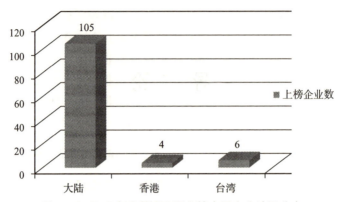

图 1 - 1　2017 年世界 500 强上榜中国企业地区分布

资料来源：周雷．国企做强路还长［N］．经济日报，2018 - 01 - 15（05）．

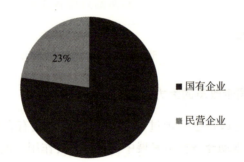

图 1 - 2　2017 年世界 500 强上榜大陆企业按类型占比

资料来源：周雷．国企做强路还长［N］．经济日报，2018 - 01 - 15（05）．

2013 年 11 月 12 日，党的十八届三中全会通过了《中共中央关于全面深化改革若干重大问题的决定》（下称《决定》），提出了要积极发展混合所有制经济，并把混合所有制经济作为我国基本经济制度的重要实现形式。对发展混合所有制的方式，《决定》也简单地提出了两种，一种为在国有资本投资的项目中引进非国有资本参股，另一种为允许混合所有制企业实行员工持股。此外，《决定》还提出了进一步深化国有企业改革的方向，推动国有企业完善现

---

① 吴延兵．不同所有制企业技术创新能力考察［J］．产业经济研究，2014（2）：53 - 64．

代企业制度，促进国有企业不断同市场经济相融合，根据国有企业的功能定位实施分类治理，组建国有资本运营公司、优化国有资本的布局结构，增加国有企业人员的市场化选聘比例和规范其管理人员的薪酬待遇等。党的十八届三中全会后，各地相继掀起了新一轮国企改革的热潮，纷纷出台国企改革的相关方案，以上海、重庆、广东具有代表性，上海不仅出台了国资改革促进企业发展的意见，还有针对性地出台了积极发展混合所有制经济的若干意见。到目前为止，全国绝大多数省区市都出台了国企改革的相关实施意见。

为规范和指导新一轮的国企改革，中央全面深化改革领导小组的多次会议审议通过了关于国企改革的相关文件。比如，中央深改组的第四次会议审议通过了《中央管理企业主要负责人薪酬制度改革方案》《关于合理确定并严格规范中央企业负责人履职待遇、业务支出的意见》；第十三次会议审议通过了《关于在深化国有企业改革中坚持党的领导加强党的建设的若干意见》《关于加强和改进企业国有资产监督防止国有资产流失的意见》；第十六次会议审议通过了《关于鼓励和规范国有企业投资项目引入非国有资本的指导意见》。2015 年 9 月 13 日，最高层面的《中共中央、国务院关于深化国有企业改革的指导意见》（下称《指导意见》）正式对外发布。这一系列的"1 + N"的顶层设计文件，将会进一步推进和规范新一轮的国有企业改革。

党的十九大是在全面建成小康社会决胜阶段、中国特色社会主义进入新时代的关键时期召开的一次十分重要的大会。[1] 党的十九大报告提出"推动国有资本做强做优做大，有效防止国有资产流失。深化国有企业改革，发展混合所有制经济，培育具有全球竞争力的世界一流企业"，而且将对国有企业的论述放在了"贯彻新发展理念，建设现代化经济体系"和"加快完善社会主义市场经济体制"的章节之中，显示了国有企业在建设现代化经济体系、深化供给侧改革、发展实体经济中的重要作用，同样显示了深化国有企业改革对完善社会主义市场经济体制具有重要意义。

（二）国有产权的存在形态发生了重大变化

随着我国由原来的计划经济进入具有中国特色的社会主义市场经济阶段，国有企业经过放权让利扩大自主经营权、所有权和经营权分离、建立现代企业制度等一系列改革，国有企业的产权由原来的"完全国有"的单一化转变为

---

[1] 中国政府网，http://www.gov.cn/zhuanti/2017 - 10/27/content_5234876.htm.

多元产权，国有企业的形态也由原来的纯粹国有独资企业，转变为国有独资、国有控股、国有参股等多种形态并存，随着改革开放的进一步推进和外国资本进入中国，出现了国有资本、民营资本、外国资本等具有不同投资主体的股份制、混合所有制企业。

近年来，随着国有企业产权多元化改革，出现了大批混合所有制企业。有纯国有企业发展而成的混合所有制企业，比如，联想集团公司的母公司——联想控股有限公司，是由国有全资公司改造而成的混合所有制企业，目前国有股占 65%，管理层和员工持股 35%；TCL 集团是由国有全资公司改革形成的混合所有制企业；万科股份有限公司也是在 20 世纪 80 年代改革的混合所有制企业。同时也有由纯民营企业发展而成的混合所有制企业，比如，万通集团 2004 年引入天津国有企业股份成为混合所有制企业；海航集团 2005 年设立新华航空控股，引入海南省政府的股权投资，形成混合所有制企业；银泰集团 2007 年收购湖北省国有控股上市公司——鄂武商 18% 以上的股份，形成典型混合所有制企业。①

党的十五届四中全会提出要对国有大中型企业进行股份制改革、发展混合所有制经济。迄今，全国国有企业的公司制股份制改革比例已经达到 78%，2003 年中央企业及其下属企业的改制比例为 30%，2014 年这一数字已高达 85% 以上。2014 年末，国有控股的混合所有制上市公司达到 1075 家，其中由央企控股的上市公司达 376 家。同时，混合所有制企业的税收在全国总税收中所占比重（即贡献率）也由 20 世纪 90 年代末期的 10% 左右提高到近年来的 50% 左右。② 混合所有制企业在国民经济中发挥的作用越来越重要。截至 2016 年底，中央企业集团及下属混合所有制企业（含参股）占比达到了 68.9%，上市公司的资产、营业收入和利润总额在中央企业中的占比分别达到 61.3%、62.8% 和 76.2%。省级国资委出资企业及各级子企业（合并报表范围内）混合所有制企业占比也达到了 47%。③

（三）深化经济体制改革进入攻坚期

改革开放以来，中国经济实现了连续多年的两位数高速增长，同时应该看

① 张文魁. 中国混合所有制企业的兴起及其公司治理研究［M］. 北京：经济科学出版社，2010.
② 国家发展改革委. 坚持社会主义市场经济改革方向　推进国有企业发展混合所有制经济［N］. 人民日报，2015 – 09 – 18（13）.
③ 混合所有制改革全面提速［N］. 人民日报（海外版），2017 – 06 – 03（02）.

到这种增长是外延式的，是以资源的过度消耗和环境破坏为代价的，是以廉价的劳动力成本推动的，是不可持续的。随着"人口红利"的逐渐消失和经济进入新常态，当前我国正处于"增长速度的换挡期、结构调整的阵痛期、前期刺激政策的消化期"三期叠加，面临外贸出口受挫和国内经济转型升级缓慢等内外交困，改革进入深水区、攻坚区。2016 年，我国 GDP 增速为 6.7%，创20 年新低（见图 1－3），短时间内引起经济持续高速增长的动力匮乏，需要寻找新的增长点。

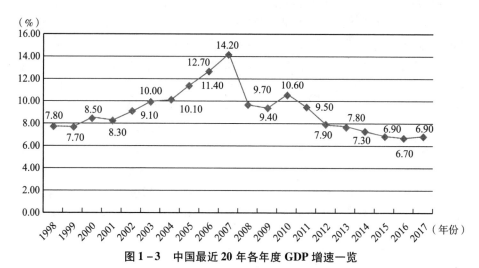

图 1－3　中国最近 20 年各年度 GDP 增速一览

资料来源：Wind 数据库。

为促进经济增长方式转变和经济结构优化，拓展经济增长的新空间，打造中国经济"升级版"，促进经济要素自由流动和资源高效配置，实现以开放促改革、促发展，中国相继批准建设上海、天津、广东、福建四个自由贸易试验区和推动共建海上丝绸之路经济带和 21 世纪海上丝绸之路，推进亚洲基础设施投资银行、"金砖"国家新开发银行的设立和运作，加快构建开放型经济新体制。

党的十八届三中全会提出了全面深化改革的要求，要让市场在资源配置中起决定性作用，国有经济在我国的经济成分中占有重要地位，推动国有企业的市场化改革，大力发展富有活力和效率的混合所有制经济，放大国有资本功能，使各种所有制资本取长补短、互相促进，提高国有经济的活力、影响力和带动力，对我国经济的增长具有牵一发而动全身的作用。

（四）建设制造强国的国家战略的提出

随着我国开放型经济体制的构建，区域贸易自由化和世界经济一体化趋势日益明显，中国企业需要面对国内、国际两个市场，在全球范围内配置资源和开拓市场，参与全球竞争，无形中需要中国企业苦练内功、提高竞争力。制造业是我国的立国之本、强国之基。改革开放以来，制造业对经济增长的贡献率基本保持在40%左右，工业制成品出口占全国货物出口总量的90%以上，是拉动经济、带动出口的重要力量。从国际对比来看，1990年我国制造业占全球的比重为2.7%，居世界第九；到2000年上升到6.0%，居世界第四；2007年达到13.2%，居世界第二；2010年为19.8%，跃居世界第一。2013年，我国制造业产出占世界比重达到20.8%，连续4年保持世界第一大国地位。在500余种主要工业产品中，我国有220多种产量位居世界第一。①

但同时还应当看到，我国的制造业却大而不强，同世界制造强国美国、日本、德国等相比，在自主创新、质量效益、产品档次、信息化水平等方面还存在较大差距，见图1-4。制造业产品质量问题严重，国家监督抽查质量不合格率高达10%，每年因质量问题造成的直接经济损失超过2000亿元；世界知名品牌缺乏，2014年，在世界品牌500强中，我国内地仅有29个品牌入选，远低于美国、法国和日本。

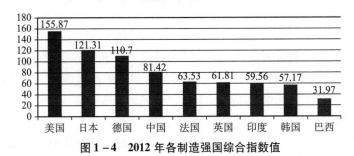

图1-4 2012年各制造强国综合指数值

资料来源：制造强国战略研究项目组. 制造强国战略研究·综合卷 [M]. 北京：电子工业出版社，2015.

---

① 工业和信息化部规划司：《中国制造2025》解读之二：我国制造业发展进入新的阶段，2015-05-19http：//www.miit.gov.cn。

随着我国处于劳动力年龄的人口逐年减少、制造业成本的上升、投资和出口增速的放缓，依靠要素投入和规模扩张的外延式、粗放式增长将难以为继，因此，如何提高中国制造业企业的创新能力和竞争力，如何将"中国制造"转变为"中国智造""中国创造"，将成为当前亟须解决的一大课题。《中国制造2025》的出台，把制造业发展提升为国家战略，提出到2025年，使中国迈入制造强国行列，形成一批具有较强国际竞争力的跨国公司和产业集群，并把创新能力、质量效益、工业化和信息化融合、绿色发展作为制造业发展的主要指标，见图1-5。要实现我国经济发展重回中高速增长，推动产业结构优化升级，重点、难点和出路都在制造业。因此，必须利用建设制造强国的战略契机，提升我国制造业企业的综合竞争力，实现我国由制造业大国向制造业强国的转变。

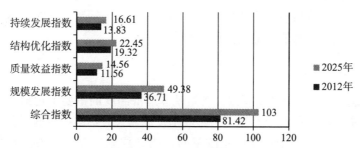

图1-5　2012年我国制造强国各项指数值和2025年的预测值

资料来源：制造强国战略研究项目组.制造强国战略研究·综合卷［M］.北京：电子工业出版社，2015.

二、研究意义

（一）理论意义

党的十八届三中全会通过的《决定》提出要积极发展混合所有制经济。当下，发展混合所有制经济成为新一轮国有企业改革的重要方向，各地相继出台的国企改革方案也大多以发展混合所有制经济为重要内容。习近平总书记强调发展混合所有制经济至关重要，李克强总理也指出要有序实施国有企业混合所有制改革。可见，当前稳妥推动国有企业发展混合所有制经济，促使国有企业同市场经济相融合，促进不同所有制资本取长补短、共同发展，对进一步巩固和完善社会主义基本经济制度具有重要的理论意义。《中国制造 2025》提出了要建设制造强国的国家战略，提升我国制造业企业的竞争力，推动制造业走出去，参与全球产业再分工，对有力推动我国的工业化和现代化进程，增强我国的综合国力具有重要战略意义。

本书选取制造业中的混合所有制企业为研究对象，结合一般企业竞争力评价的内容和《中国制造 2025》中对制造业评价的主要指标，构建了评价制造业混合所有制企业竞争力的相关指标体系，包括综合竞争力和单一竞争力（规模竞争力、增长竞争力、效率竞争力），深化了对混合所有制企业竞争力评价的研究，对后面的学者作进一步研究具有借鉴意义；而且本书基于股权结构对混合所有制企业竞争力的影响也进行了回归分析，通过探讨什么样的股权结构对混合所有制企业竞争力最有利，并以制造业行业为研究对象，试图回答当前理论界对于在混合所有制企业中要不要国有控股这一问题。同时，本研究也有利于丰富对混合所有制企业定量研究的内容。

（二）现实意义

《决定》中提出混合所有制经济是基本经济制度的重要实现形式，有利于放大国有资本的功能、提高竞争力，鼓励发展非公有资本控股的混合所有制企业；国家最高层面关于深化国企改革的《指导意见》针对发展混合所有制经济，提出要鼓励非国有资本参与国有企业改制重组或国有控股上市公司增资扩股，鼓励国有资本以各种方式入股非国有企业。可见发展混合所有制经济在国家的宏观层面具有重大意义，但作为微观市场主体的非国有资本是否愿意参股国有资本投资项目和国有企业的改制重组，非国有企业是否欢迎国有资本的入股，以及在这个过程中，非国有资本的利益可否得到保障，混合所有制企业是否具有吸引力和竞争力，正是本研究的现实意义。

本书通过对制造业中混合所有制企业的综合竞争力和各单一竞争力进行测度并计算出竞争力得分，按照制造业门类中的行业大类进行排名与分析，有利于了解当前我国制造业中混合所有制企业的竞争力现状。并利用股权结构（国有股比例、股权流动性、股权集中度、股权制衡度）分别对混合所有制企业的综合竞争力进行回归分析，找出股权结构与竞争力之间的影响机理，根据分析结论得出提高混合所有制企业竞争力的相关措施，为制定混合所有制企业竞争力提升政策提供参考，对当前深化国有企业改革发展混合所有制经济具有重要的实践意义。

第二节 研究对象的界定

一、混合所有制企业

（一）混合所有制企业的定义

党的十八届三中全会（下称"全会"）通过的《决定》指出"国有资本、集体资本、非公有资本等交叉持股、相互融合的混合所有制经济，是基本经济制度的实现形式"。[①] 关于混合所有所有制的定义，国内学者的研究中一般有"混合所有制经济""混合所有制企业"两种，二者的区别也主要在划分层次的不同。（1）宏观层面。党的十五大报告提出，公有制为主体、多种所有制经济共同发展是我国社会主义初级阶段的一项基本经济制度。潘石（1999）参照基本经济制度的内容，认为"多种所有制经济"就是混合经济，是社会经济发展的常态。[②]（2）两层次论。常修泽（2004）从两个层次来定义混合所有制：在整个社会层面，是不同所有制之间"板块式"的并存和混合；在企业层面，是不同产权主体的相互渗透和相互融合。[③]（3）三层次论。肖晖（2004）从三个层面对混合所有制进行了定义：宏观层面指以公有制为主体的多种所有制经济成分并存的所有制结构；微观层面指企业所有者主体出现多元化趋势；经营方式层面则指经营方式出现了多元化、混合化的趋势。[④] 平新乔（2015）认为，所谓混合所有制，大体有三个层面：第一个层面是企业层面的混合，企业的产权里既有国有资本，也有民营资本；第二个层面是产业层面的混合，一个行业里既有国有企业，又有民营企业；第三个层面是国民经济层面的混合，一些产业由国有资本的企业经营，一些产业由民营资本的企业经营。[⑤]（4）微观层面。高鹏（2000）指出混合所有制是指跨所有制的多元产权

① 中共十八届三中全会. 中共中央关于全面深化改革若干重大问题的决定, 2013 – 11 – 12.
② 潘石. 中国"混合经济"论 [J]. 当代经济研究, 1999（9）: 18 – 23.
③ 常修泽. 中国国有企业改革和民营经济发展中的几个突出问题 [J]. 产权导刊, 2004（8）: 4 – 8.
④ 肖晖. 对发展混合所有制经济的几点认识 [J]. 岭南学刊, 2004（1）: 23 – 26.
⑤ 平新乔. 新一轮国企改革的特点、基本原则和目标模式 [J]. 经济纵横, 2015（2）: 1 – 6.

主体，共同投资组成企业或公司，采用多元化经营，是一种企业发展模式，即"企业模式论"①；王苏渐（1999）认为混合所有制是指公有制成分与非公有制成分在企业内部相结合的所有制，即"所有制形式论"②；邓燕萍（2000）认为混合所有制企业是适应我国国情的一种企业财产组织形式，即"财产组织形式论"③。张晖明（2015）也认为微观层面的混合所有制经济，实际上是指财产权分属不同性质所有者共同出资组合形成的新的经济形式。④ 谢军（2012）指出，混合所有制企业是不同所有制性质归属的资本（包括国有、集体、个体、私营、外资等），在同一企业中"混合"而形成的企业产权组织形态，融合了不同所有制形式和不同的所有者主体。⑤

（二）混合所有制企业的性质

关于混合所有制企业性质的争论主要有三种：（1）公有论。曾国平、刘渝琳（2000）认为混合所有制经济的性质是由社会占主体地位的所有制性质所决定，我国的混合所有制的性质是由公有制的主体地位决定的，其不改变社会主义的性质。⑥ 李先灵（2015）结合基本经济制度的概念，认为我国《宪法》规定："国家在社会主义初级阶段，坚持公有制经济为主体，多种所有制经济共同发展的基本经济制度"，这就保证了公有制经济在混合所有制经济中的主体地位，依此推断出在大多数混合所有制企业中，国有或集体成分应当占多数，从而使企业具有明显的公有性。⑦ （2）控股论。王梅、王佳贤（2001）认为"混合所有制"作为资产组织形式，其性质只能由在资产构成部分中的占控制地位的资产所有制性质来决定。⑧ 张晖明（2015）认为混合所有制经济本身不是一种独立的所有制形式，其性质要看发挥主导作用的第一大股东的经济属性，取决于公有制经济成分与非公有制经济成分的实力对比。（3）非公非私论。戴文标（2001）认为混合所有制不是简单的公有与私有的融合，而

---

① 高鹏. 论混合所有制经济的基本特征 [J]. 学习论坛，2000（5）：18 – 19.
② 王渐苏. 混合所有制初探 [J]. 求实，1999（9）：21 – 22.
③ 邓燕萍. 关于混合所有制企业产权结构特征的分析 [J]. 求实，2000（11）：18 – 19.
④ 张晖明，陆军芳. 混合所有制经济的属性与导入特点的新探究 [J]. 毛泽东邓小平理论研究，2015（2）23 – 28.
⑤ 谢军，黄建华. 试析混合所有制企业公司治理的特殊性 [J]. 经济师，2012（10）：22、30.
⑥ 曾国平，刘渝琳. 论混合所有制的滥觞与发展 [J]. 经济问题探索，2000（8）：47 – 49.
⑦ 李先灵. 依宪推进混合所有制经济发展 [J]. 红旗文稿，2015（9）：22 – 23.
⑧ 王梅，王佳贤. 关于"混合所有制"的思考 [J]. 生产力研究，2001（6）：73 – 74.

是一种非公非私的独立形式。① 谢军、黄建华（2012）认为混合所有制企业既保持了公有制的基本属性，又不排斥其他所有制的内容，其运营又能按照市场原则进行，这正是社会主义与市场经济在企业内部的最好结合。②

混合所有制经济是在国家宏观经济结构层面的理解，即一个国家的经济结构中既有公有制经济成分又有非公有制经济成分；混合所有制企业是企业产权层面的微观理解，即企业的投资主体和治理主体多元，投资主体中既有国有资本、集体资本，又有民营资本，甚至外国资本，是由不同性质的所有制资本共同出资，相互融合形成的一种企业组织形式，其性质由控股主体的性质决定。

二、股权结构

（一）股权结构定义

对股权结构的定义，姚圣娟、马健（2008）提出股权结构也称为"所有权结构"，是指公司股权类型及比例配置的结构；③ 席酉民、赵增耀（2004）认为股权结构是指公司的股东构成及各不同构成股东的持股比例。马永斌（2010）认为股权结构是公司不同性质股权的数量、在所有股本中所占比例及这些股权之间的相互关系。

（二）股权类型及控股股东类型

按照股权构成的类型，黄晓飞、井润田（2006）提出我国上市公司的股权结构可分为国有股、法人股、社会公众股等。其中，国有股又包括国家股、国有法人股；法人股则包括发起人法人股和社会法人股。国有股、法人股不能在交易所自由流通，只能通过协议在场外转让，社会公众股则可有条件地流通。④

曹廷求、杨秀丽（2007）将股权结构中最终控制人进行了分类，按性质区分为：国资委、其他政府机构、法人股东、个人及其他；按行政级别划分

---

① 戴文标. 论混合所有制形式的性质 [J]. 浙江学刊, 2001 (4): 45 - 48.

② 谢军, 黄建华. 试析混合所有制企业公司治理的特殊性 [J]. 经济师, 2012 (10): 22、30.

③ 姚圣娟, 马健. 混合所有制企业的股权结构与公司治理研究 [J]. 华东经济管理, 2008 (4): 52 - 57.

④ 黄晓飞, 井润田. 我国上市公司的实证研究：股权结构和高层梯队与公司绩效的关系 [J]. 管理学报, 2006 (5): 336 - 346.

为：中央级、省级、地市级、其他等。① 胡洁、胡颖（2006）认为不同性质的股东由于治理偏好、治理能力及行为取向的不同，对公司绩效会产生不同影响，因此将股东性质分为了个人股东、机构投资者、企业法人股东、国家股东，研究了其与公司绩效的关系。②

（三）股权集中度与制衡度

股权集中度的划分，以第一大股东持股比例代表股权集中度，L≥50%表示股权高度集中，大股东绝对控股；20%≤L<50%，表示股权中度集中，大股东相对控股；L<20%，表示股权分散，大股东对公司难以形成控制（姚圣娟，2008；刘银国，2010）；股权制衡度用 Z 指数表示，第一大股东持股数与第二至第五位股东持股数之和的比例，Z>1，为非制衡，Z≤1 为制衡。③

因此，本书认为股权结构包括股东构成（股东类型、股东级别、股权性质）、股权流动性、股权集中度、股权制衡度等。

三、企业竞争力

（一）企业竞争力的定义

Richard P. Rumelt（1986）指出企业的竞争优势由一系列独具特色的资源及其相互关系决定；④ B. Barney（1991）认为企业拥有的资源能为企业带来竞争优势，能为企业带来持续竞争优势的资源主要有：社会稀缺性、不可替代性、社会价值性、不可模仿性等；⑤ Boltho（1996）认为竞争力就是企业内部

---

① 曹廷求，杨秀丽，孙宇光. 股权结构与公司绩效：度量方法和内生性 [J]. 经济研究，2007（10）：126 - 137.

② 胡洁，胡颖. 上市公司股权结构与公司绩效关系的实证研究 [J]. 管理世界，2006（3）：142 - 143.

③ 刘银国，高莹，白文周. 股权结构与公司绩效相关性研究 [J]. 管理世界，2010（9）：177 - 179.

④ Richard P. Rumelt. Strategy, structure, and economic performance [M]. The Harvard Business School Press. 1974.

⑤ Jay B. Barney. Firm resources and sustained competitive advantage [J]. Journal of management. Vol. 3, No. 17, 1991：99 - 120.

与外部实现均衡时所能得到的最大生产率的增长速度；① OECD（2001）认为竞争力是各个层级的主体（包括企业、产业和国家）可以持续的获得较高的要素收入和要素使用水平的能力。②

（二）企业竞争力的内涵

1. 企业竞争力的内涵

我国学者对企业竞争力和核心竞争力的定义，以及二者之间的关系也进行了研究。范晓屏（1999）认为企业竞争力是企业为生存而争夺所需资源时表现出的一种状态与能力，包括以较低的成本、具有特色的产品及其他竞争行为来获得较高的市场份额或取得有利的市场地位，来实现高于行业平均利润的经济效益。③ 金碚（2001）提出企业竞争力是，在竞争性市场中，一个企业所具有的能够持续地比其他企业更有效地向市场（消费者，包括生产性消费者）提供产品或服务，并获得盈利和自身发展的综合素质。④ 贾玉花（2003）认为，企业竞争力是企业在市场竞争中，通过自身要素的优化和与外部环境的交互，在市场占有、创造价值、维持可持续发展等方面，相对其他企业具有的比较优势。⑤

2. 企业核心竞争力的内涵

Prahalad 和 Hamel（1990）提出了企业核心竞争力的概念，即在企业内部经过整合了的知识和技术，尤其是整合多种生产技能和不同技术的知识和技能，并指出了企业核心竞争力的三个特性：难以模仿性、价值性和延展性；⑥ Leonard – Barton（1992）认为企业核心竞争力，是企业能够使企业区别于其他企业的一种专有能力，是技术、管理、价值观以及规范的结合体；⑦ Henderson

---

① Andrea Boltho. The Assessment：International Competitiveness ［J］. oxford Review of Economic Policy, Vol 12, No. 3, Autumn 1996：1 – 16.

② Organization for Economic Cooperation Development. The New Economy：Beyond the Hype ［C］. The OECD Growth Project, Economics. Paris. 2001.

③ 范晓屏. 关于企业竞争力内涵与构成的探讨 ［J］. 浙江大学学报（人文社会科学版），1999（12）：62 – 68.

④ 金碚. 论企业竞争力的性质 ［J］. 中国工业经济，2001（10）：5 – 10.

⑤ 贾玉花，纪成君，王红亮. 企业竞争力及其综合评价 ［J］. 辽宁工程技术大学学报（社会科学版），2003（1）：19 – 21.

⑥ Prahalad, C. K., & Hamel, G. （1990）. The core competence of the corporation, Harvard Business Review ［J］. Vol. 68, May – June 1990：79 – 91.

⑦ Dorothy Leonard – Barton. Core capabilities and core rigidities：A paradox in managing new product development ［J］. Strategic Management Journal, Volume 13, Issue S1, Summer 1992：111 – 125.

和 Cockburn（1994）认为企业核心竞争力是企业技术、资源、管理、资产等形成的独有框架。① Meyer，M. H. 和 Utterback，J. M.（1995）认为企业核心竞争力是以产品生产为基础，结合企业的集合能力后为企业带来效益的能力；② Coombs（1996）强调企业核心竞争力是企业技术特长的组织和管理能力，企业各种能力的有机组合是企业的竞争优势。③ 叶小玲（2003）提出了核心竞争力的概念，她认为核心竞争力是指企业在研发、设计、制造、营销、服务等某一两个环节，具有不被竞争对手模仿而且可以满足客户价值需要的独特能力，是可以使企业获得持续发展的一种内在能力，是企业竞争力的基础。④

本书认为，企业竞争力是企业通过整合自身拥有的资源、技术、管理等因素形成在采购、设计、制造、营销、服务等某一个或几个环节表现出的比其他企业具有的独特渠道、物流、成本、质量等优势，从而获得更高的盈利能力和可持续的发展能力，包括企业的核心竞争力。

第三节　研究思路与结构安排

一、研究思路

本书的研究思路如图 1-6 所示。

二、结构安排

本书的结构安排如下：（1）论述本书的研究背景、研究意义、研究思路等，对相关概念进行界定；（2）介绍与本书相关的理论基础和文献综述；（3）建立

---

① Henderson R，Cockburn I. Measuring Competence? Exploring Firm Effects in Pharmaceutical Research [J]. Strategic Management Journal，No. 15，Winter 1995：63 – 84.

② Meyer，M. H. ，Utterback，J. M. . Product development cycle time and commercial success [J]. IEEE Transactions on Engineering Management，Volume 42，Issue 4，1995：297 – 304.

③ Rod Coombs. Core competencies and the strategic management of R&D [J]. R&D Management，Volume 26，Issue 4，October 1996：345 – 355.

④ 叶小玲，叶晓倩. 我国企业竞争力现状分析及核心竞争力的培育 [J]. 管理世界，2003（5）：143 – 144.

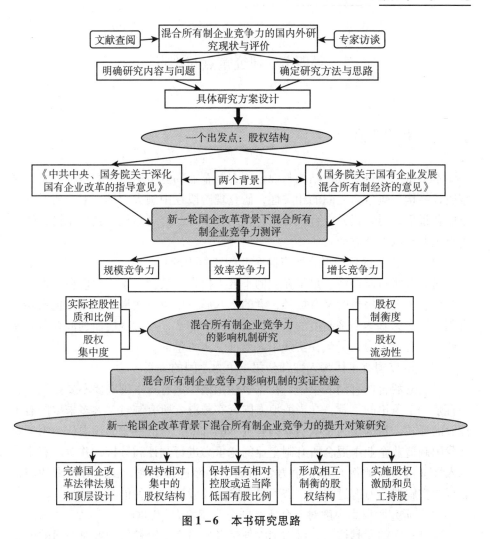

图 1-6 本书研究思路

混合所有制企业评级指标体系和确定评价方法；（4）确定评价的混合所有制企业作为研究对象并进行竞争力评价和分析；（5）对混合所有制企业的股权结构现状进行描述和分析；（6）从国有主体深入性、股权集中度、股权流动性、股权制衡度等方面；对混合所有制企业的竞争力与股权结构进行回归分析，寻找二者之间的相关关系；（7）提出提升混合所有制企业竞争力的措施和进一步的研究展望。

第四节　研究重点与难点

一、研究重点

本书试图通过对股权结构与混合所有制企业的竞争力研究的实证分析，考察股权结构与竞争力之间的相关性，研究现阶段在中国大力推行混合所有制改革的背景下，寻找提升混合所有制企业的竞争力的合理路径。具体来讲，研究重点主要有以下几方面。

（1）分析我国目前混合所有制企业的竞争力现状。

对混合所有制经济，最早在党的十五大报告中就提出了，然后在十六届三中全会、十七大报告中又有提及，党的十八届三中再一次提出，而且把混合所有制经济作为基本经济制度的重要实现形式。那么，在微观层面的混合所有制企业是否有竞争力，仍是在实践中需要进一步考量的。

（2）研究国有主体深入性和公司竞争力之间的关系。

当前的混合所有制改革中，在竞争性领域中国有资本到底要不要控股，也一直是一个争论的话题，在当前地方国资实施混合所有制时，大多采取国有不控股的形式，目的是为了吸引非国有资本的入股，打消参股的顾虑。本书通过对我国制造业企业中混合所有制企业的竞争力进行测评和分析，并对国有主体深入性（国有股比例）与竞争力之间的相关性进行研究，试图对未来的制造业行业实施混合所有过程中，需不需要国有控股提供一种借鉴。

（3）研究股权集中度对混合所有制企业竞争力的影响。

通过前文的文献综述，可知国内外学者的研究中股权集中度对公司的绩效既有正相关，又有负相关，还有的不相关，甚至二者之间存在着 U 形关系。而且对公司的竞争力方面的影响，也因为行业属性的不同，股权结构与竞争力之间的相关性出现了截然不同的研究结果。那么作为本书选取的我国最大行业的制造业企业，二者之间又是一种什么关系呢，本书拟对此进行研究。

（4）研究股权制衡度对混合所有制企业竞争力的影响。

由前文的文献研究结果，Mehran（1995）的研究结果显示股权结构与公司绩效无关，姚圣娟、马健（2008）的研究结果却表明有制衡的公司业绩好于无制衡的公司业绩，股权分散的公司业绩最差。那么股权制衡度对企业的竞争力之间是怎样的一种相关关系，在文献综述中却没有发现，这也是本书拟要研究的问题之一。

（5）研究流通股比例对混合所有制企业竞争力之间的关系。

流通股比例过低，使大股东形成对公司的绝对的控制，其余股东难以获得对公司的有效监督；但流通股比例过高，又使得大多数中小股东以获得短期利益为主，不关心公司的长期发展，难以形成对公司的有效治理，影响企业竞争力的提高。因此，流通股比例多少为合适才能最有利于混合所有制企业竞争力的提升，也是本书的研究内容。

（6）研究高管持股对混合所有制企业竞争力之间的关系。

机构投资者和企业管理层拥有上市公司股权，成为公司的股东，在当前我国的公司治理结构中已经非常普遍。相关研究表明，高管激励和技术骨干持股都有利于提升公司的治理绩效，但是同样是否也有利于提高企业的竞争力，本书也试图同样研究。

二、研究难点

第一，研究对象的确定和分析数据的获取。

本书的研究对象需要通过"国泰安""Wind"等数据库获取制造业行业的所有上市公司，再在这些公司中选取股本结构构成中含有国有股的公司为初步的目标公司；在初步的目标公司中剔除亏损股票、ST股票后作为潜在目标公司，因为需要最近五年的完整数据，还需要在潜在目标公司中选择在2010年之前上市且经营稳定的公司为最终的目标公司。

第二，对混合所有制企业的综合竞争力测度。

在对数据进行分析时，首先要进行数据的标准化，然后用SPSS软件中的因子分析法选出指标之间不存在共线性的相关评价指标，用因子分析法计算其各项指标得分，再综合得到最终得分。

第三，对回归方程、解释变量、控制变量的设定和对各种相关关系的假设。

在研究股权结构和公司竞争力之间关系时，为了达到研究的目标，需要设定出合理的解释变量、控制变量，才能正确地分析出解释变量和被解释变量之间的相关关系。同样要使研究结果具有科学性、合理性，也离不开提出各种合理的假设，再用回归模型去检验相关假设，回归模型也需要结合前人的研究成果和研究目标合理设定。

第五节　研究方法与研究创新

一、研究方法

（一）研究方法

本书综合运用所有制理论、产权理论、竞争力理论、公司治理理论等理论，采取理论分析与实证分析相结合、定性分析与定量分析相结合、比较分析等方法，比较深入地探讨了制造业中混合所有制企业的股权结构与竞争力之间的关系。

（二）实施方案

（1）文献综述；（2）理论研究；（3）选定研究对象；（4）获取研究数据；（5）进行实证分析；（6）提出研究结论与展望。

（三）可行性分析

资料来源的可行性。本书确定的研究对象为制造业中的混合所有制上市公司，其数据可在上市公司的季报和年报中获得。便于大量数据的汇总，研究数据可从"国泰安"数据库和"Wind"数据库中根据需要导出。

研究方法的可行性。本书的实证部分有两部分，对于综合竞争力的测度要用到 SPSS 软件，对股权结构与竞争力之间相关性的回归分析，要用到计量软件 EVIEWS、STATA，这两个软件笔者有一定的使用经验，而且身边有熟练掌握的朋友可以请教。

二、创新之处

第一，选取制造业中的混合所有制企业为研究对象。

党的十八届三中全会的召开把国企改革又一次推到了深化经济体制改革的

前台，全会提出要积极发展混合所有制经济，并将其作为基本经济制度的重要实现形式，当前各地推行的国企改革方案也将发展混合所有制作为重要举措。本书能够在当前国企改革的重要战略机遇期，把混合所有制企业作为研究对象，并研究其竞争力，具有非常重要的意义。我国作为制造业大国，制造业不论在促进经济增长和吸纳就业方面都发挥了重要作用，在沪深两市的上市公司中，制造业上市公司数占到了两市上市公司总数的 60% 以上。而且，随着2008 年金融危机爆发，为避免实体经济空心化，作为世界第一大经济体的美国也开始注重本国制造业的发展，以致金融危机后，美国的制造业出现了不同程度的回流。本书选择制造业中的混合所有制企业为研究对象，通过对竞争力测度并找出提升其竞争力的重要对策，这将对促进我国制造业发展具有重要价值。

第二，本书深化了对企业竞争力的评价研究。

本书主要借鉴中国社科院金碚研究员评价企业竞争力建立的指标体系，从规模竞争力、增长竞争力、效率竞争力等三个单一竞争力（二级指标）构建混合所有制企业的综合竞争力（一级指标），结合《中国制造 2025》的内容，考虑到我国制造业企业竞争力的重要作用，又根据行业特点和前人研究的做法，增加了在各二级指标下设的三级指标共设定了 31 个三级指标来丰富综合竞争力的评价体系。同时，不但对综合竞争力进行评价，还对规模竞争力、增长竞争力、效率竞争力等三个单一竞争力进行了评价，分别给出了相关排名情况。

第三，本书对制造业企业的股权结构与竞争力之间的相关性关系进行研究。

以往对股权结构与企业绩效之间关系的研究较多，单纯进行竞争力的评价也较多，但对股权结构与企业竞争力之间关系的研究较少，而且从主体深入性、股权流通性、股权集中度、股权制衡度等方面系统分析其对企业综合竞争力的影响，这个更少看到。在以往的研究中，股权结构与竞争力之间的关系也随着行业不同而出现了截然不同的结论，可已有研究中只关注了农业、医药行业、房地产行业，但还没有选择制造业进行系统研究的文献，本研究是一次有力尝试。

第四，本书对混合所有制企业股权结构与竞争力之间的研究结论对当前发展混合所有制企业、提升混合所有制企业竞争力具有较强的借鉴意义。

本书结论：混合所有制企业竞争力与国有股比例呈倒 U 形关系、与流通股比例呈 U 形关系、与股权集中度呈 U 形关系、与股权制衡度呈正相关关系，并计算出了竞争力最大时的国有股比例的最佳取值区间以及流通股比例、股权集中度的拐点区域，并提出了提升混合所有制企业竞争力的相关措施，这对当前我国发展混合所有制经济具有极强的借鉴意义。

第六节　本 章 小 结

本章作为本书的起始章节，主要论述了本书的研究背景和研究意义，对本书涉及的研究对象的概念进行了界定，介绍了研究思路与结构安排、研究重点与难点、研究方法和创新之处，为进一步展开做好铺垫。

第二章

理论基础与文献综述

第一节　理论基础

一、所有制理论

（一）所有制的概念

马克思认为所有制"是劳动对它的客观条件的关系"[①]"不是一种简单的关系，不是一种独立的关系，不是一种特殊的范畴，而是生产关系的总和"[②]。而所谓的"生产关系的总和"即社会经济结构，也即经济制度。生产资料所有制是社会经济制度的核心和基础，决定社会经济制度的性质。马克思在《政治经济学批判（1857～1858）手稿》中写到："财产无非意味着这样一种关系：人把他的生产的自然条件看成是属于他的，看成是自己的，看成是他自身的存在一起产生的前提"，"……我们把这种财产归结为对生产条件的关系"。[③]所以，马克思认为，所有制（财产）即在社会生产关系中人们对自然（生产条件）的一定关系。曹立（2002）认为，狭义的所有制就是在社会再生产过程中，从事生产活动的人对各种生产资料的占有制度；广义的所有制则包含人

[①]　马克思恩格斯全集第 46 卷（上册）［M］. 北京：人民出版社，1979：511.
[②]　马克思恩格斯选集第 1 卷［M］. 北京：人民出版社，1972：191.
[③]　马克思恩格斯全集第 46 卷（上册）［M］. 北京：人民出版社，1979：491－492.

们对生产资料、劳动力、劳动成果的所有、占有、支配和使用等关系。①

（二） 马克思的所有制理论

马克思的所有制理论在全部经济理论中占有非常重要的地位，涉及所有制的概念也包括财产权、占有权、所有权。

对于财产所有权，马克思认为尽管其具体形式表现为多样性，但在人类社会的某一特定阶段，却客观存在着某种通行的、占主导地位的财产所有权形式，决定着其他非主导的、派生的财产形式，是社会发展到一定阶段的经济、政治、意识形态与上层建筑的基础。这种占主导地位的财产所有权形式，就是社会的基本财产制度。② 马克思根据占主导的财产所有权形式将人类社会的发展划分为五种社会形态：原始共同体所有制、奴隶制、封建制、资本主义占有制、社会主义、共产主义占有制。除此之外，马克思还认为财产所有权的具体形式包含三个要素：财产主体的性质、财产客体的性质、这一财产的排他占有关系的性质；按照这三个要素的结合方式，马克思揭示了在某一社会形态占主导地位的基本财产制度下面的可以加以区分的、具体多样的财产所有权形式。

除此之外，马克思还从动态的视角论述了所有权与占有权、使用权、支配权的统一和分离。马克思认为，所有权是所有财产关系的核心和基础，决定其他派生财产权利的权利和性质，但所有权并不全部等同于财产权。马克思在对小生产者考察时曾说"在我们所考察的场合，生产者——劳动者一直是自己的生产资料的占有者、所有者"，③ 即在小生产者中，所有权、占有权、使用权得到了统一；马克思还发现了所有权、占有权、使用权相分离的情况，比如马克思曾说"同一资本在这里有双重规定，在贷出者手中，它是作为借贷资本；在执行职能的资本家手中，它是作为产业或者商业资本"④，前者为资本的所有权，后者为资本的使用权，所有权与使用权的分离使得企业的利润分离，拥有所有权者获得部分为利息，使用者获得的为企业主收入，所有权与使用权分离的这一情况在股份公司中得到更进一步发展。马克思对所有权与占有权、使

---

① 曹立. 混合所有制研究——兼论社会主义市场经济的运行基础 [D]. 中共中央党校博士论文，2002.

② 刘灿. 社会主义市场经济与财产权制度的构建 [J]. 福建论坛（人文社会科学版），2004 (11)：4-9.

③ 马克思恩格斯全集第26卷 [M]. 北京：人民出版社，1972：440.

④ 资本论第3卷 [M]. 北京：人民出版社，1975：408.

用权、支配权的研究构成了他对所有制结构的动态分析。

综上所述，马克思所有制理论的内容可以归纳为：（1）所有制反映的是经济生活中的占有关系；（2）占主导地位的财产所有权形式支配和决定着其他的财产形式，这种占主导地位的财产所有权形式就是社会的基本财产制度即所有制；[①]（3）所有制的外部关系表现为所有者主体占有生产条件与非所有者主体之间的排斥关系；所有制的内部关系表现为在一定的社会生产关系中财产主体对财产的所有、占有、使用和支配关系；（4）生产资料所有制作是社会生产关系的基础，决定于生产力的性质与状况。

（三）我国所有制理论的结构变迁

我国的所有制理论经历了中华人民共和国成立初的所有制结构多元化——改革开放前的所有制结构的单一化（公有制）——承认个体经济、私营经济、外资经济对公有制经济的补充地位——"公有制经济为主体、多种所有制经济共同发展"的基本经济制度建立——毫不动摇巩固和发展公有制经济，毫不动摇鼓励、支持和引导非公有制经济发展——倡导发展混合所有制经济。[②] 这一结构变迁的历程丰富和发展了马克思所有制理论，是中国化的马克思所有制理论。

1. 单一所有制结构的不断强化

中华人民共和国成立初期，我国的基础弱，底子薄。为发展国家经济，我国进入 1949～1952 年的国民经济恢复时期，这一时期，我国开始没收官僚买办资本、接管外国垄断资本、利用民族资本、扶持个体经济，1952 年，我国以手工业合作社为主的城镇集体所有制工业经济工业产值达到 11.38 亿元，比1949 年增长了 15 倍多；1952 年的工业总产值达到 343.3 亿元，比 1949 年增长了近 200 亿元；1949 年，全民所有制工业和集体所有制工业的总产值在各种所有制经济中占比为 26.7%，非公有制经济类型的总产值占比为 73.3%；1952 年，这两组数值分别为 44.8% 和 55.2%，公有制经济在工业总产值中的比重得到显著增加。[③]

1956 年底，在对农业、手工业和资本主义工商业的社会主义改造完成时，

---

① 刘灿. 社会主义市场经济与财产权制度的构建 [J]. 福建论坛（人文社会科学版），2004（11）：4-9.

② 李正图. 改革开放 30 年来我国所有制理论和政策的结构性变迁 [J]. 毛泽东邓小平理论研究，2008（9）：36-43.

③ 国家统计局. 中国统计摘要 1986 [M]. 北京：中国统计出版社，1987：49.

工业总产值（不包括手工业）中，国有经济占比 67.5%，公私合营工业占比 32.5%，私营工业基本消失；在批发业中，国有及公私合营经济达到 99.9%，私营经济比重只有 0.1%。① 单一的公有制经济比重得到极大强化。此后迫于三年困难时期和"大跃进"造成的经济压力，对所有制结构进行了调整，但接下来的"文化大革命"使这一结构急剧逆转，所有制结构再次趋向单一的公有制，私营经济不复存在，个体经济也所剩无几。

所以，从中华人民共和国成立到改革开放前，我国的所有制结构经历了从多元到一元，单一公有制结构不断强化的过程。

2. 从"单一的公有制"到"建立基本经济制度"

（1）确认个体经济、私营经济、外资经济的补充地位。

1981 年 6 月，党的十一届六中全会通过的《关于建国以来党的若干历史问题的决议》提出"国营经济和集体经济是我国基本的经济形式，一定范围的劳动者个体经济是公有制经济的必要补充"，② 这是党的文件中第一次正式确认个体经济的必要补充地位。

1982 年 1 月，党的十二大报告提出"在农村和城市，都要鼓励劳动者个体经济在国家规定的范围内和工商行政管理下适当发展，作为公有制经济的必要的、有益的补充"。③

1984 年 10 月，十二届三中全会通过的《中共中央关于经济体制改革的决定》提出"我国现在的个体经济……是社会主义经济必要的有益的补充，是从属于社会主义经济的"，④ 还提出"利用外资，吸引外商来我国举办合资经营企业、合作经营企业和独资企业，也是对我国社会主义经济必要的有益的补充"。⑤ 这是党的文件中第一次承认外资经济的补充地位。

1987 年 10 月，党的十三大报告提出"私营经济一定程度的发展，有利于促进生产，活跃市场，扩大就业，更好地满足人民多方面的生活需求，是公有制经济必要的和有益的补充。"⑥ 这次将补充地位从"个体经济"扩展到"私营经济"。

---

① 国家统计局. 中国统计年鉴 1985 ［M］. 北京：中国统计出版社，1986. P308.

②⑤ 刘国光，董志凯. 新中国 50 年所有制结构的变迁 ［J］. 中南财经大学学报，2000（1）：5 - 15.

③④ 李正图. 改革开放 30 年来我国所有制理论和政策的结构性变迁 ［J］. 毛泽东邓小平理论研究，2008（9）：36 - 43.

⑥ 郭朝先. 民营经济发展 30 年 ［J］. 经济研究参考，2008（9）：45 - 53.

从上述党的文件的表述可知，我国的所有制理论从改革开放前的单一公有制经济发展到承认个体经济、私营经济、外资经济对公有制经济的补充地位。

（2）建立基本经济制度。

1993 年 11 月，党的十四届三中全会通过的《中共中央关于建立社会主义市场经济体制若干问题的决定》提出"坚持以公有制为主体、多种经济成分共同发展的方针。在积极促进国有经济和集体经济发展的同时，鼓励个体、私营、外资经济发展，并依法加强管理"。[①]

1997 年 9 月，党的十五大报告提出了"公有制为主体、多种所有制经济共同发展，是我国社会主义初级阶段的一项基本经济制度。"为提升非公有制经济的发展地位，2003 年 10 月，在党十六大报告中第一次提出"必须毫不动摇巩固和发展公有制经济；必须毫不动摇鼓励、支持、和引导非公有制经济发展"，这一表述在此后党的十七大、十八大报告中均有提出。

所以，从改革开放到党的十五大召开，我国的所有制理论经历了从承认个体经济、私营经济、外资经济的补充地位，到多种经济成分共同发展，再到"公有制为主体、多种所有制经济共同发展"的基本经济制度建立。

3. 从"建立基本经济制度"到"倡导发展混合所有制经济"

混合所有制经济作为一个新鲜事物，在党的文件中最早明确提及是在 1997 年的党的十五大报告中。但在此前的党的十四大和十四届三中全会对这一概念的提出已经作了重要铺垫，产生了"萌芽"。接下来将从党的文件中对混合所有制经济的不同表述，来研究国家层面对混合所有制经济的认识过程。

（1）混合所有制经济的萌芽。

1992 年 10 月，党的十四大报告中提出了"在所有制结构上，以公有制包括全民所有制和集体所有制经济为主体，个体经济、私营经济、外资经济为补充，多种经济成分长期共同发展，不同经济成分还可以自愿实行多种形式的联合经营"。在次年 11 月召开的党的十四届三中全会通过的《中共中央关于建立社会主义市场经济体制若干问题的决定》提出"随着产权的流动和重组，财产混合所有的经济单位越来越多，将会形成新的财产所有结构"，[②] 而财产混合所有的经济单位越来越多，将会打破各种所有制经济在产权上泾渭分明的

---

① 赵子平. 十一届三中全会以来党的文献关于所有制结构的重大决策 [J]. 思想政治工作研究，1997（12）：7 - 9.

② 冷兆松. 发展混合所有制经济的决策演进 [J]. 当代中国史研究，2015（6）：36 - 45.

界限。这两个文件虽然没有明确提及但其"联合经营""产权融合"的表述显然是对混合所有制经济这一概念提出前的"萌芽"。

（2）混合所有制经济的提出与发展。

1997 年 9 月，党的十五大报告提出：要全面认识公有制经济的含义。公有制经济不仅包括国有经济和集体经济，还包括混合所有制经济中的国有成分和集体成分。

1999 年 9 月，党的十五届四中全会审议通过的《中共中央关于国有企业改革和发展若干重大问题的决定》提出：积极探索公有制的多种有效实现形式，国有大中型企业尤其是优势企业，宜于实行股份制的，要通过规范上市、中外合资和企业互相参股等形式，改为股份制企业，发展混合所有制经济，重要的企业由国家控股。[①]

2002 年 11 月，党的十六大报告提出：国有企业是我国国民经济的支柱。除极少数必须由国家独资经营的企业外，积极推行股份制，发展混合所有制经济。

2003 年 10 月，党的十六届三中全会通过的《中共中央关于完善社会主义市场经济体制若干问题的决定》提出：大力发展国有资本、集体资本和非公有资本等参股的混合所有制经济，实现投资主体多元化，使股份制成为公有制的主要实现形式。[②]

2007 年 10 月，党的十七大报告提出：以现代产权制度为基础，发展混合所有制经济。

2013 年 11 月，党的十八届三中全会通过了《中共中央关于全面深化改革若干重大问题的决定》，四次提到了混合所有制经济，分别是：积极发展混合所有制经济；国有资本、集体资本、非公有资本等交叉持股、相互融合的混合所有制经济是基本经济制度的重要实现形式；允许更多国有经济和其他所有制经济发展成为混合所有制经济；允许混合所有制经济实行企业员工持股，形成资本所有者和劳动者利益共同体。还提到了鼓励发展非公有资本控股的混合所有制企业。[③]

2015 年 8 月，《中共中央、国务院关于深化国有企业改革的指导意见》发

---

① 李绍荣，周毅. 中国的经济体制变迁与混合所有制改革［J］. 人民论坛（学术前沿），2014（7）：72 – 78.

② 王拓彬. 中国共产党在社会主义初级阶段所有制理论上的探索传承与创新发展［J］. 福建党史月刊，2014（14）：14 – 24.

③ 冷兆松. 发展混合所有制经济的决策演进［J］. 当代中国史研究，2015（6）：36 – 45.

布，提出要"稳妥推动国有企业发展混合所有制经济，……不搞拉郎配，不搞全覆盖，不设时间表，……切实保护混合所有制企业各类出资人的产权权益，杜绝国有资产流失。"对于如何发展混合所有制经济，提出了"引入非国有资本参与国有企业改革、鼓励国有资本以多种方式入股非国有企业、探索实行混合所有制企业员工持股"三种方式。

2015 年 9 月，《国务院关于国有企业发展混合所有制经济的意见》发布，提出要分类、分层推进国有企业混合所有制改革，鼓励各类资本参与国有企业混合所有制改革和建立健全混合所有制企业治理机制。

2017 年 10 月，党的十九大报告提出"推动国有资本做强做优做大，有效防止国有资产流失。深化国有企业改革，发展混合所有制经济，培育具有全球竞争力的世界一流企业"。

从党的十五大提出混合所有制经济至今，国家层面对混合所有制经济的认识经历了由"浅"入"深"的变化，从"联合经营"到"产权融合"，对混合所有制经济的概念从"萌芽"到"提及"再到清晰的"界定"，对混合所有制经济的发展从"主张"到"大力发展"再到"积极发展"又到"稳妥推动"，从重要的企业由"国家控股"到鼓励发展"非公有资本控股"的混合所有制企业，直至最后提出推进混合所有制改革的类型和层级、建立混合所有制企业的治理机制，这个过程中我们对混合所有制经济的认识越来深、越来越成熟，尤其第一次将混合所有制经济作为基本经济制度的重要实现形式，是对基本经济制度的丰富和发展。

二、产权理论

（一）产权的概念

对于产权的概念，马克思和西方经济学家有不同的理解。马克思认为，产权以所有制为基础，是所有制的法律形态，产权即财产权，包括所有权、占有权、使用权、支配权等一系列权利，但所有权是基础，其他权利是由所有权派生出来的，所有权具有决定性作用。

西方经济学者从多个方面对产权进行了定义。阿贝尔认为，产权即所有权、使用权、管理权、转让权、分享收益或承担负债的权利等。阿尔庆认为，产权是通过社会强制而实现的，对某种经济物品的多种用途而进行选择的权利。德姆塞茨认为，产权是一种社会工具，是使自己或他人收益或受损的权利，其重要性在于能够帮助一个人在现实中形成与他人进行交易的合理预期。科斯认为如果交易费用存在，在产权明确的前提下，交易双方会通过订立合约寻找到交易费用最低的制度安排。还有学者认为，产权不是人与物之间的关系，而是由于物的存在而引起的人与人之间的关系。[①]

综上可知，产权的概念包括：（1）产权是一种财产权，是由人与物的权利而引申出的人与人之间的关系；（2）产权具有排他性；（3）产权不是一种权利，而是一组权利；（4）产权具有引导人们产生将外部性内在化的激励。

（二）产权理论

1. 马克思产权理论

马克思的产权理论是从所有制理论中引申出来的，包含的内容为：（1）产权本质上是生产关系的总和；（2）产权是生产力基础上社会分工的产物，分工发展的阶段不同，产权具有不同的内容和形式；（3）产权制度的演变过程是生产力基础上分工、所有制和所有权作用的过程。在阶级社会，产权制度是阶级和集团之间利益冲突的直接后果；（4）私有产权制度和社会分工的发展要求之间存在不可调和的矛盾，私有产权最终必然被共有产权取代；（5）建立共产主义最终要彻底废除产权制度。[②]

2. 西方产权理论

（1）科斯产权理论。

第一，在一个没有交易成本且产权得到充分保护的社会，社会总产出一定会达到最大化；第二，现实中由于交易成本的存在，合理有效的产权制度和结构安排可以降低交易费用、改善资源配置、提高经济效率；第三，外部性解决的方法不是唯一的，需要从政府、市场、企业三方面去考虑，从而选择受益最大、成本最小的方式的。

（2）德姆塞茨的产权理论。

第一，产权作为一种社会工具，其重要性在于能够促使产权主体形成与他人进行交易时的合理预期，这些预期通过法律、社会习俗和道德得到表达；第二，产权的所有者拥有以特定的方式行事的权利，而且期望其共同体能阻止其

---

① 吴易风，关雪凌等. 产权理论与实践［M］. 北京：中国人民大学出版社，2010：183-185.
② 吴易风，关雪凌等. 产权理论与实践［M］. 北京：中国人民大学出版社，2010：80-84.

他人对他行动的干扰；第三，产权的重要功能是引导人们促使外部性内部化的激励。[①]

（3）阿尔庆的产权理论。

第一，产权是一种通过社会强制对某种经济物品的多种用途进行选择的权利；第二，私有产权的有效性在于其强制实行的可能性及为其付出的代价，这种强制力包括政府的力量、日常社会行为、通行的伦理道德；第三，每个成员与企业所有者之间的相互关系是一种简单的报酬合约；第四，产权的类型包括：私人产权、共有产权、公共产权、国有产权等。[②]

3. 马克思产权理论与西方产权理论之间的比较

（1）共同点。二者的共同点，除了马克思产权理论的制度分析框架给西方产权理论提供了一定借鉴，还包括：其一，二者都以产权和制度为研究对象，强调产权和制度在经济中的重要性，把产权结构和制度安排作为影响经济绩效的重要因素；其二，二者都把产权关系看作为人与人之间的关系，利益关系是产权关系的核心；其三，二者都研究了土地所有权、资本所有权等问题；其四，二者都研究了股份公司的所有权、所有权与支配权的分离等。

（2）不同点。其一，产权问题的提出方式不同。马克思产权理论起源于对所有制的研究，所有制理论是产权理论的基础；西方产权理论是源自对外部性的研究。其二，产权理论的理论基础不同。马克思产权理论是以一定所有制基础上的效率——生产关系对生产力的推动或阻碍作用作为理论基础的；西方产权理论是以交易费用概念作为理论基础和研究工具。其三，关于产权的本质不同。马克思产权理论认为产权关系本质上是一种法权关系，是生产关系的法律表现，所有制关系或生产关系先于这种法权关系而存在；而西方产权理论则恰好相反，认为法权关系先于并决定产权关系，产权由法律规定和实施，而不是在形成于一定的生产方式和生产关系之上，法律关系决定经济关系。其四，产权的构成不同，马克思产权理论关于产权，由所有权、占有权、使用权、经营权等一系列权利构成；西方产权理论研究产权则由私人产权、共有产权、公共产权、国有产权等构成。其五，产权的起源不同。马克思产权理论是建立在科学的唯物史观基础上，将共有产权作为人类最早的产权形态进行研究；西方产权理论关于产权的起源学说都是谈私有产权。

① 余颜江. 新经济中的经济主体与经济客体［J］. 天府新论，2003（5）：34 - 36.
② 刘灿等. 中国的经济改革与产权制度创新研究［M］. 成都：西南财经大学出版社，2007：16 - 21.

（三）马克思产权理论与我国国有企业产权改革

1. 我国国有企业产权改革的历程

（1）以"放权让利"为特征的扩大企业自主经营权阶段。

传统国有企业的经营权和收益支配权都全被政府掌握，国有企业没有自主权，导致国有企业的经营缺乏活力和长期的低效率。党的十一届三中全会以后，国家层面陆续出台了一系列扩大国有企业自主权的文件。1979年，国务院出台《关于扩大国营企业经营管理自主权的若干规定》等五个文件，并选择在部分工业企业试点。1980年，国务院批转国家经委《关于扩大企业自主权试点工作情况和今后意见的报告》，将扩大企业自主权的工作在国营工业企业中全面推开，使企业在人、财、物、产、供、销等方面，拥有更大的自主权。1984年，国务院又出台《关于进一步扩大国营工业企业自主权的暂行规定》，进一步下放了生产经营计划、产品销售、产品价格、物资设置、人事劳动管理、工资奖金、联合经营等十个方面的权力（简称"扩权十条"）。

这一阶段的改革，把经营权部分让渡给企业，某种程度上提高了企业和员工的积极性，但这一阶段的改革是浅层次的，还不能实现国有企业的自负盈亏、自主经营。

（2）以"两权分离"为特征的试点股份制改革阶段。

1984年10月20日，党的十二届三中全会通过的《中共中央关于经济体制改革的决定》指出过去国家对企业管得太多太死的一个重要原因，就是把全民所有同国家机构直接经营企业混为一谈，根据马克思主义的理论和社会主义的实践，所有权同经营权是可以适当分开的。而且随着国有企业改革的推进，不可避免会触及企业的产权问题，因此国有企业的改革进入由经营权向所有权改革的阶段，各类企业按照两权分离的原则，开始实行承包制、租赁制等各种形式的经营责任制，同时于1986年，国有企业又开始试点股份制改革。1986年12月，上海第一家试点股份制的"真空电子"股份有限公司成立，其中国有股占50%，试点过程中保持股份制企业的公有制性质，避免把产权量化到个人，接下来又有"上海交通银行""万国证券""兴业房产""新世界"等几家股份制国有企业成立。到1992年，我国国有企业产权股份制改革正式拉开。

这一时期的国企改革主要是从经营权向所有权过渡的改革，承包制和租赁制对国有企业增加盈利和增加税收有积极作用，但企业只负盈不负亏，不仅使国家财政收入下降，而且还造成了承包、租赁者的行为短期化；尤其是股份制公司试点是所有权层面改革的一个主要推进，使国有企业形成多元化的出资主体，不再是国家垄断的企业财产制度。但由于对股份制的理论认识不足，没有配套的法规，使得股份制改革在争论中曲折慢行，最终无法推行下去。

（3）以"政企分开"为特征的建立现代企业制度阶段。

1993 年 11 月，党的十四届三中全会通过的《中共中央关于建立社会主义市场经济若干问题的决定》提出要建立"产权清晰、权责明确、政企分开、管理科学"的现代企业制度，① 1994 年国务院在全国选择了 100 家国有企业开始试点建立现代企业制度。1995 年 9 月，党的十四届五中全会通过的《中共中央关于制定国民经济和社会发展"九五"计划和 2010 年远景目标的建议》提出对国有企业实施战略性改组，"搞活大的，放活小的"，通过改组、联合、兼并、股份合作制、租赁、承包经营和出售等形式，加快国有小企业改革改组步伐。此后在，1997 年 9 月召开的党的十五大、1999 年 9 月召开的十五届四中全会都提出了调整国有经济布局、推进国有企业战略性改组、"抓大放小"的方针。

1997 年开始，国有企业产权开始大量转让，国有资本从一般竞争性领域向国有经济发挥主导性、战略性作用的领域集中，从分散的小企业开始向大型、特大型企业集中。"抓大"就是对国有大中型企业、关系国民经济命脉的行业实施国家控股；"放小"就是出售国有小型企业产权，国有企业从一般竞争性领域退出。这一阶段的国有产权转让改革对于塑造国有企业的市场经济主体、促进现代企业制度的建立具有积极意义，但同时在"抓大放小"的出售国有小企业等国有资产转让的过程中也造成了国资流失。

（4）以"产权多元化"为特征的国有控股公司改革。

2002 年，党的十六大提出除极少数必须由国家独资经营的企业外，积极推行股份制，发展混合所有制经济。2003 年，党的十六届三中全会第一次提出要大力发展混合所有制经济，实现投资主体多元化，使股份制成为公有制的主要实现形式。② 2002 年后，大型国企的产权多元化改革开始，到 2005 年，

---

① 程信和. 为有源头活水来：企业发展法初论 [J]. 中山大学法律评论，2010（2）：267 – 278.

② 刘发成. 改革开放以来国有企业法律主体地位的变化与因应 [J]. 改革，2008（9）：123 – 128.

中国铝业、中国石化、中国神华、中国石油、中国电信等大型、特大型国企实行了境内外上市，国有控股的境内外上市公司达到 1000 多家。尤其 2007 年被称为央企整体上市元年，有 41 家涉及大股东资产注入，13 家央企实现了整体上市。①

由于在上一阶段的国企产权改革中实施"抓大放小"，出现了"国进民退""管理层收购"等加剧了国有资产流失，2005 年 4 月，国务院国资委、财政部发布《企业国有产权向管理层转让暂行规定》，宣布暂停大型国有企业管理层收购（MBO），2006 年 1 月，国务院国资委又发布《关于进一步规范国有企业改制工作实施意见》提出允许国有企业在增资扩股过程中允许管理层持股，但要严格控制。

2004 年，我国国有企业产权改革史上另一重要举动则是实施股权分置改革，证监会发布《关于上市公司股权分置改革试点有关问题的通知》，宣布启动股权分置改革。2007 年 1 月，上海证券报发文，有 93% 的上市公司完成或者进入股改程序，股权分置改革顺利完成，国有控股上市公司进入全流通时代。

2013 年，党的十八届三中全会提出要积极发展由国有资本、集体资本、非公有资本交叉持股的混合所有制经济。2015 年，《中共中央、国务院关于深化国有企业改革的指导意见》提出了引入非国有资本参与国有企业改革、鼓励国有资本以多种方式入股非国有企业、探索实行混合所有制企业员工持股等三种实现产权多元化、发混合所有制经济的形式。

2. 马克思产权理论的在国企改革中的丰富与发展

（1）根据马克思产权可以分割的理论，国有企业应实行所有权和经营权相分离，在二者分离的基础上对国有企业实行公司制股份制改革，建立健全公司法人治理结构。

（2）所有权与经营权的分离，不是绝对分离，而是相对分离，必须对企业的经营方向和领导人员任免等保留决定权与监督权，再逐步过渡到以管企业为主向以管资本为主转变。

（3）国有企业必须建立产权清晰的现代企业制度，产权清晰并不是产权私有，而是产权的归属要清晰。

（4）所有制属于基本经济制度，股份制属于企业组织形式，两种是内容

---

① 周羽中. 央企引领风骚，整体上市在规范中发展 [N]. 上海证券报，2007 - 12 - 28.

和形式的关系，私有制可以有股份制，公有制也可以有股份制。[①] 现阶段，国有独资、国有控股的公有制企业应该在国民经济中占主导地位，国有控股的股份制企业、混合所有制企业应该成为基本经济制度的重要实现形式。

（5）实行股份制、混合所有制改革，不能私分国有资产，不能以任何名义搞私有化，不能造成国资流失，应该保证国有资产的保值增值，提高国有经济的活力、影响力、控制力和抗风险能力。[②]

三、公司治理理论

（一）公司治理的内涵

阿道夫·伯利、加德纳·米恩斯在 1932 年出版的《现代公司与私有财产》中对经营权与所有权分离带来的问题进行了分析，认为在美国的大公司中已经出现了管理者与所有者的分离，这些管理者牢牢掌握大权完全有可能为自己谋利而不是为公司的所有者谋利。但公司治理（corporate governance）这一概念最早出现却是在 20 世纪 80 年代中期。对公司治理内涵的研究，国内外学者也从不同视角给出了不同的定义。

美国公司董事协会在 1981 年的会议纪要中提出公司治理就是要确保公司的管理机构能够实现公司长期战略目标和计划得以实现的制度安排。梅耶（1994）认为公司治理就是对从公司董事会到执行人员进行激励，使之为公司的投资者利益进行服务的一种制度安排。李普顿（1996）从利益相关者理论提出，公司治理就协调股东、管理者、雇员、顾客、供应商及包括公众在内的其他利益相关者之间的关系和利益来确保公司的长期成功。斯利佛和魏斯尼（1997）认为，公司治理就是公司投资者为确保获得投资回报而采用的手段。布莱尔（1999）认为公司治理是法律、文化和制度安排在公司内部的有效整合。

我国学者张维迎（1996）认为公司治理具有狭义和广义之分，狭义上

---

① 何秉孟. 国有企业必须坚持以马克思主义产权理论为指导：兼评科斯的产权理论［J］. 马克思主义研究，2004（5）：75 – 78.

② 吴易风，关雪凌等. 产权理论与实践［M］. 北京：中国人民大学出版社，2010：196 – 1197.

是指有关公司董事会的功能、结构和股东权利方面的安排；广义上讲是关于公司的控制权和剩余索取权如何配置的一种制度安排。杨瑞龙（1998）提出为实现国有企业治理结构的创新，应该抛弃"股东至上"原则，而应采取包括股东、经营者和其他利益相关者的"共同治理"的原则。周小川（1999）认为公司治理就是指股东大会、董事会如何对公司高级管理人员的经营进行监督和控制。李维安（2009）认为公司治理就是通过一整套的制度和机制安排来协调公司与其他利益相关者的利益关系来保证公司决策的科学化。

　　本书认为公司治理就是采用一系列的法律、文化和制度性安排，通过内外部治理相结合方式，来协调包括股东在内的相关利益相关者之间的关系和利益以保证公司决策的科学化，并使公司的控制权和剩余索取权得以匹配。

（二）公司治理的相关理论

1. 利益相关者理论

　　利益相关者的概念最早由斯坦福大学研究小组在 1963 年提出，其将公司的利益相关者分为直接利益相关者和间接利益相关者，直接利益相关者是指对公司投入了专用性资产的对象，包括股东、管理者、员工、债权人、顾客、供应商等（Blair，1995）[①]；间接利益相关者是指和公司之间没有直接的商事关系，但公司却需要对其承担一定社会责任的对象，包括社区、政府、新闻媒介等（Freeman，1984）。利益相关者理论包含以下几方面含义。

　　（1）利益相关者理论认为传统的"股东至上"原则存在误导性，股东不是公司的唯一所有者，也并不是只有股东承担公司风险，员工、供应商、债权人都可能是公司风险的承担者，因此，所有的利益相关者都应该参与公司治理。[②]

　　（2）大多数小股东只是追求短期获利，采取"用脚投票"，真正关心企业发展的还是公司的经理层和员工，而且公司的法人资产并不同于股东的出资资产。因此，股东以外的其他利益相关者都是公司财富的创造者，公司治理结构

---

①　Blair Margaer. Ownership and control——Rethinking for Corporate Governance for the Twenty First Century, Washiongton D. C. : The booking Institution，1995：195－203.

②　李传军. 利益相关者理论共同治理的理论与实践 [J]. 管理科学，2003（4）：84－87.

中还应加入其他利益相关者的代表。

2. 委托—代理理论

委托—代理理论是随着 20 世纪 60 年代信息经济学的发展而来，由于人的有限理性不可能掌握全部信息，由于信息的不对称就会产生"委托—代理"关系，将信息占有处于劣势的一方定义为"委托方"，信息占有处于优势的一方定义为"代理方"，若信息不对称发生在签约之前，则易造成"逆向选择"，若信息不对称发生在签约之后，则易发生"道德风险"。

伴随着股份公司中所有权与经营权的分离，公司所有者（股东）通过与经营者签订一系列契约授权经营者从事经营活动，这样在公司股东与经营者之间就形成了"委托—代理"关系。公司股东作为委托人享有剩余索取权，其追求资本收益最大化以及股票价值最大化；经营者享有对公司的控制权，其追求自身效用最大化，希望获得更高的工资、奖金及闲暇时间。由于股东与经营者之间的信息不对称、责任不对等、激励不相容等原因及易造成经营者利用自己掌握的信息优势，采取"隐蔽行动"给自己带来价值从而损害股东利益，形成道德风险。

因此，公司治理必须防止公司经营者与所有者利益发生背离，使经营者的利益和所有者的利益联系起来，使股东既具有剩余索取权和承担风险也要具有控制权，使经营者既具有控制权者也承担风险，即将剩余索取权和控制权进行合理配置，使二者相对应，经营者的收入不仅与合同收入相联系，还与公司经营绩效相联系。当前股票期权制度被认为是能较好地解决信息不对称造成的道德风险，将经理人（经营者）的利益同公司股东的长期利益结合在一起，符合激励相容原则，世界 500 强的公司中近 90% 都实行了此项制度。

（三）公司治理的结构框架

1. 基于利益相关者的公司治理框架

按照利益相关者理论，公司的利益相关者包括股东、管理者、员工、债权人、顾客、供应商、社区、政府等，公司的治理结构中除了股东、董事会、监事会等，还应加入其他利益相关者。基于利益相关者的公司治理结构框架见图 2－1。

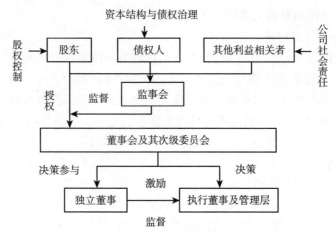

图 2 - 1　基于利益相关者的公司治理结构框架

资料来源：陈文浩．公司治理［M］．上海：上海财经大学出版社，2011：119.

2. 我国的公司治理结构框架

我国的公司治理按照《公司法》的要求，公司的全体股东构成股东大会，是最高决策机构，由股东大会选举产生董事会和监事会。董事会是股东大会的常设机构和执行机构，对股东大会负责，由董事会选聘经理层（高级管理人员），并以契约的形式明确经理层与公司之间的委托—代理关系。监事会是公司内部的专职监督机构，以出资人代表的身份监督董事会和高级管理人员，监事会对股东大会负责，包括股东监事和职工监事。经理层执行董事会的决定，对董事会负责。在 2005 年 12 月 27 日新修订的《公司法》中又引入了独立董事制度，希望能够部分解决公司内部大股东与小股东之间制衡不足的问题，并同时弥补监事会的部分职能，独立董事制度的两个主要特点就是独立性和参与决策。我国公司的治理结构框架见图 2 - 2。

四、竞争力理论

（一）国家竞争力理论

1. 国家竞争力的构成要素

国家竞争力的起源最早可追溯至古典经济学中的国际贸易理论，首先由亚

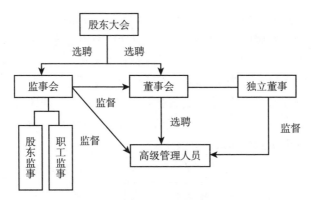

图 2 - 2　我国的公司治理结构框架

资料来源：李维安. 公司治理学 [M]. 北京：高等教育出版社，2009：116.

当·斯密在 1776 年出版的《国民财富的性质和原因的研究》（简称《国富论》）中提出的绝对优势理论，斯密将一国国内在不同职业、不同工种之间的分工推演至国家之间的分工理论，每个国家生产某种产品的成本会产生绝对差异，因此成本低的国家会产生绝对优势，按照国际分工的原则，每个国家都生产自己具有绝对优势的产品再进行国际交换，这将会大大提高劳动生产率和物质财富，使每个国家在国际贸易中获利。[①] 大卫·李嘉图发展了绝对成本理论，提出了比较成本理论，认为各国产品的成本差异来自各国生产产品的劳动生产率不同。此后，赫克歇尔—俄林提出了比较优势理论，即要素禀赋理论，认为各国产品的成本差异主要来自各国的自然要素禀赋不同，在技术不变的情况下，各个国家应该生产和出口要素禀赋丰富的产品来获利。

对竞争力理论的研究集大成者为哈佛商学院的迈克尔·波特教授，他在 20 世纪 80 年代接连出版三本关于竞争力的巨作，分别为《竞争战略》（1980）、《竞争优势》（1985）、《国家竞争优势》（1990）。在《国家竞争优势》中提出了国际竞争力的著名的"钻石模型"，见图 2 - 3，即一国的产业国际竞争力取决于生产要素，需求条件，相关与支持产业状况，企业战略、企业结构与同业竞争等四个关键因素，以及机会、政府行为两个辅助因素，其中除了机会因素可以被视为外生变量，其他的因素之间都是互动的，即每一个因素

---

① 亚当·斯密. 国民财富的性质和原因的研究 [M]. 郭大力，王亚楠译. 北京：商务印书馆，1979：1 - 5.

都能够强化或者削弱其他因素的表现。① 波特教授并根据"钻石模型"提出了一个国家竞争优势发展的四个阶段和与之对应的具有竞争力的产业。第一阶段为要素推动阶段，对应的优势产业为资源要素密集型产业；第二阶段为投资推动阶段，对应的优势产业为资本技术密集型产业；第三阶段为创新推动阶段，优势产业为高新技术产业及凭借其改造的传统产业；第四阶段为财富推动阶段，即"啃老本"阶段，产业竞争优势衰退，竞争优势下降，并指出英国为西方国家中第一个达到此阶段的国家。②

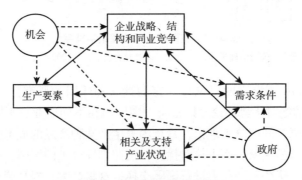

图 2 – 3　波特的钻石模型

此外，瑞士洛桑国际管理开发学院 1997 年将国家竞争力定义为，一个国家在国际市场上生产出比其他国家更多财富的能力。世界经济论坛 2014 年将国家竞争力定义为，决定一个国家生产力水平的制度、政策以及要素的集合。③

2. 国家竞争力评价指标体系

国际上比较有影响的是世界经济论坛（World Economic Forum，WEF）、瑞士洛桑国际管理开发学院（International Institute for Management Development，IMD）的评价体系以及联合国工业发展组织（United Nations Industrial Development Organization，UNIDO）的工业竞争力评价指标体系。

2000 年，WEF 将国际竞争力评价体系调整为由增长竞争力指数、当前竞争力指数、经济创造力指数和环境管理制度指数四个指数构成。2003 年至今，WEF 国际竞争力评价体系改由增长竞争力指数（Global Competitiveness Index，

---

① 卞琳琳. 公司治理与竞争力的关系 [D]. 南京农业大学博士学位论文，2009.
② 胡列曲，丁文丽. 国家竞争力理论及评价体系综述 [J]. 云南财贸学院，2001 (6)：56 – 61.
③ WEF. Global Competitiveness Report. 2014.

GCI) 和企业竞争力指数 (Business Competitiveness Index, BCI) 两大指数系统组成, GCI 为主要指标, BCI 为辅助指标。前者主要衡量一国经济增长的潜在前景, 后者主要衡量一国当前的生产潜力。[①]

2007 年的 GCI 基于调查和专家反馈, 主要从 12 个方面考察一国经济增长的潜在前景: 体系、基础设施、宏观经济稳定性、卫生和初级教育、高等教育和培训、商品市场效率、劳动力市场效率、金融市场经验、技术准备、市场规模、商务经验和创新。BCI 为波特教授所创建, 包括公司运营和策略 (the company Operations and Strategy, COS) 指数以及国家商务环境 (the National Business Environment, NBE) 指数。[②]

IMD 的国际竞争力评价体系运用和借鉴经济、管理和社会发展的最新理论, 通过对世界各国竞争力的排名, 揭示国家之间的竞争力差距, 指出各国竞争力的强弱。1992 ~ 2001 年期间, 他们 (从 1996 年起, WEF 退出) 将国际竞争力评价体系调整为 8 个要素: 国内经济实力、国际化、政府管理、金融体系、基础设施、企业管理、科学技术、国民素质。2001 年, IMD 提出了新的国际竞争力评价体系, 由 4 个一级指标组成, 即经济表现、政府效率、企业效率和基础设施, 这套体系沿用至今。[③]至 2007 年 IMD 的评价体系共包含 323 个指标, 其中硬指标 127 个, 软指标 119 个, 附加指标 77 个。

(二) 产业竞争力理论

1. 产业竞争力的构成要素

贝恩 (J. S. Bain, 1956) 与梅森 (E. S. Mason, 1957) 结合了产业组织理论提出了竞争理论, 认为产业组织包括市场行为、市场结构、市场绩效等, 市场结构和行为是市场绩效的重要来源。产业组织理论从一定程度上解释了企业的绩效为什么会存在差异, 这是因为企业在市场上的竞争行为取决于市场呈现的结构, 进一步决定了企业的绩效和利润。Siggel (2004) 认为在宏观层面上的竞争力并不具有现实意义, 重要的是企业竞争力和产业竞争力。因为可以从不同的角度去理解竞争力, 包括静态和动态角度、事前和事后角度等, 所以解释竞争力来源的因素和衡量竞争力的方法也由于角度的不同具有区别。

迈克尔·波特教授与 20 世纪 80 年代提出了著名的关于产业竞争力的 "五

---

①③ 王勤. 当代国际竞争力理论与评价体系综述 [J]. 国外社会科学, 2006 (6): 32 - 39.

② 卞琳琳. 公司治理与竞争力的关系 [D]. 南京农业大学博士学位论文, 2009.

力模型"（见图2-4），他认为，行业中存在竞争规模和程度的五种力量，分别是新进入者的威胁、替代品的威胁、供应商的议价能力、购买者的议价能力，这五种力量综合起来影响着一个产业的竞争优势。

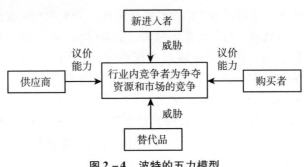

图 2 - 4　波特的五力模型

2. 产业竞争力的评价指标体系

王立平（2005）从出口竞争力、劳动生产率以及高科技含量三方面对中国制造业竞争力进行了分析，分析表明我国制造业的竞争力总体上呈上升态势，但是制造业内部各行业的竞争力存在着两极分化现象。郑明身、田兰章（2005）从贸易竞争指数、显示性比较优势指数、市场占有率指数、质量与附加值指数等指标对中国 IT 制造业国际竞争力进行了实证分析。陈立敏、王璇（2009）基于产业竞争力的层次观点，初步构造了产业国际竞争力的评价体系，采用生产率、市场份额和利润率三个不同层次的指标，依据中国制造业30 个种类2007 年的数据进行了实证分析，并将其与美国制造业相应种类进行对比研究。王军、王瑞（2011）运用 AHP 分析法，从规模竞争力、市场竞争力、效益竞争力、成长竞争力、结构竞争力、创新竞争力等方面构建地区制造业竞争力综合指标，并以此对山东制造业综合竞争力进行测度。

（三）企业竞争力理论

1. 企业竞争力的构成要素

对企业竞争力的研究，国内外学者从企业外部和企业内部两个不同的视角分别进行了研究。迈克尔·波特教授把企业的竞争力放在企业所处的产业环境中来进行研究，认为企业竞争优势一方面取决于企业所处产业的长期盈利能力和竞争潜力，另一方面来自企业在该产业中所处的地位，并据此提出了企业的竞争战略、总成本领先战略、差异化战略、目标集聚战略。① 哈佛大学的乔·贝恩教授基于市场结构对于企业竞争力的影响提出了著名的 Structure（结构）—Conduct（行为）—Performance（绩效）分析框架（即 SCP 分析范式），该理论认为企业所处的市场中的产业结构决定了产业内的竞争状况和企业所采取的行为，进而决定了企业的绩效，而且这种影响同样具有反向效应，企业绩效会通过影响企业行为进而影响到市场结构。

基于企业内部的视角，有许多学者从资源、能力、知识、创新等方面研究了企业竞争力。以沃纳菲尔特为代表的资源学派认为企业所掌握的有形资源、无形资源，以及这些资源的异质性构成了企业的竞争力，一般性资源决定企业的一般竞争力，那些稀缺性、不可复制性的特殊资源决定了企业的持续竞争力。以普拉哈拉德和哈默为代表的能力学派，提出了企业的核心能力，认为企业的核心能力就是能为客户创造价值、难以被竞争对手模仿，而且能为企业开拓不同市场提供支持。企业竞争力的知识学派认为企业拥有的隐性知识和显性知识是企业竞争力的源泉，尤其是隐性知识具有内在性、不可交易性和不可模仿性，因此对企业竞争力具有决定作用。以熊彼特为代表的创新学派突出了创新对企业竞争优势取得的作用，并明确了 5 种创新的情况：生产出一种新产品（产品创新）、采用一种新的生产方式（技术创新）、找到一种原料供应的新来源（资源创新）、开辟一个新市场（市场创新）和采用一种新的组织模式（组织创新）。

2. 企业竞争力的评价指标体系

（1）国际权威期刊的评价指标体系。

《财富》（Fortune）是世界上最有影响力的商业杂志之一，1954 年，它严谨评估推出了全球 500 强企业的名单，"全球 500 强排行榜"从此产生了巨大影响力，迄今为止，就影响力而言，没有任何一种媒体能够超越。500 强排名以营业收入指标为基准，评价数据选取各公司上年的财务数据，每年 5 月公布评价结果。2007 年全球 500 强的竞争力评价指标为营业收入、利润、资产、股东权益、营业收入/雇员人数。《财富》排行榜虽然影响巨大，但其评价指标主要从规模方面评价企业竞争力，无法全面反映企业竞争力的各个方面；其次，两个排行榜都没有采用定性和定量相结合的方法，使其评价体系无法全方位地估算出企业的真实竞争力。

《商业周刊》（Business Week）是全球最大的财经类周刊之一，隶属美国著

---

① 迈克尔·波特. 竞争战略 [M]. 北京：华夏出版社，1997：7 – 14，33.

名的媒体集团"麦格劳—希尔",《商业周刊》的"全球1000大公司"排名每年6月份发布,以当年5月最后一个交易日全球发达国家各大股票交易市场的股票收市价为基准,全部折算为美元,计算出市值最高的1000家上市公司。可以说《商业周刊》的评价方法能够从一定程度上更好地反映企业的现实竞争力,不过,对于那些没有上市的公司来说,这种评价方法就不能适用。

《福布斯》(Forbes)是美国最早的大型商业杂志,也是全球最为著名的财经出版物之一,《福布斯》的"全球上市公司2000强"排行榜先分别评选年销售额、利润、总资产和股票市值这四项指标的前2000名公司,根据其单项指标的排名进行打分,赋予四项指标相同的权重,计算每家公司的总点数,再得出公司的综合排名。《福布斯》的评价方法综合了《财富》和《商业周刊》的优点,但它并没有全部克服二者评价方法的缺陷。

(2)我国学者对企业竞争力评价的研究。

金碚(2003)提出了企业竞争力指标体系的基本框架认为应该从测评指标和分析指标两大类指标着手评价企业的竞争力,测评指标尤其显示性测评指标反映的是竞争的结果或者竞争力的最终表现,而分析性指标反映的是竞争力的原因或者决定因素。在此基础上,从2003年开始,直至2013年,由金碚主编的《中国企业竞争力报告》每年出版,主要从规模子因素、增长子因素、效率子因素三个方面来测度企业的竞争力。

张广宏(2012)从盈利能力、偿债能力、营运能力三个方面建立了农业上市公司的评价指标体系。周威(2014)从区位因素、规模因素、技术和创新因素、经营效率四个方面建立中国工程机械产业国际竞争力评价指标。周渤(2014)从规模竞争力、创新竞争力、效率竞争力三个方面来建立中国央企业的核心竞争力评价指标体系。

第二节　文　献　综　述

一、关于混合所有制企业

(一)国外研究概况

国外对混合所有制企业的研究较少,尽管其在其他国家早已存在,主要因为混合所有制企业在其他国家较少，在经济中的重要程度不高；其次因为其他国家的混合所有制企业一般在特定领域或特定阶段存在，比如在基础设施领域存在的公私合作的 PPP 模式，或者在私有化的过渡时期存在，由于后续国家实施了国有股减持或者彻底的私有化方式，所以混合所有制企业的关注度不高。

1. 对 PPP 的研究

PPP（Public – Private – Partnership）模式最早由英国政府于 1982 年提出，是一种项目融资方式，后在全球其他国家迅速发展起来，除了应用于能源、交通等基础设施领域，还应用于供水供热等公用事业领域、医院和学校等，一般由政府和私人企业就某些基础设施的建设和运营或公共服务的提供达成长期合作协议，通过引入私人投资和运营，来扩大服务规模和提高服务质量。所以，按照 PPP 模式成立的企业，投资方既有政府，又有私人企业，既有国有股权又有非国有股权，为现实存在的混合所有制企业。国外几个重要机构对 PPP 的定义见表 2 – 1。

表 2 – 1　　　　　　　　　　　对 PPP 的几个重要定义

国家/机构	年份	PPP 的定义
联合国发展计划署（United Nations Development Program）	1998	政府和营利性企业、非营利性组织就某个项目而形成的相互合作的关系
联合国培训研究院（United Nations Institute for Training and Research）	2000	为满足公共产品需要，公共部门和私人部门建立伙伴关系，进行大型公共项目的实施
欧盟委员会（The European Commission）	2003	公共部门和私人部门之间的一种合作关系，目的是为了提供传统上由公共部门提供的公共服务或项目
美国 PPP 国家委员会（The National Council For PPP）	2002	介于外包和私有化之间，并结合了两者的特点，进行公共产品和公共服务的提供，公共基础设施的设计、投资、建设、运营和维护
加拿大国会（The National Council of Canada）	1999	公共部门和私人部门之间的一种合作经营关系，通过适当的资源分配、风险分担和利益共享，满足事先界定的公共需求

资料来源：贾康，孙洁. 公私伙伴关系（PPP）的概念、起源、特征与功能［J］. 财政研究，2009（10）：2 – 10.

J. Bennett 和 E. Iossa（2006）深入地研究了 PPP 的所有权和控制权安排问题，发现私人所有权的引入可以降低服务的成本和提升服务质量，私人所有权的引入对效率提升是有效的。①

2. 对混合所有制企业的案例研究

Stephen Brooks（1987）研究了英国石油公司和加拿大投资发展公司等的混合所有制公司的案例，发现政府往往不顾及商业价值，利用自己手中持有的国有股权使这些公司执行政府的公共政策，② 也就是说混合所有制企业成为执行政府公共政策的工具，这些政策会损害到公司商业价值。Mattijs Backx、Michael Carney、Eric Gedajlovic（2001），选取了全球 50 家航空公司进行研究，时间跨度为 1993~1997 年，其中有 13 家航空公司为混合所有制企业，实证研究发现，国有航空公司的绩效低于私有航空公司，而混合所有制的航空公司绩效优于国有航空公司但低于私有航空公司。③ D. Albalate、G. Bel 和 X. Fageda（2012）以欧洲最大的 100 个机场为研究对象，发现机场的私有化程度越高，未来的预期利润也更强，但同时机场的公共债务的数额也更高。因此，机场如何管理将作为政府的战略选择。在机场管理方面，英国的私有化程度比欧洲大陆其他国家要高，全面私有化在英国是常见的，但在欧洲大陆其他国家则部分私有化更常见。在欧洲大陆，作为战略设施的最大的几个机场都保持着地区或区域垄断，不论是机场的资产还是管理完全私有化是很少见的。在这种框架下，混合所有制可以成为欧洲机场工业中公共部门和私人部门之间利益合作的一个可行的替代方案。④

3. 对国有企业改革后形成的混合所有制企业研究

Peter Mihalyi（1996）发现，匈牙利一些国有企业在私有化初期形成了混

---

① J. Bennett, E. Iossa. Building and managing facilities for public services. Journal of Public Economics. Volume 90, Issues 10 – 11, November, 2006: 2143 – 2160.

② Stephen Brooks. The Mixed Ownership Corporation as an Instrument of Public Policy. Comparative Politics. Volume 19, Issue 2, January, 1987: 173 – 191.

③ Mattijs Backx、Michael Carney、Eric Gedajlovic. Public, private and mixed ownership and the performance of international airlines. Journal of Air Transport Management. Volume 8, Issue 4, July, 2002: 213 – 220.

④ D. Albalate, G. Bel, X. Fageda. Beyond pure public and pure private management models: Mixed firms in the European Airport Industry. Research Institute of Applied Economic in Barcelona, Working Paper, 2012/21 pag. 2.

合所有制企业，但是国家下一步有继续出售国有股权的计划。① John Bennett 和
James Maw（2003）发现一些转型国家在推行私有化时，因为国家保留了一部
分国有股权从而形成了混合所有制企业，而且在一定条件下，这是一种良好的
制度选择。② Guy Shaojia LIU，Xiaming LIU 和 Liming WANG（2001）发现，中
国加入 WTO 后，大型国有企业的所有权结构加快向股权多元化转变，引入了
大量非国有股权，这样做对大型国有企业获得多种资源和资金以及改善公司治
理结构都有明显的好处，而且，非国有资本的引入有利于提高市场竞争力。③
Hamid Beladi 和 Chi – Chur Chao（2006）研究发展中国家的国有企业改革中的
私有化问题，发现短期内，私有化使城市失业率提高；但从长期来看，由于资
本进入农村地区，缓解了城市失业问题，长期来看，就业效应对社会福利有积
极贡献。④

（二）国内研究概况

1. 混合所有制企业具有的优势

有学者通过研究发现，混合所有制企业具有较高的创新能力和产权效率。吴
延兵（2014）通过对不同所有制企业的技术创新能力定量分析，发现混合所有
制企业技术创新能力最强，国有企业技术创新能力最弱，外商投资企业在新产品
创新上具有显著优势，私营企业拥有专利创新优势但在发明专利方面相对落后。
因此认为混合所有制企业是目前我国技术创新的中坚力量，非公资本通过参股等
形式与国有资本融合形成混合所有制企业是提高我国企业整体技术创新能力的关
键之举。⑤ 顾钰民（2006）混合所有制企业所具有的所有权分散与经营权集中
这一产权制度，具有较高的产权效率和分配效率。⑥ 万华炜（2009）通过博弈
论的工具进行分析，得出的结论为：混合所有制企业的产权制度效率高于单一

---

①　Peter Mihalyi. Privatization in Hungary：Now Comes the 'Hard Core'. Communist Economics and Economic Transformation. Volume 8，Issue 2，1996：205 – 206.

②　John Bennett，James Maw. Privatization，Partial State Ownership，and Competition. Journal of Comparative Economics. Volume 31，Issue 1，March 2003：58 – 74.

③　Guy Shaojia LIU，Xiaming LIU，Liming WANG. China's new horizon：Challenges and opportunities from WTO membership. China Economic Review. Volume 12，Issue 2 – 3，summer 2001：103 – 106.

④　Hamid Beladi，Chi – Chur Chao. Mixed Ownership，Unemployment，and Welfare for a Developing Economy. Review of Development Economics. Volume 10，Issue 4，November 2006：604 – 611.

⑤　吴延兵. 不同所有制企业技术创新能力考察［J］. 产业经济研究，2014（2）：53 – 64.

⑥　顾钰民. 所有权分散与经营权集中——混合所有制的产权特征和效率分析［J］. 经济纵横，2006（2）：45 – 48.

所有制企业（纯粹公有制企业和非公有制企业）的产权制度效率。[①]

2. 发展混合所有制企业的意义

（1）有利于发展和壮大国有企业。当前对于发展混合所有制企业的作用，正如党的十八届三中全会通过的《中共中央关于全面深化改革若干重大问题的决定》（下称《决定》）所言，有利于国有资本放大功能、保值增值、提高竞争力，有利于各种所有制资本取长补短、相互促进、共同发展。另外，国有企业可以吸收非公有制企业的先进成分提高国有企业的效率，以及活力、控制力和影响力等。金碚（2015）认为，当前深化国有企业改革正处于必须获取提高经济效率和实现国家使命的"两全其美"效果的新常态时期，而混合所有制是一个希望获得优势互补和劣势削减的"两全其美"效果的设想。[②]（2）有利于抑制国有企业的政策性负担。针对国有企业所承担的政策性负担，也一直被认为国有企业改革中的最大羁绊。而且，国有企业也一直面临营利性目标和完成公共政策性使命之间的目标冲突。林毅夫（2005）曾指出只有把国有企业的政策性负担剥离出去后，才可以按照自生能力的概念来解决国有企业的改革问题。[③] 廖冠民、沈红波（2015）认为国有企业发展混合所有制，通过引进其他非国有大股东对国有股东形成制衡，有助于抑制国有企业承担政策性负担。因为只有作为控股股东的政府才可以从政策性负担中获利，其他大股东却因政策性负担导致公司价值下降而受损。[④] 陈林、唐杨柳（2014）通过实证研究发现，混合所有制改革可以降低国有企业的政策性负担，且垄断性行业的混合所有制改革效率要高于竞争性行业。因此，从减轻国有企业政策性负担提升企业效率的角度看，下一阶段的混合所有制改革的重点应该选在垄断性行业。[⑤]（3）有利于国有企业完善公司治理结构。肖贵清（2015）由混合所有制企业的定义可知，混合所有制经济的主要特征是产权主体的多元化，容易形成相互监督、相互制衡的公司治理结构，更有助于现代企业制度的建立。[⑥] 黄速

---

① 万华炜. 中国混合所有制企业产权制度研究［M］. 北京：中国经济出版社，2009.

② 金碚. 新常态下国企改革与发展的战略方向［J］. 北京交通大学学报（社会科学版），2015（4）：1 – 6.

③ 林毅夫. 企业自生能力与国企改革［J］. 发展论坛，2005，（8）：11 – 12.

④ 廖冠民，沈红波. 国有企业的政策性负担：动因、后果及治理［J］. 中国工业经济，2014（6）：96 – 108.

⑤ 陈林，唐杨柳. 混合所有制改革与国有企业政策性负担——基于早期国企产权改革大数据的实证研究［J］. 经济学家，2014（11）：13 – 23.

⑥ 肖贵清，乔惠波. 混合所有制经济与国有企业改革［J］. 社会主义研究，2015（3）：50 – 56.

建（2014）认为产权主体的多元化必然会对董事会结构、决策流程、健全信息披露制度等提出更高的要求。① 郑志刚（2015）还认为在混合所有制企业中，盈利动机更强的民间资本的引入将有激励推动公司治理结构的变革和完善来保障自身的权益。② 刘凤义（2015）认为混合所有制企业对国有企业来说之所以能够提高效率，就在于通过混合，打破了治理结构中的形式主义，形成更加完善、更加科学的治理结构和现代企业制度。③ （4）有利于促进非公有制企业发展。长期以来，民营企业面临着"融资难""进入难"等难题，在一些行业中，针对非公有制企业的"玻璃门"和"弹簧门"也一直存在，成为制约非公有制企业发展的障碍。黄速建（2014）认为，发展混合所有制企业有利于打破国有资本在一些行业的垄断，为非公有制经济拓宽投资渠道，进入一些难以进入和不能进入的领域，促进非公有制经济发展。（5）有利于国有企业"走出去"。近些年，我国的国有企业在世界各地投资和兴办企业，但往往因为国有企业的"国有"特性，经常面临困难和阻挠。经济学家厉以宁认为，在对外投资时，纯粹的国企往往会遇到种种阻力和限制，而混合所有制企业就比较容易被接受了；金碚也认为，混合所有制企业可以更好地适应未来的国际贸易和国际竞争规则，避免国有企业在国际纠纷仲裁中处于被指违反"竞争中立"原则的不利地位。

3. 关于混合所有制企业的公司治理

关于混合所有制企业公司治理的文献虽然不多，但定性研究和定量研究都有。（1）定性研究集中在混合所有制企业公司治理的特殊性。谢军、黄建华（2012）认为，中国混合所有制企业的公司治理的特殊性，体现在其公司治理过程中政府角色、企业控制权、股东利益实现、内部人之间关系等方面的特殊性。毛立言（2012）指出我国混合所有制企业的治理结构是"以劳动为主导的分权式治理结构"与"以资本为主导的分权式治理结构"相结合的"复合式治理结构"，④ 国有资本控股的混合所有制企业是以"劳动主导型治理结构"为主体，其他资本是合作者。利益分配也应该是由劳动主导，主体的分配方式是按劳

---

① 黄速建. 中国国有企业混合所有制改革研究 [J]. 经济管理, 2014 (7): 1 – 10.
② 郑志刚. 国企公司治理与混合所有制改革的逻辑和路径 [J]. 证券市场导报, 2015 (6): 4 – 12.
③ 刘凤义. 论发展混合所有制经济中的两个理论问题 [J]. 中国特色社会主义研究, 2015 (1): 33 – 38.
④ 毛立言. 关于中国特色现代国有企业治理结构问题的新思考 [J]. 毛泽东邓小平理论研究, 2012 (7): 23 – 29.

分配，资本也应当获得合理的收益，但却处于非主导地位。（2）定量研究则集中在混合所有制企业的公司价值和企业绩效。张文魁（2010）研究了混合所有制企业的业绩，结论为企业业绩与混合所有制没有关系；从非混合所有制转为混合所有制会导致企业业绩的提高。其对混合所有制企业的筛选方法：如果一个公司的前三大股东，即持股比例排在前三位的股东，都是国有股东，或者都是非国有股东，那么划归为非混合所有制企业；如果前三大股东中，既有国有股东，也有非国有股东，就划归为混合所有制企业。笔者认为其划分方式具有偏颇，研究结论的参考价值有限。石予友（2010）基于利益冲突的视角研究了混合所有制企业的公司治理，研究结果表明：混合所有制企业中，宜采用国有股东与非国有股东均相对控股的股权结构，且国有股东与非国有股东的持股比例不宜相差太大；从协调股东与经营者之间的利益冲突、实现双方利益最大化的角度看，混合所有制企业的股东应该允许经营者保留适当的经营者私人控制权收益；混合所有制企业协调股东与员工利益冲突的有效途径就是积极推行员工参与公司治理，在实施员工持股计划的基础上，积极推进员工参与企业决策。[1] 谢军（2013）研究了国有控股上市公司的市场价值，结论表明，公司的CEO同时兼任董事会主席或副主席不利于提高公司的市场价值；外部董事所占比例提高有助于提高公司市场价值；第一大股东的持股比例与公司市场价值存在 U 形关系；其他大股东的持股比例越高，公司市场价值越高；流通股比例的提高有助于公司市场价值提高；一般而言，一个上市公司若拥有母公司，则对提升其市场价值无利，母公司可能会做出有利于自身而侵害其他股东利益的决策。[2]

（三）文献述评

国外对于混合所有制的研究，不论是在 PPP 领域还是在国企改革的私有化过渡阶段，以及对相关案例的分析，可以发现，混合所有制企业对效率、服务和绩效的改进，促进国有资本与民营资本之间的合作方面有重要意义，同时也可以作为政府的一种战略选择。国内对混合所有制企业的研究主要集中于混合所有制企业具有较高的创新能力和产权效率，发展混合所有制企业的意义以

---

① 石予友. 混合所有制企业公司治理——利益冲突视角的研究 [M]. 北京：经济管理出版社，2010.

② 谢军. 中国混合所有制企业国有产权管理研究 [D]. 武汉理工大学博士论文，2013.

及混合所有制企业的公司治理，而没有去专门研究混合所有制企业的竞争力。因此，发展混合所有制企业不仅仅应该局限于其效率的提升，而是要着眼于其竞争力的提升，更好地促进国有企业"走出去"和服务于国家的"一带一路"倡议。

二、企业竞争力

（一）国外研究概况

1. 企业竞争力的来源

对企业竞争力产生的源泉，很多学者认为竞争优势、资源、能力是企业竞争力的重要来源。（1）企业的竞争优势理论最早由 Porter 于 1985 年提出，他认为企业的竞争力来自价值创造，基于价值链的视角，提出了成本领先战略、标新立异战略、目标集聚战略，来提高企业竞争力。[①]（2）企业所占有的资源是企业竞争力的基础。Penrose（1959）提出了企业竞争力的资源观点，他认为组织剩余是企业增长过程的重要因素，对企业经济效率的提升具有积极作用，这类组织剩余是企业竞争力的重要资源。[②] Wernerfelt（1984）提出了资源基础观，认为企业内部的有形资源、无形资源以及企业所积累的知识资源是企业获得竞争力的关键点。[③] Barney（1991）认为企业在经营管理中，可以通过提高所占有资源（物质资源、人力资源、组织资源等）的质量以及强化资源运用的效率，来获得企业的竞争优势。David J. Collins（1995）认为企业应该突破内部经营的局限，从多方面寻找企业的价值资源，增强企业竞争力。[④]（3）Richardson（1972）认为知识、经验和技能是企业所具有的重要能力，是企业经营管理的基础。[⑤] Teece（1997）认为企业为适应外部环境的变化而形

---

① Michael E. Porter. The Competitive Advantage：Creating and Sustaining Superior Performance ［M］. New York：Free Press, 1985.

② Edith Penrose. The Theory of the Growth of the Firm ［M］. 4th Edition. Oxford：Oxford University Press, 2009.

③ Wernerfelt, Birger. A Resource-based view of the firm ［J］. Strategic Management Journal, No 5, 1984：171 – 180.

④ David J. Collis, Cynthia A. Montgomery. Competing on Resources：Strategy in the 1990s ［J］. Knowledge and Strategy, 1999：25 – 40.

⑤ George Richardson. The Organization of Industry ［J］. Economic Journal, No. 82, 1972：883 – 896.

成的整合、重置以及构建公司内外部的能力称为企业的动态能力。① Thomas （1999）认为企业经营过程中的快速反应能力、产出加快能力以及资源效果能力对企业竞争力具有重要影响。②

2. 企业竞争力的影响因素

（1）技术因素。对于企业竞争力的影响因素，许多学者从技术视角进行了研究。一个企业具有的技术是构成企业竞争力的核心要素。F. M. Scherer 和 David Ross （1990）分析得出结论：创新类型取决于公司战略，若研发投入能根据创新类型来规划，企业竞争力将得到更有力的提升。③（2）社会资本。Nahapiet 和 Goshal （1998）运用社会资本理论解释企业竞争优势的源泉，将社会资本划分为结构型、关系型、认知型三种，认为不同类型的社会资本在企业的经营管理过程中可以产生出竞争优势，增加企业的经济效益。④（3）差异化。Lippman 和 Richard Rumelt （1982）认为差异化是企业所拥有的其他企业难以模仿的东西，诸如效率、资源和能力，是企业竞争优势的重要来源。⑤（4）环境规制。Porter （1991）提出了关于环境规制与企业创新的著名"波特假说"，认为恰当设计的环境规制政策可以激发企业通过环境管理进行创新，相对于不受规制的企业可以产生绝对的竞争优势，还可以使国内企业在国际市场上获得竞争优势。⑥

（二）国内研究概况

1. 企业竞争力的来源

范晓屏（1999）将企业竞争力的构成分成五部分，分别为竞争行为特点与业绩、竞争优势与市场地位、竞争资源与能力、竞争优势与资源的培育与开

① Teece David J. , Pisano Gary, Shuen Amy. Dynamic capabilities and strategic management ［J］. Strategic Management Journal, 1997, No. 18: 509 – 533.

② Thomas H. Brush, Kendall W. Artz. Toward a contingent resource-based theory: the impact of information asymmetry on the value of capabilities in veterinary medicine ［J］. Strategic Management Journal. Volume 20, Issue 3, March 1999: 223 – 250.

③ F. M. Scherer, David Ross. Industrial market structure and economic performance ［M］. The MIT Press, 1990.

④ Janine Nahapiet and Sumantra Ghoshal. Social Capital, Intellectual Capital, and the Organizational Advantage ［J］. The Academy of Management Review, Vol. 23, No. 2 （Apr. , 1998）, pp. 242 – 266.

⑤ S. A. Lippman and R. P. Rumelt. Uncertain Imitability: An Analysis of Interfirm Differences in Efficiency under Competition ［J］. The Bell Journal of Economics, Vol. 13, No. 2 （Autumn, 1982）, pp. 418 – 438.

⑥ Michael E. Porter. America's green strategy ［J］. Scientific American, No 1, 1991: 168, 264.

发、各层面（能力、方式、效率等）的转换。金碚（2001）认为企业竞争力由四类要素构成，分别为企业在竞争中所发生的或可以形成的各种"关系"、企业所拥有的或可获得的各种"资源"、能够保证企业生存和发展以及实施战略的"能力"、能够物化为企业"资源"和"能力"的"知识"或"学识"。胡大立（2007）认为企业竞争力来自四个方面：企业所处的环境、企业所拥有或控制的资源、企业所拥有的能力、企业的知识。① 唐晓华（2011）认为前述研究没有区分大企业和小企业竞争能力的差异，在企业竞争力的构成要素中，忽略了政府。提出了大企业"双能力"的框架，认为大企业的竞争力由两个要素构成：一是应对政府的能力，二是应对市场的能力。② 王宋涛（2011）认为传统的企业竞争力模型混淆了企业竞争力与企业能力的界限，提出了多层次的企业竞争力模型，包括外部竞争子模型（分为系统层、纯粹产业层、产业价值链层、企业层等四层）、企业能力子模型（差异化、低成本等九种能力）和企业竞争力公式。③

2. 企业竞争力的影响要素

我国学者认为企业竞争力主要受环境因素、企业文化、技术与营销、社会责任及其他方面的影响。（1）环境因素。国内对环境规制与企业竞争力之间的关系，有三种假说，环境规制制约企业竞争力（郭庆，2007）④、环境规制与企业竞争力"双赢"（张红凤，2007）⑤、环境规制与企业竞争力之间关系不确定（张一，2004）⑥。许士春（2007）研究了环境管制与企业竞争力的关系，认为"波特假说"在某些特殊情况下可能是有效的，但不具有一般性，要具体分析企业的现状，制定适合我国企业的环境规制政策。⑦ 张红凤（2008）研究了环境规制与企业竞争力的关系，认为政府应设计合理的环境规制政策使企

① 胡大立，卢福财，汪华林. 企业竞争力决定维度及形成过程 [J]. 管理世界，2007（10）：164 – 165.

② 唐晓华，徐雷. 大企业竞争力的"双能力"理论——一个分析的框架 [J]. 中国工业经济，2011（9）：88 – 97.

③ 王宋涛，杨薇. 内部能力、企业竞争力和企业资源最优配置——一个理论模型 [J]. 浙江工商大学学报，2011（5）：59 – 65.

④ 郭庆. 信息不对称条件下的环境规制 [J]. 山东经济，2007（4）：11 – 13.

⑤ 张红凤，陈淑霞. 环境规制对企业有好处：对波特假说的一个检验 [J]. 国家行政学院学报，2007（6）：104 – 106.

⑥ 张一. 环境规制对企业竞争力的影响 [J]. 中国人口·资源与环境，2004（4）：126 – 130.

⑦ 许士春. 环境管制与企业竞争力——基于波特假说的质疑 [J]. 国际贸易问题，2007（5）：78 – 83.

业增加研发投入，通过过程补偿降低成本、产品补偿增加产品价值，最终增加企业竞争力。[①] 刘平（2007）将企业竞争力的作用因素分为影响因素和决定因素，来自环境、资源、管理、核心能力等四方面。其中，环境因素是影响因素，资源因素、管理因素、核心能力因素是决定因素。[②]（2）企业文化。陈向军（2011）研究了企业文化与企业竞争力的影响机理，将企业文化分为合作与分享、企业社会意识、创新、规章制度、以员工为中心、以客户为中心、归属感、企业战略等八个方面。通过研究发现，这八个方面按照对企业竞争力影响的重要程度排序，分别为合作与分享、创新、规章制度、归属感、企业社会意识、企业战略，而以员工为中心和以客户为中心这两个方面对企业竞争力的影响不显著。[③] 葛万生（2015）研究了企业文化与国有企业竞争力的关系，他认为企业文化不但可以提升企业的凝聚力、创造力和企业整体绩效，还可以提升企业的品牌价值和企业竞争力。要培育适合市场经济的国有企业文化，通过企业文化促进企业价值创造和价值实现来提升国有企业竞争力。[④]（3）技术能力与营销能力。高山行（2015）研究企业的技术能力和营销能力与企业竞争力的关系，研究发现，技术能力与营销能力的不平衡性与企业竞争力负相关，两种能力的组合性与企业竞争力正相关。将技术能力与营销能力保持匹配，或者将二者都保持在较高水平，都能提高企业竞争力。[⑤]（4）社会责任。寇小萱（2014）基于利益相关者视角，研究了企业社会责任与企业竞争力的关系，认为利益相关者包括员工、顾客、供应商、股东、债权人、政府、社区等七个方面，应针对不同的利益相关者承担有区别的社会责任来达到提升竞争力的目的，提升承担社会责任的水平有助于达到企业竞争力目标的实现。[⑥]（5）其他方面。裴云龙、江旭（2013）研究了战略柔性（分为资源柔性、能力柔性）、原始性创新对企业竞争力的影响，结论为资源柔性与原始性创新之间存在倒 U

---

① 张红凤. 制约、双赢到不确定性——环境规制与企业竞争力相关性研究的演进与借鉴 [J]. 财经研究, 2008 (7)：16 - 26.

② 刘平. 企业竞争力的影响因素与决定因素 [J]. 科学学与科学技术管理, 2007 (5)：134 - 139.

③ 陈向军. 企业文化提升企业竞争力的机理研究 [J]. 中国流通经济, 2011 (2)：68 - 71.

④ 葛万生. 企业文化建设与提升国有企业竞争力论析 [J]. 山东社会科学, 2015 (2)：159 - 162.

⑤ 高山行, 李妹. 能力二元性对企业竞争力的影响研究 [J]. 科学学与科学技术管理, 2015 (5)：137 - 147.

⑥ 寇小宣, 孙艳丽. 企业社会责任对企业竞争力的影响研究——基于利益相关者的角度 [J]. 湖南社会科学, 2014 (5)：142 - 145.

形关系，能力柔性对原始性创新具有正向促进作用，原始性创新与企业竞争力显著正相关，而组织合法性具有促进原始性创新提高企业竞争力作用的发挥。[①] 金碚（2014）探讨了经济增长走势、政府政策走向和企业竞争力的内在关系，研究结果表明，稳定的经济增长态势可以提高企业的经济绩效，偏紧的财政政策和稳健的货币政策有利于减少企业对政府政策的依赖，使企业专心于提高自身核心竞争力的投资规划，研究还发现，市场化程度越高对竞争性产业的企业的发展越有利。[②]

（三）文献述评

国内外研究文献中对企业竞争力的研究，主要包括竞争力的来源和影响竞争力的因素，虽然研究者罗列了很多影响因素，但都可以归纳为企业内部的影响因素和外部影响因素，虽然这些内部的影响因素和外部因素也可以作为竞争力的评价指标，但这些因素很多都难以量化或者说很难获得具体的定量数据，因此，对企业竞争力的研究也就表现为定性研究较多、定量研究较少，在定量研究中又表现为竞争力评价指标体系过于简单，很难对企业竞争力形成一个客观、全面、综合的评价。

三、关于股权结构

（一）国外研究概况

东亚及东南亚国家的上市公司大多为家族控股，日本的大部分公司为银行控股，而在英国和爱尔兰的公司股权相对分散，由大众持股。在美国，超过一半的上市公司是由大股东控股。OECD（1995）指出，德国大商业银行通过股票控制了1/4的大型上市公司，德国的中小公司是以家族金字塔式控股为主；日本存在大量的交叉持股，银行控股是常态；包括亚洲、非洲、拉丁美洲和欧

---

① 裴云龙，江旭. 战略柔性、原始性创新与企业竞争力——组织合法性的调节作用 [J]. 科学学研究，2013（3）：446 – 455.

② 金碚，龚健健. 经济走势、政策调控及其对企业竞争力的影响 [J]. 中国工业经济，2014（3）：5 – 17.

洲大陆，世界上大部分国家的公司都是股权集中的控股形式。① Claessens、Djankov（2000）对东亚和东南亚国家和地区的股权结构进行了研究，发现2/3的公司股权集中，大部分是家族控股，60%以上家族控股公司的经理人员来自控股家族，大家族控制了大量财富。家族势力在东亚及东南亚（除去日本）有着举足轻重的影响，而且这些国家也大量使用金字塔式的股权结构来强化对上市公司的控制。②

Faccio、Lang（2001）分析发现，欧洲公司的第二大股东起到了保护小股民的作用，但亚洲公司的第二大股东往往联合第一大股东剥削其他小股东。③ Faccio、Lang（2002）分析了西欧13个国家上市公司的股权结构，发现只有英国和爱尔兰存在较多的大众持股公司，其他国家以家族控股为主，54%的欧洲公司由股权集中的大股东（以家族为主）控股，但较少使用金字塔、交叉持股和多重控股，较多地采用复式投票权。④ Gadhoum、Lang（2005）研究了美国的上市公司股权结构，发现美国并不如人们以为的那样由大众控股，发现有59.74%的上市公司都由大股东控股，这个比例甚至高于由银行大股东控股（比例为58%）的日本上市公司。而且美国有36%的上市公司由大家族控股，这个比例和德国的37.26%家族控股比较接近。还发现有24.57%的美国上市公司由大家族控股和经营，这个比例甚至高于亚洲公司，16.33%的美国上市公司由金融机构控股，这个比例与欧洲上市公司差不多。⑤

（二）国内研究概况

于东智（2001）认为股权集中度仅仅反映股东影响管理层的能力，而股权性质（与股东类型相关）则反映出股东的不同目标，而且国有股东处于控股地位会损害中小股东利益，国有股减持是解决这一问题的关键。⑥ 孙永祥

① Organization for Economic Cooperation and Development. Corporate Governance Environments in OECD Countries [R]. Paris. 1995.

② Stijn Claessens, Simeon Djankov and H. P. Lang. The Separation of Ownership and Control in East Asia Corporations [J]. Journal of Financial Economics. , 11/2000, 58 (1 - 2): 81 - 112.

③ Mara Faccio, Larry H. P. Lang and Leslie Young. Dividends and Expropriation [J]. The American Economic Review, Volume 91, Issue 1, March 2001: 54 - 78.

④ Mara Faccio , Larry H. P Lang. The ultimate ownership of Western European corporations [J]. Journal of Financial Economics, Volume 65, Issue 3, September 2002: 365 - 395.

⑤ Yoser Gadhoum, Larry H. P. Lang and Leslie Young. Who Controls US? [J]. European Financial Management, Volume 11, Issue 3, June 2005: 339 - 363.

⑥ 于东智. 股权结构、治理效率与公司绩效 [J]. 中国工业经济，2001 (5): 54 - 62.

（2002）将股权结构分为高度集中、高度分散以及相对集中（分散），并认为股权结构对公司的经营激励、收购兼并、监督机制均有较大影响。刘芍佳、孙霈（2003）认为在当前对股权结构的研究中，只关注了股权集中度，而对控股股东类型的研究还较为薄弱，因此以终极产权论为基础，对不同控股类型的上市公司的绩效进行研究。[①] 胡国柳（2006）将上市公司的股权结构划分为股权的流通性结构、持有者身份结构、市场分割结构及股权集中程度。马立行（2013）还研究了美国的双层股权结构（两种股票具有不同的投票权），认为双层股权结构对股东无损害、有利于公司治理机制发挥、有利于公司长远发展，提出了在中国设立双层股权结构和超级投票权的建议。[②]

（三）文献述评

国内外的研究文献中虽然对股权结构都有研究，但股权结构却表现出很大的差异性，国外的股权结构以家族持股和个人持股较多，而国内的股权结构中却是国家持股较多，同时在国外的不同国家和地区，企业的股权结构也呈现不同的特点，日本和德国的公司有很大比例都被银行控制、东南亚的公司大部分都是家族持股，美国还存在双层股权结构，国内对于股权结构的研究采用终极所有权的研究方法去计算国有股比例的很少，而系统全面从国有股比例、股权集中度、股权制衡度、流通股比例、高管持股比例等方面去系统研究股权结构的可以说更是少之又少，而这正是本书研究的内容。

四、关于股权结构与企业竞争力

（一）国外研究现状

当前文献对于股权结构与企业竞争力之间的研究很少见，大多集中在股权结构与企业绩效的研究，在这些研究中，又多关注于对股权集中度的研究，而且不同的研究其结论也不尽相同，主要有正相关、负相关、非线性关系及无相关性。

---

① 刘芍佳，孙霈，刘乃全. 终极产权论、股权结构与公司绩效 ［J］. 经济研究，2003（4）：51 – 62.

② 马立行. 美国双层结构的经验及其对我国的启示 ［J］. 世界经济研究，2013（4）：30 – 34.

1. 股权结构与公司绩效正相关

Jensen 和 Meckling（1976）的研究表明，股权结构与业绩具有线性相关性，他们把股东分成两种类型：一类是外部股东，另一类是内部股东。外部股东不参与公司日常的经营决策，但内部股东有经营决策权，他们的研究结果显示，内部股东的持股比例越高，公司的价值越大，内部股东具有治理功能。Shleifer 和 Vishny（1986）建立了股权结构模型，通过模型研究发现，一定的股权集中度对于提升公司业绩是非常必要的，股权的适度集中，使得少数几个大股东既有动力又有能力去监督管理层，限制管理层利用手中的权力侵害股东利益，因此来自大股东的有效监督能有效提升公司业绩。①

2. 股权结构与公司绩效负相关

Leech 和 Leahy（1991）通过对英国企业价值的研究，发现股权集中度与企业价值及利润率之间存在显著负的联系。另外，Burkart、Gromb 和 Panunzi（1997）认为，在股权结构高度集中的条件下，由于大股东的控制，降低了管理者的积极性和对其他专用资产的投资，从而导致公司价值降低。Kim 等（2007）利用 14 个欧洲国家 229 家公司的数据分析发现，集中的股权与董事会的独立性负相关，大股东可以通过利用操纵董事会而侵占中小股东的权益，降低公司绩效。

3. 股权结构与公司绩效呈倒 U 形或 U 形关系

Tian（2001）、Sun 和 Tong（2002）把国有股和法人股都视同为政府持股的指标，前者发现政府股权与公司业绩之间是 U 形关系，即政府持股"独大"或"独小"对公司业绩是有利的，而适度的混合所有制形式则是最差的模式；后者则认为公司业绩与政府股权之间是倒 U 形关系，研究结论与前者相反。②

4. 股权结构与公司绩效无相关性

Demsets 和 Lehn（1985）研究了美国 511 家大企业的股权集中度对公司经营业绩的影响，发现股权集中度与公司的净资产收益率没有相关性。Mehran（1995）也发现股权结构与资产收益率不相关，与托宾 Q 值也不相关，究其原因认为可能是国外法律对投资者，特别是中小投资者的权益保护比较完善，因

---

① 谭兴民，宋增基，杨天赋. 中国上市银行股权结构与经营绩效的实证分析 [J]. 金融研究，2010（11）：144－154.

② 陈远志，梁彤缨. 行业特征、股权结构与公司绩效的实证研究 [J]. 系统工程，2006（2）：72－77.

此股权结构很难对公司业绩产生作用。

（二）国内研究现状

国内对股权结构与企业竞争力之间的研究只有仅有的几篇，大多集中于股权集中度、股权结构与公司绩效之间的研究。

1. 股权集中度与公司绩效之间的关系

（1）二者正相关。黄晓飞、井润田（2006）研究发现，在国有股权控股的企业中，股权一定程度上的集中对公司是有利的，且政府直接控股比间接控股更有利于企业的整体价值。张屹山、高福波（2013）对信托公司的研究发现，股权集中度越高，对信托公司绩效的提升作用越显著。[①] 王振山、石大林（2014）股权制衡度也与公司绩效之间存在正向关关系。[②]（2）二者负相关。谭兴民、宋增基（2010）通过采集 2006～2009 年 11 家上市的全国股份制商业银行的数据，实证分析了股权结构与绩效间的关系。研究结果显示，较大的第一大股东的持股比例、控制能力以及较高的股权集度阻碍了银行绩效的提高。[③]（3）二者呈非线性关系. 杜莹、刘立国（2002）研究了股权结构与公司治理效率之间的关系，从股权集中度和股权性质分别进行了分析，研究发现：股权集中度与公司绩效呈显著的倒 U 形曲线关系，当前 5 大股东持股比例之和在 53%～55% 时，公司绩效趋于最大化。曹廷求、杨秀丽（2007）研究发现，股权集中度与公司绩效呈左低右高的 U 形曲线，并指出，现阶段过于强调减少第一大股东持股比例、降低股权集中度是没有必要的；省级政府、地市级政府控股的上市公司绩效较低；中央控股的上市公司绩效稍好。徐向艺、王俊韡（2011）借助控制权转移对股权结构与公司绩效进行研究，发现控制权转移后第一大股东持股对目标公司绩效的影响呈现倒 U 形关系，股权制衡对目标公司绩效的影响呈现 U 形关系。将第一大股东持股比例限定在 50%～60%，第二至第五大股东持股比例之和限定在 8% 左右，可以提高

---

① 张屹山，高福波，李莹. 股权结构对我国信托公司绩效的影响分析［J］. 吉林大学社会科学学报，2013（9）：5–12.

② 王振山，石大林，孙晨童. 股权结构与公司绩效之间的实证研究——基于动态内生性的研究视角［J］. 南京审计学院学报，2014（4）：37–48.

③ 谭兴民，宋增基，杨天赋. 中国上市银行股权结构与经营绩效的实证分析［J］. 金融研究，2010（11）：144–154.

目标公司绩效。①

2. 股权构成与公司绩效之间的关系

股权构成的划分包括两种，一种为国有股、法人股、个人股等；另一种为流通股与非流通股。（1）二者呈线性关系。杜莹、刘立国（2002）研究证明，国家股比例与公司绩效显著负相关，法人股比例与公司绩效显著正相关，流通股比例与公司绩效不存在显著相关性，这说明国家股东治理效率低下，法人股东在公司治理中起到积极作用，分散的流通股东在证券市场浓重的投机气氛下很难在公司治理中有所作为。② 黄晓飞、井润田（2006）通过股权结构与公司绩效的实证结果显示，流通股对公司绩效有显著负面影响，而法人股则与之呈弱的正相关关系。姚圣娟、马健（2008）研究发现，法人股为第一大股东的公司业绩好于国有股为第一大股东的公司。（2）二者呈非线性关系。宾国强、舒元（2003）的实证分析表明，公司的业绩与非流通股（国家股、法人股）比例呈显著的 U 形关系。③ 田利辉（2005）研究了国有股比例同上市公司绩效之间的关联关系，发现国有股比例同公司绩效之间存在非对称（左高右低）的 U 形关系，随着国家股比例提高，绩效最初表现为下降，但当这一比例超过某个值（即拐点，这一拐点为 30%）时，绩效随之上升，表明国家持股可以有一定的正面边际效用，国有股减持应避免 U 形曲线的底部价值陷阱。④ 任力、倪玲（2014）对低碳产业上市公司进行实证研究，发现国有股比例与公司绩效呈显著的倒 U 形曲线关系，流通股比例与低碳产业上市公司绩效呈显著的 U 形曲线关系，法人股比例和内部人持股比例与绩效均无显著相关性，当国有股比例为 31.13% 时，公司绩效最佳。⑤（3）二者之间关系因行业不同出现差异。陈远志、梁彤缨（2006）研究发现，冶金业上市公司的经营绩效与国有股比重显著负相关，与法人股比重显著正相关，与流通股比重不相关；零售贸易业上市公司分别为显著正相关、显著负相关和不相关；生物制药业公

---

① 徐向艺，王俊韡. 控制权转移、股权机构与目标公司绩效——来自深、沪上市公司2001—2009年的经验数据［J］. 中国工业经济，2011（8）：89 – 98.

② 杜莹，刘立国. 股权结构与治理效率：中国上市公司的实证分析［J］. 管理世界，2003（11）：124 – 133.

③ 宾国强，舒元. 股权分割、公司业绩与投资者保护［J］. 管理世界，2003，（5）：101 – 107.

④ 田利辉. 国有股权对上市公司绩效影响的 U 形曲线和政府股东两手论［J］. 经济研究，2005（10）：48 – 58.

⑤ 任力，倪玲. 中国低碳产业上市公司股权结构与经营绩效研究［J］. 当代经济研究，2014（5）：67 – 73.

司则分别为 U 形关系、不相关和显著正相关。① 这表明，股权结构与公司绩效的相关性会因行业而异。

3. 股权结构与公司竞争力之间的关系

易行建、杨碧云（2003）通过截至 2001 年末的 1160 家上市公司研究，提出通过多种途径实现股权结构由国家绝对控股模式向法人相对控股模式转变，才能促进我国上市公司摆脱多元化经营"陷阱"，提升公司的核心竞争力。② 卞琳琳、王怀明（2008）选取 2002～2006 年中国农业上市公司的数据，实证分析结果表明：股权结构方面，第一大股东持股比例和农业上市公司竞争力呈倒 U 形关系，第二至第十大股东持股比例和农业上市公司竞争力正相关，国有控股对农业上市公司竞争力有着显著的负面影响。③ 谭萍（2012）对 A 股上市的 101 家房地产企业进行实证研究，得出的结论：国有股比例与房地产上市公司竞争力没有相关关系；较大比例的流通股却对房地产公司竞争力产生了负面影响；股权集中度与房地产公司竞争力存在正相关关系。④ 王国庆（2013）在对 2006～2010 年医药行业的 40 家上市公司进行实证分析，得出结论：第一大股东持股比例与医药上市公司企业竞争力呈负相关关系；前五大股东持股比例与医药上市公司企业竞争力之间存在正相关关系；第一大股东与第二大股东股权比例的比值与企业竞争力之间没有显著的相关关系。

（三）文献述评

国内外的研究文献大多都集中在研究股权结构与公司绩效之间的关系，而且二者之间有呈现正向关系、负相关、不相关以及非线性关系等，目前并无统一定论。而在很少的研究股权结构与企业竞争力关系的文献中，股权结构对企业竞争力的影响却因行业的不同表现出截然不同的结果，这些行业包括农业、房地产业、医药行业，但却没有涉及制造业。本书认为在当下我国由制造大国向制造强国转变的过程中，选择以制造业行业的混合所有制企业为研究对象，通过研究其股权结构与竞争力之间的影响机理，找到提升制造业混合所有

---

① 陈远志，梁彤缨. 行业特征、股权结构与公司绩效的实证研究［J］. 系统工程，2006（2）：72－77.

② 易行建，杨碧云. 多元化经营战略、核心竞争力框架与股权结构［J］. 南开管理评论，2003（2）：55－59.

③ 卞琳琳，王怀明. 农业上市公司治理结构与竞争力关系研究［J］. 南京农业大学学报（社会科学版），2008（3）：26－31.

④ 谭萍. 房地产上市公司竞争力与股权结构的关系研究［D］. 浙江理工大学硕士论文，2012.

制企业竞争力提升的方法与对策，将是一件非常有研究价值的事情。

第三节　本章小结

　　本章主要介绍了与本书相关的所有制理论、产权理论、竞争力理论等理论基础，所有制理论中着重介绍了所有制的概念、马克思的所有制理论以及我国所有制理论的结构变迁；产权理论中着重介绍了马克思产权理论、西方产权理论并比较了二者的异同，以及介绍了马克思产权理论与我国国有企业产权改革的历程；竞争力理论中着重介绍了国家竞争力、产业竞争力、企业竞争力等三种不同维度的竞争力的概念及评价指标体系。

　　本章接着介绍了与本书相关的文献综述，包括对混合所有制企业、企业竞争力、股权结构与竞争力之间关系等国内外研究现状，并进行了文献述评，将文献研究的内容作为进一步研究的基础。

第三章

混合所有制企业竞争力
评价指标体系构建与方法选择

第一节　现有企业竞争力评价指标体系介绍

一、国际组织开发的竞争力评价指标体系

国际组织主要致力于对世界各国及主要经济体的国际竞争力评价，每年发布一次国际竞争力评价报告，其中久负盛名的为世界经济论坛（World Economic Forum，WEF）和瑞士洛桑管理学院（International Institute for Management Development，IMD），WEF 出版的竞争力评价名为《全球竞争力报告》，IMD 出版的名为《世界竞争力年鉴》。

WEF 建立的国际竞争力评价指标体系，由"板块层—支柱层—指标层"构成，三个板块层分别为基本条件因子、效率增强因子、创新与成熟度因子，基本条件因子包括四个支柱层（1～4）：国际制度、基础设施、宏观经济稳定性、健康和初级教育；效率增强因子包括六个支柱层（5～10）：高等教育与培训、商品市场效率、劳动力市场效率、金融市场成熟度、技术成熟度、市场规模；创新与成熟度因子包括两个支柱层（11～12）：企业成熟度、创新；[①]而指标层又包括100多个指标（2007年为113个，2010年为114个）。WEF

---

① 蔡春林．国际竞争力视角下金砖国家竞争力发展优势评析［J］．广东工业大学学报（社会科学版），2012（1）：13－17.

对世界 100 多个国家（地区）计算竞争力排名时，会根据每个国家处于不同的发展阶段（要素驱动阶段、效率驱动阶段、创新驱动阶段），对三个板块层赋予不同的权重，如对处在要素驱动阶段的国家，其在基本条件因子、效率增强因子、创新与成熟度因子等三个板块的权重分别为 0.6、0.35、0.05，而处于效率驱动阶段的国家这三个板块的权重为 0.4、0.5、0.1，处于创新阶段的国家则为 0.2、0.5、0.3；[①] 最后则根据各项权重与指标值相乘加总得到竞争力的值与排名。

IMD 建立的国际竞争力评价指标体系主要包括四个要素：经济表现、政府效率、商业效率、基础设施，每个要素又下设五个子要素，经济表现包括：国内经济、国际贸易、国际投资、就业、价格；政府效率包括：公共财政、财政政策、制度体系、商业立法、社会治理；商务效率包括：生产率、劳动力市场、财经、管理实践、态度和价值观；基础设施包括：基本的基础设施、技术基础设施、科学基础设施、卫生与环境、教育。子要素下设指标层，包括硬指标、软指标，共计 300 多项指标。但与 WEF 不同的是，IMD 对各要素、子要素、指标都采用了相同的权重来计算最后的竞争力排名。[②]

二、世界著名杂志建立的竞争力评价指标体系

世界著名期刊中对竞争力排名较有影响力的主要有《财富》《商业周刊》和《福布斯》。

《财富》杂志每年都会发布"世界 500 强"企业排名，具有非常强的影响力，2015 年中国共有 106 家企业上班，其中大陆地区 94 家、港澳台地区 12 家。《财富》杂志以营业收入为主要评价指标，同时还要求公司具有较高的透明度和独立的公司治理，评价指标还包括利润总额、总资产、股东权益、雇用人数、利润率、总资产报酬率、净资产收益率等。除此之外，《财富》杂志还和中国国际金融股份有限公司财富管理部合作发布了 2015 年"中国 500 强排行榜"，其中所采用的评价指标有营业收入、总资产、净资产、净利润、市值、员工人数、净利润率、净资产收益率等。

---

① 柴小青. WEF 国际竞争力评价中存在的问题与改进路径 [J]. 商业经济研究，2015（20）：45 - 47.

② 郝华，林秀梅. WEF 与 IMD 国际竞争力评价比较研究 [J]. 经济视角，2012（4）：79 - 80.

《商业周刊》的企业排名主要是基于发达国家，以每年 5 月份最后一个交易日的股票市值（折算成美元）为主要排名标准，此外还参照公司规模、部门间的协调能力、资金流动性等，发布出"全球企业 1000 强"。

《福布斯》的企业排名所采用的评价指标主要以营业收入、利润、资产总额、股票市值的综合评分为依据，每年发布"全球企业 2000 强"，2015 年中国企业共有 232 家入围。

三、国内学者建立的竞争力评价指标体系

刘宁等（2010）从规模能力（资产总额、净资产、员工人数、年销售收入等 6 个方面）、技术创新能力（研发人员占比、R&D 投入经费占销售收入比重、专利拥有情况等 6 方面）、市场能力（市场相对占有率、市场拓展能力、品牌影响力等 5 个方面）、财务能力（净资产收益率、销售毛利率、存货周转率等 11 个方面）、成长能力（总资产增长率、净利润增长率、主营业务收入增长率等 4 个方面）等 5 个子能力系统来评价汽车整车制造企业竞争力，采用了因子分析法的定量评价方法。[①]

张进财等（2013）从企业的内部和外部两个视角建立企业竞争力评价指标体系，内部视角又包括资源和能力两个方面，外部视角包括分析性指标和显示性指标。资源方面包括资本（国资融资规模、投资水平）、设备（生产设备系数、生产设备新度系数）、规模（职工总数、资产总数等）、人力资源（全员劳动生产率、员工平均受教育程度等）、科技创新能力（科技开发经费占销售额比重、科技开发人员比重、新产品投产率等）、制度（现代企业制度的建立程度、现代企业制度动作效果）、企业文化（企业文化的先进性、企业文化的国际性等）；能力方面包括企业盈利能力（资本利润率、利润增长率等）、经营管理能力（企业家综合素质、应用经济信息总量指标）、营销能力（品牌价值、品牌知名度等）、资产运营能力（固定账款周转率、流动比率、速动比率等）、财务能力（资产负债率、现金净流量比率等）；外部的分析性指标主要指经营环境，包括政府政策、社会法制健全度、企业所处产业竞争力等；外部的显示性指标包括产品市场（市场占有率、产品合格率等）、社会效益（社会贡献率、环境保护指数等）、国际化指数（企业境外公司数、境外公司职员

---

① 刘宁，刘亮. 汽车企业竞争力评价研究 [J]. 财经问题研究，2010（7）：49 – 54.

比率等）。文中介绍的企业竞争力的定量评价方法是加权平均法，但并为对各项指标的资料来源进行介绍，也未对企业竞争力进行评价。[①]

王健等（2014）采用了中国企业联合会在 2000 年设计的企业竞争力评价指标体系，并根据数据可得性做了修改，最后确定了 4 个方面 24 个评价指标，分别是经济效益方面（销售利润率、净资产收益率、近两年销售收入平均增长率、近两年利润总额平均增长率、销售收入规模、利润总额）；财务状况方面（净资产总额、近两年净资产平均增长率、资产负债率、流动比例、存货周转率、应收账款周转率、总资产周转率、资产总额、年经营活动现金流量净流量）；管理水平方面（市场占有率、安全事故率、产销率、期间费用占总成本比率、制造费用占生产总成本的比率）；科技水平方面（设备新度、设备利用度、科技人员比重、三年科研成果转化率），并采用了层次分析法的定量评价方法计算企业竞争力得分。[②]

中国社科院工经所金碚研究员 2003 年开始建立企业竞争力的评价指标体系，并逐步完善，然后开始每年都发布一次中国企业竞争力报告，直到 2013 年，产生了极大的影响力。他建立的沪深两市公司竞争力监测指标体系，包括三个二级监测指标（规模因素、增长因素、效率因素），每个二级指标又下设三级指标以及为每个指标设定权重，规模因素的三级指标（括号中数字为权重）包括销售收入（19）、净资产（10）、净利润（15）；增长因素的三级指标包括近三年销售收入增长率（16）、近三年净利润增长率（13）；效率因素的三级指标（括号中数字为权重）包括净资产利润率（8）、总资产贡献率（8）、全员劳动效率（6）、出口收入占销售收入比重（5）；将三级指标值与各指标所占权重相乘再求和即可得企业竞争力的监测值。[③]

此外，国务院国资委还制定了对中央企业的经营业绩考核指标体系，包括盈利能力指标、运营指标、规模实力及发展能力指标、社会贡献指标、非财务指标等 5 项二级指标，每个二级指标下设若干三级指标，共计 38 个；财政部等五部委也从财务效益状况、资产运营状况、偿债能力状况、发展能力状况等 4 个方面共计 20 项指标制定了企业评价指标体系。[④]

① 张进财，左小德. 企业竞争力评价指标体系的构建 [J]. 管理世界，2013（10）：172－173.
② 王健，张晓媛. 企业竞争力指标体系研究 [J]. 山东社会科学，2014（11）：135－140.
③ 金碚. 中国企业竞争力报告（2013）[M]. 北京：社会科学文献出版社，2013：366－374.
④ 郝冀. 中国国有企业竞争力研究 [D]. 中共中央党校博士学位论文，2011.

第二节　混合所有制企业竞争力评价指标体系构建原则与逻辑框架

一、混合所有制企业竞争力评价指标体系构建原则

（一）科学性原则

科学性原则主要包括测评指标本身的可测性以及指标在测评过程中的现实可操作性。第一，测评指标本身的科学可测性是指测评指标具有可操作性，而且所包含的指标体系可以运用现有的统计与计量工具进行测定并得出明确结论。第二，定性类指标也应该具有可测性，而对于不可直接测定的指标应通过转换成可测的间接指标来完成测评。第三，指标体系必须满足测评过程中的可操作性，即所设定的测评指标能够在现实环境中进行正常测定和运行。

（二）可行性原则

可行性原则是对混合所有制企业竞争力测评指标构建作出的三项规定：第一，尽可能地对竞争力测评指标进行量化，对于不能量化或难以量化的指标依据量表法进行打分，指标体系并不是越多越好，而是尽量精简、以精取胜、以质取胜；第二，测评指标要根据研究的需要与可能合理设定，指标的设定既要满足切实可行性原则，又要具有一定的高度，充分表现指标设定的创造性和创新性，进而最大限制且全面地挖掘分析数据；第三，指标的设定要做到有的放矢，突出重点、特色及优势。

（三）导向性原则

导向性原则指测评指标的设定能够充分反映混合所有制企业竞争力的客观情况与现状，体现国家和地方层面关于混合所有制企业发展的政策导向。混合所有制企业竞争力的测评目的就是为了引导和帮助政府部门评价、检验其政策目标的实施效果以及实现程度。因此，测评指标的设定与选择不仅要符合国家当前对制造业发展的相关政策导向，还要考虑国家最近出台的关于指导混合所有制经济发展的相关顶层设计文件，以及要着重考虑党的十八届三中全会后国

有企业在新一轮混合所有制经济发展过程中的现实表现。

（四）可比性原则

可比性原则通常是测评指标不仅满足客观性原则和一致性原则，而且能够对评价结果实行横向和纵向比较。具体表现在以下几方面：第一，测评指标必须反映混合所有制企业竞争力的共同属性，只有评价主体在质上满足一致性条件，才能对其进行量的比较；第二，测评指标还要具有独立性，即同一层次的指标不能交叉重叠，必须相互独立，否则无法对测评的结果实施比较；第三，测评的结果不仅可以在同一时间点上实行横向的比较，而且能够在同一主体上实行纵向的比较；第四，测评指标的口径以及实施范围必须一致；第五，测评指标的设计既要满足实际需要，又要与后续的研究保持一定的连续性。

二、混合所有制企业竞争力评价的构成要素

企业竞争力能否被测度、如何测度，长期以来是学术界争论的焦点。多年来，国内外学者从不同学科、不同视角尝试找到能够测度竞争力的指标体系，并形成了一定的研究成果，但却没有形成一套标准化的测评体系，而是各有不同、各有侧重，那些看起来非常满意、非常全面的指标体系，往往却因数据的可得性和可量化性原因，无法进行定量测定。本书在既有文献资料的基础上，对混合所有制企业竞争力测评指标体系的构成进行了系统性的研究，在构建竞争力测评指标时，考虑到指标体系的覆盖面尽量大，但又要考虑到各项指标值的可获得性，本书着重参考了中国社科院工业经济研究所金碚研究员所建立的企业竞争力的评价模型，但又对其测评的指标体系进行了扩充，从规模竞争力、增长竞争力、效率竞争力等三个维度来构建混合所有制企业竞争力的测评指标体系。

（一）规模竞争力测评指标

对于规模竞争力的测评指标，在世界著名杂志中，《财富》杂志主要采用了营业收入、总资产、净资产、利润总额、净利润、股票市值、员工人数等7方面指标；《商业周刊》采用的指标比较单一，即股票市值来反映企业的规模；《福布斯》主要采用了营业收入、利润、资产总额、股票市值等四方面指标；国内学者中，刘宁等（2010）采用了资产总额、净资产、员工人数、年

销售收入、无形资产、年产量等 6 方面指标；中国企业联合会（2000）采用了营业收入、利润总额、交税总额等指标；金碚（2013）采用了销售收入、净资产、净利润三个指标；张进财等（2013）采用了职工总数、资产总数、固定资产投资总额等指标。本书在建立规模竞争力的测评指标时，综合参考了上述杂志和学者的研究成果，同时又充分考虑了各项指标之间的相关关系，最后采用总资产、净利润、营业收入、员工数量、固定资产净额、流动资产合计等 6 项指标来综合反映混合所有制企业的规模竞争力。

（二）增长竞争力测评指标

对于增长竞争力的测评指标，《财富》杂志采用了利润率、净利润率、总资产报酬率、净资产收益率等指标；金碚采用了近三年销售收入增长率、近三年净利润增长率等 2 项指标；王健等采用了近两年销售收入平均增长率、近两年利润总额平均增长率等、近两年净资产平均增长率等 3 项指标；刘宁等采用了主营业务收入增长率、总资产增长率、净利润增长率、投资活动的现金净流量等 4 项指标；国务院国资委的央企绩效考核指标体系采用了资本增长率、主营业务收入增长率、海外营业收入增长率、出口创汇增长率、投资增长率等；财政部的企业评价指标体系包括营业收入增长率、资本积累率、三年资本平均增长率、三年销售平均增长率、技术投入比率等。为了使各项指标尽可能地覆盖到企业的增长竞争力，比较全面地反映企业的真实增长情况，本书采用了资本积累率、总资产增长率、固定资产增长率、利润总额增长率、净利润增长率、营业收入增长率、营业利润增长率、综合收益增长率、净资产收益率增长率、所有者权益增长率、每股净资产增长率、基本每股收益增长率、可持续增长率等 13 项指标来综合测评企业的增长竞争力。

（三）效率竞争力测评指标

在效率竞争力测评方面，金碚采用了净资产利润率、总资产贡献率、全员劳动效率、出口收入占销售收入比重等 4 项指标；王健等采用销售利润率、流动比率、存货周转率、应收账款周转率、总资产周转率等；张进财等采用应收账款周转率、流动比率、速动比率、资本保值增值率等；刘宁等采用了应收账款周转率、存货周转率、固定资产周转率、总资产周转率、流动比率、速动比率等；国务院国资委的央企绩效考核指标体系采用了流动资产周转率、经营性现金流量增加率、流动资产占销售收入比率、产品销售率、不良资产比率、资产负债率等；财政部的企业评价指标体系包括总资产周转率、流动资产周转率、存货周转率、应收账款周转率、不良资产比率等。本书尽可能准确地反映混合所有制企业的经营效率，又考虑到数据的直接可得性，采用了资产报酬率、投资收益率、净资产收益率、总资产净利润率、存货周转率、流动资产比率、投入资本回报率、流动资产净利润率、固定资产净利润率、长期资本收益率、营业利润率、营业净利率等 12 项指标来综合测评企业的效率竞争力。

第三节　混合所有制企业竞争力评价指标体系的构建

一、混合所有制企业竞争力评价指标体系的基本内容

本书参考了国内外对企业竞争力评价的指标体系内容，采用了各指标体系中使用频率最多的指标，又适当增加了某些指标，构建了制造业混合所有制企业竞争力测评指标体系（具体如表 3 – 1 所示）。指标体系包括：一级指标 1 个，二级指标 3 个，三级指标 31 个。

表 3 – 1　　　　　　　　　混合所有制企业竞争力测评指标体系

一级指标	二级指标	三级指标	指标代码
混合所有制企业竞争力	规模竞争力	总资产	A01
		净利润	A02
		固定资产净额	A03
		营业总收入	A04
		员工数量	A05
		流动资产合计	A06
	增长竞争力	资本积累率	B01
		总资产增长率	B02
		固定资产增长率	B03
		利润总额增长率	B04

一级指标	二级指标	三级指标	指标代码
混合所有制企业竞争力	增长竞争力	净利润增长率	B05
		营业收入增长率	B06
		营业利润增长率	B07
		综合收益增长率	B08
		净资产收益率增长率	B09
		所有者权益增长率	B10
		每股净资产增长率	B11
		基本每股收益增长率	B12
		可持续增长率	B13
	效率竞争力	资产报酬率	C01
		投资收益率	C02
		净资产收益率	C03
		总资产净利润率	C04
		存货周转率	C05
		流动资产比率	C06
		投入资本回报率	C07
		流动资产净利润率	C08
		固定资产净利润率	C09
		长期资本收益率	C10
		营业利润率	C11
		营业净利率	C12

二、混合所有制企业竞争力评价指标体系的指标解释

对各级指标的解释如下：

A01：总资产=资产各项目之总计；

A02：净利润=公司实现的净利润；

A03：固定资产净额＝固定资产原价除去累计折旧和固定资产减值准备之后的净额；

A04：营业总收入＝企业经营过程中所有收入之和；

A05：员工数量＝是指年报中披露的上市公司在册（在职）员工人数；

A06：流动资产合计＝流动资产各项目之合计；

B01：资本积累率＝（所有者权益合计本期期末值－所有者权益合计上年同期期末值）／所有者权益合计上年同期期末值；

B02：总资产增长率＝（资产总计本期期末值－资产总计上年同期期末值）／资产总计上年同期期末值；

B03：固定资产增长率＝（固定资产净额本期期末值－固定资产净额上年同期期末值）／固定资产净额上年同期期末值；

B04：利润总额增长率＝（利润总额本年本期金额－利润总额上年同期金额）／利润总额上年同期金额；

B05：净利润增长率＝（净利润本年本期金额－净利润上年同期金额）／净利润上年同期金额；

B06：营业收入增长率＝（营业收入本年本期金额－营业收入上年同期金额）／营业收入上年同期金额；

B07：营业利润增长率＝（营业利润本年本期金额－营业利润上年同期金额）／营业利润上年同期金额；

B08：综合收益增长率＝（综合收益总额本年本期金额－综合收益总额上年同期金额）／综合收益总额上年同期金额；

B09：净资产收益率增长率＝（本期净资产收益率－上年同期净资产收益率）／上年同期净资产收益率；

B10：所有者权益增长率＝（所有者权益本期期末值－所有者权益上年同期期末值）／所有者权益上年同期期末值；

B11：每股净资产增长率＝（每股净资产本期期末值－每股净资产上年同期期末值）／每股净资产上年同期期末值；

B12：基本每股收益增长率＝（基本每股收益本年本期金额－基本每股收益上年同期金额）／基本每股收益上年同期金额；

B13：可持续增长率＝（净利润／所有者权益合计期末余额）×[1－每股派息税前／（净利润本期值／实收资本本期期末值）]／（1－分子）；

C01：资产报酬率＝（利润总额＋财务费用）／平均资产总额；

C02：投资收益率＝本期投资收益／（长期股权投资本期期末值＋持有至到期投资本期期末值＋交易性金融资产本期期末值＋可供出售金融资产本期期末值＋衍生金融资产本期期末值）；

C03：净资产收益率（ROE）＝净利润／股东权益平均余额；

C04：总资产净利润率（ROA）＝净利润／总资产平均余额；

C05：存货周转率＝营业成本／存货平均占用额；

C06：流动资产比率＝流动资产合计／资产总计；

C07：投入资本回报率＝（净利润＋财务费用）／（资产总计－流动负债＋应付票据＋短期借款＋一年内到期的长期负债）；

C08：流动资产净利润率＝净利润／流动资产平均余额；

C09：固定资产净利润率＝净利润／固定资产平均余额；

C10：长期资本收益率＝（利润总额＋财务费用）／长期资本额；

C11：营业利润率＝营业利润／营业收入；

C12：营业净利率＝净利润／营业收入。

第四节　混合所有制企业竞争力评价方法介绍与选择

一、评价方法的介绍

在构建完混合所有制企业竞争力评价指标体系之后，还需要确定各测评指标的权重。而权重的确定是否合理，直接关系到测评过程的科学性以及测评结果的可行性。由于测评指标的单位可能不一致，而且指标数量级的差异可能很大，所以不能对各测评指标进行简单加权，而必须采取一定的方法将各测评指标压缩到同一个等级上来。国内外关于权重的确定方法主要有三大类，即主观构权法、客观构权法以及主客观相结合的构权法。其中，主观构权法主要指依据研究者或专家的相关知识和经验，能过主观判断来确定各测评指标的权重，其结果常常会带有一点的主观性。主观构权法主要有层次分析法和专业评判法两种，运用较广泛的是层次分析法。客观构权法主要指对客观存在的原始数据进行搜集和整理，并运用数理统计方法来确定各测评指标的权重。客观构权法包括因子分析法、因素分析法、相关系数构权法、多元线性回归法以及结构方程模型等，目前较广泛使用的还是因子分析法和结构方程模型法。主客观相结合的构权法主要指综合使用主观构权法和客观构权法来确定测评指标的权重，即通过定性分析与定量分析的有机结合来提升测评指标权重的合理度和科学度，进而降低了主观构权法和客观构权法的局限性。本书重点介绍层次分析法、因子分析法和结构方程模型的基本原理和与方法。

（一）层次分析法

层次分析法（Analytic Hierarchy Process，AHP）是由美国匹兹堡大学著名运筹学家萨蒂（T. L. Saaty）最早提出于 20 世纪 70 年代[①]。该方法主要用于处理经济、管理以及技术中较为复杂的问题，同时也是系统工程中常会运用的一种决策与评价方式。其基本思想就是为了达到总体分析和评价目标，将复杂的问题分解为同一层次的不同组成因素，并且将这些组成因素按一定的支配和从属关系作进一步的分解。然后按照目标层—准则层—指标层的次序排列起来，组成一个包含多层次和多目标的有序递阶层次结构。其中，同一层次的因素作为准则来支配下一层次的各因素，与此同时又会受到上一目标层因素的支配。最后，按照各因素在不同层次中的相对重要性进行排序，并综合行为人的判断来确定各决策因素相对重要性的总顺序。层次分析法的具体步骤为：

1. 建立层次结构模型

层次分析方法所要建立的结构模型包括三个部分，即最高层（目标层）、中间层（准则层）、最低层（指标层）。最高层代表行为人需要解决问题的具体目的，即运用层次分析法所要完成的目标；中间层指行为人采用某种政策措施或方案来完成预定目标所需要实现的中间环节；最低层主要指解决各项问题的具体政策措施或方案。其中，结构模型包括完全层次结构与不完全层次结构。完全层次结构指某一因素与下一层的所有因素均存在一定的联系，而不完全层次结构指某一因素仅与下一层的部分因素存在联系。具体的层次结构模型见图 3 - 1。

---

① T. L. Saaty. The Analytic Hierarchy Pross［M］. New York，McGraw - Hill Inc，1980：1 - 19.

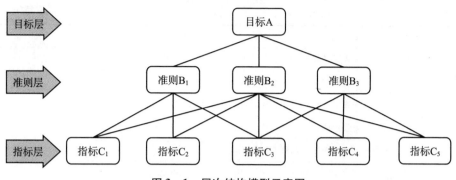

图3-1 层次结构模型示意图

2. 构造判断矩阵

判断矩阵主要指相对上一层次而言，本层次与相关的各因素间的相对重要性。在已确定的层次结构中，首先将每一因素与其支配的下一层因素组合成新的子区域，然后利用专家调查法以数值形式确定该子区域中各因素的相对重要性。假设 A 层次中因素 A_k 与其所支配的下一层次中 B_1，B_2，B_3，…，B_n 因素存在联系并构成一个子区域，构造的判断矩阵见图3-2。

A_k	B_1	B_2	B_3	…	B_n
B_2	b_{11}	b_{12}	b_{13}	…	b_{1n}
⋮	⋮	⋮	⋮	⋮	⋮
B_n	b_{n1}	b_{n2}	b_{n3}	…	b_{nn}

图3-2 判断矩阵

其中，b_{ij} 主要指相对 A_k 而言，B_i 与 B_j 的相关重要性，通常取1，2，3，…，9 以及它们的倒数作为 b_{ij} 的标度，其标度的具体含义见表3-2。

表3-2 判断标度及其含义

标度	含义
1	表示两指标（B_i，B_j）相比，具有同等重要程度

标度	含义
3	表示两指标（B_i，B_j）相比，B_i 比 B_j 稍微重要
5	表示两指标（B_i，B_j）相比，B_i 比 B_j 明显重要
7	表示两指标（B_i，B_j）相比，B_i 比 B_j 非常重要
9	表示两指标（B_i，B_j）相比，B_i 比 B_j 极端重要
2，4，6，8	表示上述两相邻判断的中值
倒数	表示两指标（B_i，B_j）相比，B_i 比 B_j 不重要

3. 层次单排序和一致性检验

层次单排序指本层的各因素相对于上一层某因素的重要性进行排序，并用判断矩阵的特征向量来表示。即将判断矩阵 A 满足 $AW = \lambda_{max} W$ 的特征向量正规化，而经过正规化处理的特征向量便是同一层相应因素对应于上一层某一因素相对重要性的排序权值。为了保证层次单排序的可靠性，还需要检验判断矩阵的一致性，其具体测算公式为：

$$CR = \frac{\lambda_{max} - n}{RI(n - 1)} \qquad (3-1)$$

其中，CR 为判断矩阵的一致性比率，n 为判断矩阵的阶数，λ_{max} 为判断矩阵的最大特征根，RI 为平均随机一致性指标（见表 3-3）。如果 CR 统计值小于 0.1，则可以认为判断矩阵具有满意的一致性。

表 3-3　　　　　　　　　　　**判断标度及其含义**

阶数	1	2	3	4	5	6	7	8
RI	0	0	0.52	0.89	1.12	1.26	1.36	1.41
阶数	9	10	11	12	13	14	15	
RI	1.46	1.49	1.52	1.54	1.56	1.58	1.59	

4. 层次总排序和一致性检验

层次总排序指根据同一层次中所有单排序结果，测算得出本层次所有因素相对于上一层次的重要性权重。层次总排序主要按照自上至下的顺序逐次进行，最高层次下面的第二层层次单排序即为总排序。如果已经完成上一层所有的因素 A_1，A_2，A_3，…，A_m 的总排序问题，并得到相应的权重 a_1，a_2，a_3，…，a_m，那么就可以得到与 A_i 对应的因素 B_1，B_2，B_3，…，B_n 的单排序结果 b_1^i，b_2^i，b_3^i，…，b_n^i。具体的层次总排序方法见表 3 - 4。

表 3 - 4　　　　　　　　　　　　　层次总排序方法

层次 A	A_1	A_2	A_3	…	A_m	B 层次总排序
	a_1	a_2	a_3	…	a_m	
B_1	b_1^1	b_1^2	b_1^3	…	b_1^m	$\sum\limits_{i=1}^{m} a_i b_1^1$
B_2	b_2^1	b_2^2	b_3^3	…	b_3^m	$\sum\limits_{i=1}^{m} a_1 b_2^1$
…			…			…
B_n	b_n^1	b_n^2	b_n^3	…	b_n^m	$\sum\limits_{i=1}^{m} a_1 b_m^1$

在得出层次总排序的结果后，还需要为层次总排序结果进行一致性检验。具体的一致性指标公式为：

$$CR = \sum_{i=1}^{n} a_i CI_i \bigg/ \sum_{i=1}^{n} a_i RI_i \qquad (3-2)$$

其中，CI 为层次总排序一致性检验指标，CR 为层次总排序随机一致性指标，RI 为层次总排序的平均随机一致性指标。此外，只有当一致性检验指标 CR 值小于 0.1 时，才能认为层次总排序具有满意的一致性。

（二）因子分析法

因子分析方法最早由心理学家斯皮尔曼（Chales Spearman）于 1904 年提出，主要指从研究各评价指标相关矩阵的内部依赖关系出发，通过降维处理将一些具有错综复杂关系的且信息重叠的变量，归结为少数能够代替原有变量且相互无关的综合因子。这些新的综合因子不仅具有两两无关的特征，而且能够尽可能地保持原有变量的信息。因子分析方法的基本原理就是根据相关性大小来对变量进行分组，使每组变量作为新的因子来代表一个基本结构，并用少数几个随机变量来描述多个变量间协方差关系，使组内变量之间具有高度相关性，而组间变量具有低相关性。在经济问题分析过程中，找出每一个能够反映经济变量之间相关关系的主因子，就可以帮助我们分析和解释复杂的经济问题。

假设有 n 个初始样本，并通过 p 个指标来反映各单个样本的具体特征，那么此时的初始指标数据矩阵为：

$$\begin{bmatrix} X_{11} & X_{12} & \cdots & X_{1p} \\ X_{21} & X_{22} & \cdots & X_{2p} \\ \cdots & \cdots & \cdots & \cdots \\ X_{n1} & X_{n2} & \cdots & X_{np} \end{bmatrix}$$

那么，因子分析的一个重要问题就是如何利用变量 X_1，X_2，$\cdots$，X_p（其中 X_{ij} 是第 j 个随机变量 X_j 的第 i 次观察值）的一组样本观察值来确定初始变量的公共因子数量和因子载荷矩阵。因子分析方法的主要步骤如下。

1. 将观测样本进行标准化处理

标准化处理的主要目的就是为了消除各变量间的量纲关系，从而使变量数据具有可比性并且能够进行简单的运算。标准化处理的具体方法为：

$$Y_{ij} = (X_{ij} - \bar{X}_j) / S_j \quad (i=1, 2, 3, \cdots, p; j=1, 2, 3, \cdots, m) \quad (3-3)$$

其中 $\bar{X}_j = \dfrac{1}{n} \sum\limits_{i=1}^{n} X_{ij}$，而 S_j 是无偏标准差。

2. 计算样本相关系数矩阵

样本相关系数矩阵的具体计算方法为：

$$R = \left| \frac{1}{n-1} \sum_{i=1}^{n} Y_{ij} Y_{ik} \right|_{p \times p} \quad (j, k=1, 2, 3, \cdots, p) \quad (3-4)$$

3. 计算样本相关系数矩阵 R 的特征值

首先，用 λ_1，λ_2，λ_3，$\cdots$，λ_p 来代表矩阵 R 的 p 个特征值，并将所有特征值按其大小顺序排列；然后求出正整数 m，使得 $(\lambda_1 + \lambda_2 + \lambda_3 + \cdots + \lambda_m)/p \geq 85\%$ 且 $(\lambda_1 + \lambda_2 + \lambda_3 + \cdots + \lambda_{m-1})/p < 85\%$，那么所需提取的公共因子个数即为 m。

4. 计算样本相关系数矩阵 R 的特征向量

样本相关系数矩阵 R 对应特征值 λ_1，λ_2，λ_3，$\cdots$，λ_m 的特征向量计算方法为：

$$
\begin{bmatrix} l_{11} \\ l_{21} \\ \cdots \\ l_{p1} \end{bmatrix}, \begin{bmatrix} l_{12} \\ l_{22} \\ \cdots \\ l_{p2} \end{bmatrix}, \begin{bmatrix} l_{13} \\ l_{23} \\ \cdots \\ l_{p3} \end{bmatrix}, \cdots, \begin{bmatrix} l_{1m} \\ l_{2m} \\ \cdots \\ l_{pm} \end{bmatrix} \qquad (3-5)
$$

5. 建立初始因子载荷矩阵

初始因子载荷矩阵的具体计算方法为：

$$
A = \begin{bmatrix} l_{11}\sqrt{\lambda_1} & l_{12}\sqrt{\lambda_2} & \cdots & l_{1m}\sqrt{\lambda_m} \\ l_{21}\sqrt{\lambda_1} & l_{22}\sqrt{\lambda_2} & \cdots & l_{2m}\sqrt{\lambda_m} \\ \cdots & \cdots & \cdots & \cdots \\ l_{p1}\sqrt{\lambda_1} & l_{p2}\sqrt{\lambda_2} & \cdots & l_{pm}\sqrt{\lambda_m} \end{bmatrix} \qquad (3-6)
$$

其中，第 k 列元素的平方和等于 λ_k（$k=1, 2, 3, \cdots, m$），即初始公共因子 f_k 的方差贡献 g_k 等于 λ_k。

6. 计算各主因子得分和综合得分

各主因子得分计算方法主要有回归估计法、Bartlett 估计法以及 Thomson 估计法等，基本思路是将各主因子的初始变量与其载荷系数加权求和。而综合评价得分主要依据各因子的有方差贡献率，并将方差贡献率作为权重，求得各因子的线性组合值。

（三）结构方程模型

结构方程模型（Structural Equation Modeling，SEM）是一种融合了路径分析与因素分析的多元统计技术，主要用于探究理论与概念之间的结构关系以及多变量间的交互关系。自 20 世纪 80 年代以来，结构方程模型得到快速发展并日趋成熟，在一定程度上弥补了传统统计方法的缺陷，成为社会科学、行为科学以及市场研究领域重要的分析工具。结构方程模型分为测量模型与结构模型，主要将一些无法直接观测，但不能直接忽略的研究问题作为潜在变量，并通过部分直接观测变量来反映，进而建立潜在变量与直测变量之间的结构关系。在思想方法上，结构方程模型综合了路径分析法、因子分析法以及多元回归分析法的优点，广泛运用于经济学、管理学、统计学、心理学、社会学以及教育学等领域的研究。

结构方程模型的优势主要表现在三个方面：第一，可以对那些无法进行直接测度的变量（诸如满意度、忠诚度和舒适度等）进行评价分析，这样既综合归纳了那些比较抽象的指标属性，又在一定程度上扩大了数据分析范围；第二，可以将各指标变量之间的因果关系进行具体量化，使得各变量指标能够从同一层面进行对比；第三，可以弥补传统分析方法的不足，即从多层次以及立体的角度分析不同属性的抽象程度，使分析的结果更加符合人类思维的现实形式。

结构方程模型中各变量间的关系可以用第一个结构模型和第二、三个测度模型来表示。结构模型利用误差向量及系数矩阵将直测变量与潜在变量联系起来，而测度模型则利用线性方程将直测变量与潜在变量联系在一起。结构方程模型的三个矩阵方程为：

$$\eta = \beta\eta + \Gamma\xi + \gamma \tag{3-7}$$
$$y = \Lambda_y\eta + \varepsilon \tag{3-8}$$
$$x = \Lambda_x\xi + \delta \tag{3-9}$$

其中，η 为内生潜在变量向量，ξ 为外生潜在变量向量，β 和 Γ 分别为内生变量和外变量的影响系数矩阵，x 和 y 分别为外生指标矩阵和内生指标矩阵，Λ_x 表示外生指标在外生潜在变量上的因子载荷矩阵，Λ_y 表示内生指标在内生潜在变量上的因子载荷矩阵，δ 和 ε 均为随机扰动项矩阵。

结构方程模型的具体分析步骤为：第一，确定研究目的并设定具体模型，即拟定矩阵方程组以及绘制路径图；第二，正确地判断结构方程模型的识别度，或对模型进行相应的修正与调节；第三，采用最大似然法或广义最小二乘法对结构方程模型参数进行估计；第四，对结构方程模型的变量参数估计值和模型的整体拟合效果进行检验，并对分析结果不理想的模型予以修正。

此外，对竞争力的评价方法还包括模糊评价法、BP 人工神经网络方法、综合指数法、数据包括分析法（DEA）等很多种，但每种方法都有自身的优劣和适用的情形，在此不再一一详细介绍。

二、评价方法的选择

因子分析最初由心理学家 Spearman、Thomson、Burt 等提出的应用于心理学领域的统计方法，经过多年发展，后来被逐渐应用于生物学、教育学、经济学等领域。因子分析的主要目的是减少变量数目、确认数据的基本结构及尺度，而且因子分析的优点是具有全面性、可比性、客观合理性，可以克服层次分析法和模糊评价法中在对各项指标赋予权重时进行专家打分时的人为影响因素，又可以克服在应用 BP 人工神经网络进行竞争力评价时需要大量的案例数据进行训练的缺点。进行因子分析时要求：（1）因子分析是一种互依分析，对所有变量都一视同仁；（2）样本数不得低于 50 个，最好在 100 个以上；（3）样本数量至少为变量个数的 5 倍，最好是 10 倍。[①]

本书采用的变量（指标）个数为 31 个，样本数为 388 个，样本数高于变量数的 10 倍；而且，本书认为规模竞争力、增长竞争力、效率竞争力对混合所有制企业的竞争力都同等重要。所以，最终采用了因子分析法的评价方法。

第五节　本章小结

本章首先介绍了国际组织、世界著名杂志、国内学者以及政府部门对竞争力的评价指标体系，论述了混合所有制企业的竞争力构建原则、基本框架，从规模竞争力、增长竞争力、效率竞争力三个方面综合构建了混合所有制企业的竞争力测评指标体系（考虑到创新竞争力中对于研发投入占比、研发人员占比和专利数量在制造业门类中的各上市公司年报中无法全部获得，所以指标体系中没有构建创新竞争力）。

本章接着介绍了当前对于竞争力评价的一些方法，并详细介绍了层次分析法、因子分析法、结构方程模型，在比较了各评价方法的适用情形后，结合本书中确定的变量数量、样本个数以及二者之间的定量关系，最终采用了因子分析法的定量评价方法。

---

① 安泰生 . SPSS 与研究方法 ［M］. 大连：东北财经大学出版社，2012：272.

第四章

混合所有制企业竞争力评价

第一节　样本选择与资料来源

一、样本选择

对于样本对象的选择，可以选择全体混合所有制企业进行分析，也可以只单纯选择国有控股的混合所有制企业分析。目前，国外对股权结构的研究文献基本都采用了终极所有权的研究方法（曹廷求，2007），而且在利用终极所有权理论对上市公司控股主体进行分类时，刘芍佳（2003）发现政府控制的上市公司达到84%[①]，叶勇（2005）发现72.06%的上市公司为政府控制，上市公司仍然是国家主导型的。[②] 甄红线（2008）研究发现，国家和境内自然人是我国上市公司最重要的终极所有者，而个人作为终极所有者较国家更易获得控制权的私人收益和损害中小股东利益。[③] 因此，本书决定选取终极所有者为国有股东的上市公司作为研究对象。

本章按照中国证监会2012年的行业分类标准，选取在2010~2014年在上海证券交易所和深圳证券交易所上市的混合所有制制造业上市公司作为研究样

[①] 刘芍佳，孙霈，刘乃全. 终极产权论、股权结构与公司绩效 [J]. 经济研究，2003（4）：51–62.

[②] 叶勇，胡培，何伟. 上市公司终极控制权、股权结构及公司绩效 [J]. 管理科学，2005（4）：58–64.

[③] 甄红线，史永东. 终极所有权结构研究——来自中国上市公司的经验证据 [J]. 中国工业经济，2008（11）：108–118.

本。研究样本的具体筛选标准为：第一，实际控制人为国有股东的制造业上市公司，制造业分类以证监会行业分类 2012 年版为准（见表 4 - 1）；第二，每家制造业上市公司的前十大股东中选择同时含有国有股东（且国有股比例≥5%）和非国有股东；第三，剔除存在数据遗漏、数据不全的混合所有制制造业上市公司，剔除掉 2010 年以后上市的公司（未公布 2010 年年报）；第四，剔除经营状况较异常曾经被 ST 股的公司。最终得到 388 家制造业混合所有制企业（包括金隅股份，虽在 2011 年 3 月份上市，但公布了 2010 年年报）。本章最后选择了中国重工、宝钢股份、上汽集团、上海石化等 388 家混合所有制制造业上市公司作为研究的样本企业（见表 4 - 2）。

对国有股比例的计算，通常根据公司年报或公告中的前十大股东持股情况计算出的所有权和控股权都是属于中间所有权，而根据上市公司金字塔式或交叉持股情况追溯到最终出资人而计算出的所有权为终极所有权，而此时终极所有者拥有的股权可以分为终极所有权（即现金流量权）和终极控制权（即表决权），二者往往是不一致的，其差异即为两权分离程度。曹廷求（2007）认为终极所有权能客观公平地反映股权结构，是国际范围内研究股权结构的首选。[①] 所以本书采取了终极所有权结构的方法，按照金字塔式或交叉式的持股结构向上追溯到最终的国有股东出资人：国务院（包括代表国务院出资的国资委、财政部等部门）、省级（含自治区、直辖市、新疆建设兵团）、地市级、县级政府（包括代表县级政府出资的部门）、高校（科研院所）等，将最终国有股东出资人与股权关系链每层持有比例相乘的总和作为最终的国有股比例，即终极所有权。

表 4 - 1 制造业行业门类

行业代码	类别名称	行业代码	类别名称
C13	农副食品加工业	C17	纺织业
C14	食品制造业	C18	纺织服装、服饰业
C15	酒、饮料和精制茶制造业	C19	皮革、毛皮、羽毛及其制品和制鞋业
C16	烟草制品业	C20	木材加工和木、竹、藤、棕、草制品业

① 曹廷求，杨秀丽，孙宇光. 股权结构与公司绩效：度量方法和内生性 [J]. 经济研究，2007 (10)：126 - 137.

行业代码	类别名称	行业代码	类别名称
C21	家具制造业	C33	金属制品业
C22	造纸及纸制品业	C34	通用设备制造业
C23	印刷业和记录媒介的复制	C35	专用设备制造业
C24	文教、工美、体育和娱乐用品制造业	C36	汽车制造业
C25	石油加工、炼焦及核燃料加工业	C37	铁路船舶航空航天和其他运输设备制造业
C26	化学原料及化学制品制造业	C38	电气机械及器材制造业
C27	医药制造业	C39	计算机、通信和其他电子设备制造业
C28	化学纤维制造业	C40	仪器仪表制造业
C29	橡胶和塑料制品业	C41	其他制造业
C30	非金属矿物制品业	C42	废弃资源综合利用业
C31	黑色金属冶炼及压延加工业	C43	金属制品、机械和设备修理业
C32	有色金属冶炼及压延加工业		

资料来源：证监会上市公司行业分类指引（2012 年修订）。

表 4-2　　　　　　　　　混合所有制制造业上市公司样本名录

证券代码	公司名称	证券代码	公司名称	证券代码	公司名称	证券代码	公司名称
000016	深康佳 A	000651	格力电器	000858	五粮液	002057	中钢天源
000019	深深宝 A	000657	中钨高新	000859	国风塑业	002061	江山化工
000039	中集集团	000661	长春高新	000860	顺鑫农业	002066	瑞泰科技
000049	德赛电池	000666	经纬纺机	000868	安凯客车	002068	黑猫股份
000050	深天马 A	000678	襄阳轴承	000877	天山股份	002080	中材科技
000060	中金岭南	000680	山推股份	000878	云南铜业	002087	新野纺织
000070	特发信息	000682	东方电子	000880	潍柴重机	002092	中泰化学
000158	常山股份	000698	沈阳化工	000885	同力水泥	002096	南岭民爆
000338	潍柴动力	000702	正虹科技	000901	航天科技	002100	天康生物

证券代码	公司名称	证券代码	公司名称	证券代码	公司名称	证券代码	公司名称
000400	许继电气	000707	双环科技	000903	云内动力	002101	广东鸿图
000401	冀东水泥	000708	大冶特钢	000911	南宁糖业	002106	莱宝高科
000404	华意压缩	000709	河北钢铁	000913	钱江摩托	002109	兴化股份
000410	沈阳机床	000717	韶钢松山	000915	山大华特	002110	三钢闽光
000422	湖北宜化	000725	京东方A	000919	金陵药业	002112	三变科技
000423	东阿阿胶	000727	华东科技	000923	河北宣工	002114	罗平锌电
000425	徐工机械	000729	燕京啤酒	000925	众合科技	002125	湘潭电化
000488	晨鸣纸业	000731	四川美丰	000930	中粮生化	002129	中环股份
000519	江南红箭	000733	振华科技	000932	华菱钢铁	002136	安纳达
000521	美菱电器	000737	南风化工	000933	神火股份	002149	西部材料
000523	广州浪奇	000738	中航动控	000949	新乡化纤	002152	广电运通
000528	柳工	000751	锌业股份	000950	建峰化工	002179	中航光电
000529	广弘控股	000755	山西三维	000951	中国重汽	002189	利达光电
000530	大冷股份	000756	新华制药	000952	广济药业	002190	成飞集成
000538	云南白药	000761	本钢板材	000957	中通客车	002204	大连重工
000550	江铃汽车	000768	中航飞机	000959	首钢股份	002205	国统股份
000553	沙隆达A	000777	中核科技	000960	锡业股份	002222	福晶科技
000565	渝三峡A	000778	新兴铸管	000962	东方钽业	002243	通产丽星
000568	泸州老窖	000786	北新建材	000969	安泰科技	002246	北化股份
000570	苏常柴A	000788	北大医药	000970	中科三环	002254	泰和新材
000581	威孚高科	000789	万年青	000973	佛塑科技	002258	利尔化学
000589	黔轮胎A	000792	盐湖股份	000985	大庆华科	002297	博云新材
000596	古井贡酒	000800	一汽轿车	000988	华工科技	002302	西部建设
000597	东北制药	000807	云铝股份	000990	诚志股份	002304	洋河股份
000599	青岛双星	000811	烟台冰轮	000999	华润三九	002332	仙琚制药
000606	青海明胶	000819	岳阳兴长	002013	中航机电	002338	奥普光电

证券代码	公司名称	证券代码	公司名称	证券代码	公司名称	证券代码	公司名称
000617	石油济柴	000823	超声电子	002025	航天电器	002349	精华制药
000619	海螺型材	000825	太钢不锈	002030	达安基因	002386	天原集团
000625	长安汽车	000830	鲁西化工	002037	久联发展	002393	力生制药
000630	铜陵有色	000837	秦川机床	002046	轴研科技	002415	海康威视
000635	英力特	000850	华茂股份	002049	同方国芯	002423	中原特钢
000636	风华高科	000852	石化机械	002053	云南盐化	002430	杭氧股份
002461	珠江啤酒	600150	中国船舶	600329	中新药业	600486	扬农化工
002481	双塔食品	600151	航天机电	600332	白云山	600488	天药股份
002507	涪陵榨菜	600156	华升股份	600333	长春燃气	600495	晋西车轴
002523	天桥起重	600160	巨化股份	600336	澳柯玛	600500	中化国际
300024	机器人	600161	天坛生物	600339	天利高新	600501	航天晨光
300034	钢研高纳	600166	福田汽车	600343	航天动力	600513	联环药业
300073	当升科技	600169	太原重工	600346	大橡塑	600517	置信电气
300105	龙源技术	600171	上海贝岭	600356	恒丰纸业	600519	贵州茅台
300114	中航电测	600176	中国巨石	600362	江西铜业	600523	贵航股份
300140	启源装备	600183	生益科技	600367	红星发展	600526	菲达环保
300161	华中数控	600184	光电股份	600375	华菱星马	600529	山东药玻
600005	武钢股份	600189	吉林森工	600378	天科股份	600530	交大昂立
600006	东风汽车	600192	长城电工	600389	江山股份	600531	豫光金铅
600010	包钢股份	600195	中牧股份	600390	金瑞科技	600543	莫高股份
600019	宝钢股份	600197	伊力特	600391	成发科技	600549	厦门钨业
600022	山东钢铁	600199	金种子酒	600399	抚顺特钢	600552	方兴科技
600038	中直股份	600202	哈空调	600409	三友化工	600558	大西洋
600055	华润万东	600206	有研新材	600416	湘电股份	600559	老白干酒
600056	中国医药	600218	全柴动力	600418	江淮汽车	600560	金自天正
600059	古越龙山	600222	太龙药业	600420	现代制药	600569	安阳钢铁

证券代码	公司名称	证券代码	公司名称	证券代码	公司名称	证券代码	公司名称
600060	海信电器	600226	升华拜克	600423	柳化股份	600573	惠泉啤酒
600061	国投安信	600229	青岛碱业	600425	青松建化	600581	八一钢铁
600062	华润双鹤	600230	沧州大化	600426	华鲁恒升	600582	天地科技
600063	皖维高新	600231	凌钢股份	600429	三元股份	600585	海螺水泥
600073	上海梅林	600235	民丰特纸	600432	吉恩镍业	600587	新华医疗
600081	东风科技	600243	青海华鼎	600433	冠豪高新	600592	龙溪股份
600085	同仁堂	600249	两面针	600435	北方导航	600597	光明乳业
600096	云天化	600251	冠农股份	600436	片仔癀	600600	青岛啤酒
600099	林海股份	600262	北方股份	600448	华纺股份	600602	仪电电子
600103	青山纸业	600267	海正药业	600449	宁夏建材	600612	老凤祥
600104	上汽集团	600268	国电南自	600456	宝钛股份	600616	金枫酒业
600107	美尔雅	600298	安琪酵母	600458	时代新材	600618	氯碱化工
600111	北方稀土	600302	标准股份	600459	贵研铂业	600619	海立股份
600117	西宁特钢	600305	恒顺醋业	600468	百利电气	600623	双钱股份
600126	杭钢股份	600307	酒钢宏兴	600469	风神股份	600629	棱光实业
600127	金健米业	600309	万华化学	600470	六国化工	600630	龙头股份
600129	太极集团	600312	平高电气	600475	华光股份	600636	三爱富
600135	乐凯胶片	600316	洪都航空	600479	千金药业	600651	飞乐音响
600141	兴发集团	600320	振华重工	600480	凌云股份	600664	哈药股份
600148	长春一东	600328	兰太实业	600482	风帆股份	600666	西南药业
600667	太极实业	600765	中航重机	600844	丹化科技	600992	贵绳股份
600668	尖峰集团	600782	新钢股份	600848	自仪股份	600997	开滦股份
600679	金山开发	600789	鲁抗医药	600855	航天长峰	601003	柳钢股份
600685	中船防务	600796	钱江生化	600866	星湖科技	601005	重庆钢铁
600686	金龙汽车	600802	福建水泥	600872	中炬高新	601106	中国一重
600688	上海石化	600806	昆明机床	600875	东方电气	601177	杭齿前进
600702	沱牌舍得	600808	马钢股份	600879	航天电子	601179	中国西电

证券代码	公司名称	证券代码	公司名称	证券代码	公司名称	证券代码	公司名称
600720	祁连山	600809	山西汾酒	600881	亚泰集团	601299	中国北车
600725	云维股份	600810	神马股份	600889	南京化纤	601369	陕鼓动力
600731	湖南海利	600812	华北制药	600893	中航动力	601600	中国铝业
600737	中粮屯河	600815	厦工股份	600960	渤海活塞	601717	郑煤机
600741	华域汽车	600819	耀皮玻璃	600963	岳阳林纸	601718	际华集团
600742	一汽富维	600835	上海机电	600967	北方创业	601727	上海电气
600746	江苏索普	600839	四川长虹	600970	中材国际	601766	中国南车
600750	江中药业	600841	上柴股份	600973	宝胜股份	601989	中国重工
600761	安徽合力	600843	上工申贝	600985	雷鸣科化	601992	金隅股份

二、资料来源①

本研究中的混合所有制制造业上市公司样本数据主要来自国泰安CSMAR数据服务中心的"上市公司研究数据库"和"Wind中国金融数据库",部分不足的研究数据由上海证券交易所和深圳证券交易所网站所公开披露的样本公司年报进行补充。对于部分变量指标的异常值,分别用1%或99%分位点数值进行替换。388家样本企业2014年各指标变量的描述性统计详见表4-3。

表4-3 描述性统计分析

变量	观测值	极小值	极大值	均值	标准差
A01	388	5.590	4148.710	181.346	371.333
A02	388	-170.490	382.510	5.226	26.564
A03	388	0.490	836.520	51.393	105.224
A04	388	2.020	6290.910	139.905	397.847

① 本章中接下来的数据均来自"国泰安CSMAR数据库"和"Wind数据库",再经过计算所得,故不再一一注释。

续表

变量	观测值	极小值	极大值	均值	标准差
A05	388	339.000	151820.000	8896.673	14338.176
A06	388	1.070	2370.430	95.206	211.508
B01	388	−0.670	26.710	0.198	1.388
B02	388	−0.500	45.460	0.269	2.392
B03	388	−0.350	6.200	0.205	0.619
B04	388	−99.200	355.070	−0.581	19.943
B05	388	−91.280	35.050	−1.656	9.327
B06	388	−0.490	3.940	0.065	0.321
B07	388	−26.390	32.890	−0.107	4.569
B08	388	−98.690	45.330	−1.569	10.671
B09	388	−80.680	14.250	−1.637	8.160
B10	388	−0.670	26.710	0.198	1.388
B11	388	−0.670	26.710	0.102	1.368
B12	388	−96.460	11.000	−1.883	9.787
B13	388	−0.680	0.420	0.033	0.100
C01	388	−0.130	0.270	0.039	0.046
C02	388	0.000	2.390	0.068	0.221
C03	388	−1.080	0.400	0.043	0.124
C04	388	−0.150	0.270	0.028	0.050
C05	388	0.160	48.840	5.003	4.751
C06	388	0.100	0.960	0.532	0.183
C07	388	−0.150	0.270	0.028	0.050
C08	388	−0.490	0.500	0.049	0.112
C09	388	−0.420	185.410	0.671	9.412
C10	388	−0.300	0.460	0.080	0.092
C11	388	−0.470	0.700	0.035	0.106
C12	388	−0.470	0.520	0.039	0.090

三、样本分布

（一）按空间分布

为了更直观地了解混合所有制企业样本的空间分布，按照企业的注册地划分，本书给出了我国各省、自治区、直辖市混合所有制企业样本数量的空间分布情况，上海、北京、山东以及广东等地是混合所有制企业的主要集聚地，四个地区的样本企业数量最多且分别为 33 个、30 个、29 个以及 27 个；其次是江苏、安徽、浙江、湖北、湖南以及河南等地区，样本企业数量分别为 24 个、21 个、18 个、17 个、16 个以及 16 个；然后是河北、四川、陕西、云南、新疆、辽宁以及福建等地区，样本企业数量分别为 14 个、13 个、12 个、11 个、11 个、11 个以及 10 个；接着是江西、贵州、吉林、重庆、黑龙江、山西、天津、内蒙古、广西，分别是 9 个、9 个、9 个、8 个、7 个、6 个、5 个、5 个、5 个；样本企业数量最少的为青海、甘肃、宁夏以及海南等地区，分别为 4 个、4 个、3 个以及 1 个；西藏地区的混合所有制企业样本企业数量未覆盖。

（二）按制造业门类中的行业大类分布

按照中国证监会《上市公司行业分类指引（2012 年修订）》，本书中所选取的 388 家制造业混合所有制企业，涉及农副食品加工业、食品制造业、纺织业、医药制造业等 24 个行业大类。具体分布情况见图 4 - 1。

（三）按企业归属层级分布

对终极所有者身份的划分，肖作平、尹林辉（2015）根据终极所有者的差异将不同企业划分为中央企业、地方企业、事业单位企业、民营企业和外资企业。[①] 本书将制造业混合所有制企业按照终极所有者性质的不同划分为央企、省级国企、地市级国企、县级国企和高校（科研院所）类国企。央企指国务院国资委、财政部等部委出资的国企；省级国企指各省、自治区、直辖市、新疆建设兵团等及其所属部门出资的国企；地市级国企指省会城市、自治区首府、地

---

① 肖作平，尹林辉. 终极所有权性质与股权融资成本——来自中国证券市场的经验证据［J］. 证券市场导报，2015（7）：13 - 23.

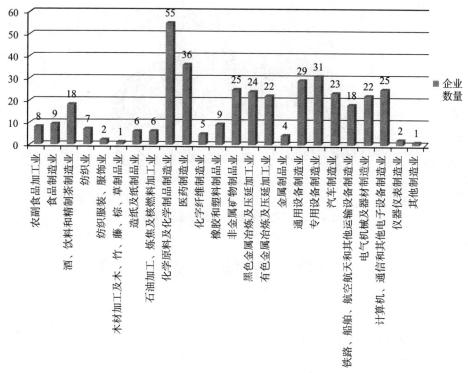

图4-1　混合所有制企业按行业大类分布图

级市、新疆生产建设兵团下属的师、直辖市的区等及其所属部门出资的国企；县级国企指地级市辖区、县级市、县及其所属部门出资的国企；高校（科研院所）类国企指教育部直属高校、中国科学院、中国工程院、中国工程物理研究院等出资的国企。

　　按照上述规则，选取的388家制造业混合所有制企业的具体划分及所占比例见表4-4、图4-2。

表4-4　　　　　　　混合所有制企业按企业归属划分表

企业归属	央企	省级国企	地市级国企	县级国企	高校（科研院所）类国企
数量	127	121	105	20	15

注：作者根据终极所有者的不同进行分类整理。

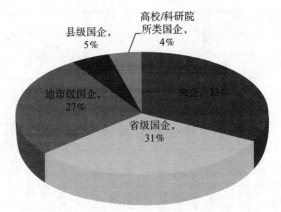

图 4 - 2　混合所有制企业按企业归属分布

第二节　混合所有制企业规模竞争力评价

一、规模竞争力评价的因子分析

一般来讲，因子分析的最基本要求是样本数量不得少于变量数量的 5 倍（理想条件为样本数量大于变量数量的 10 倍），而且总样本数量大于 100。混合所有制制造业企业规模竞争力评价的有效样本数量为 388 个，变量数量为 6 个，样本数量与变量数量比约为 65∶1，完全符合因子分析的条件。本节中以 2014 年混合所有制企业的各项指标值为例进行分析，巴特利球形检验值为 3186.17，K. M. O. 检验值为 0.699，对应的 Sig 值为 0.000，进一步证实样本数据进行主因子分析具有较明显的效果，见表 4 - 5。

表 4 - 5　　　　　　　　　　**K. M. O. 和 Bartlett 的检验**

取样足够度的 Kaiser – Meyer – Olkin	度量	0.699
Bartlett 的球形度检验	近似卡方	3186.17
	df	15
	Sig.	0.000

　　既然混合所有制制造业企业规模竞争力评价指标数据适合于因子分析，那么可以进一步提取因子分析的特征值、方差贡献率以及累积方差贡献率。从表4-6中可以看出，6个测试变量中提取了2个主要因子，累积解释原有变量总方差的89.94%。另外，碎石图检验也进一步证实了，以特征值为1作为门槛值，可以提取2个主因子，见图4-3。可见，混合所有制制造业企业规模竞争力评价指标信息丢失较少，因子分析效果较理想。

表4-6　　　　　　　抽取因子的特征值、贡献率及累计贡献率

成分	初始特征值			提取平方和载入			旋转平方和载入		
	特征值	方差贡献率%	累积方差贡献率%	特征值	方差贡献率%	累积方差贡献率%	特征值	方差贡献率%	累积方差贡献率%
1	4.506	75.103	75.103	4.506	75.103	75.103	2.711	45.178	45.178
2	1.090	14.837	89.940	1.890	14.837	89.940	1.686	44.762	89.940
3	0.754	4.240	94.180						
4	0.575	2.915	97.095						
5	0.166	2.765	99.859						
6	0.008	0.141	100.000						

提取方法：主成分分析。

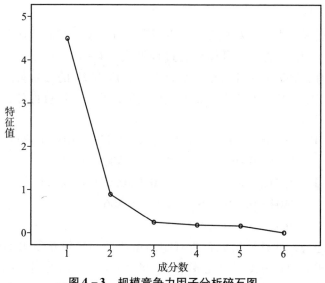

图4-3　规模竞争力因子分析碎石图

二、规模竞争力综合得分测算与分析

结合因子得分系数矩阵计算得出主因子 F_1 和 F_2 的得分，然后结合 2 个主因子的贡献率，并利用加权求和的方法计算得出混合所有制制造业企业规模竞争力评价总得分。规模竞争力各主因子的成分得分系数矩阵见表 4-7。

表 4-7　　　　　　　　规模竞争力主因子成分得分系数矩阵

	成分	
	F_1	F_2
A01	0.046	0.262
A02	0.622	-0.406
A03	-0.403	0.628
A04	0.249	0.039
A05	0.088	0.201
A06	0.218	0.075

旋转法：具有 Kaiser 标准化的正交旋转法。

基于上述成分得分系数矩阵，可以测算出混合所有制制造业企业规模竞争力主因子 F_1 和 F_2 的得分，具体计算过程见式 (4-1) 和式 (4-2)。最后，结合混合所有制制造业企业规模竞争力主因子 F_1 和 F_2 的方差贡献率，进一步加权计算得出混合所有制制造业企业规模竞争力的综合评价得分，具体计算过程见式 (4-3)。

$$F_1 = 0.046 \times A01 + 0.622 \times A02 - 0.403 \times A03 + 0.249$$
$$A04 + 0.088 \times A05 + 0.218 \times A06 \tag{4-1}$$
$$F_2 = 0.262 \times A01 - 0.406 \times A02 + 0.628 \times A03 + 0.039$$
$$A04 + 0.201 \times A05 + 0.075 \times A06 \tag{4-2}$$
$$F_3 = 0.452 \times F_1 + 0.448 \times F_2 \tag{4-3}$$

利用上述公式计算得出混合所有制制造业企业规模竞争力的综合评价得分，并绘制相应的直方图（见图 4-4）。图 4-4 中可以看出，混合所有制制造业企业规模竞争力的综合评价得分呈偏态分布态势，即各研究样本主要分布于正态曲线的右半部分。统计结果显示，规模竞争力的综合评价得分均值为1215.55，最大值为21468.03，最小值为48.36，标准差为1978.93，偏度4.90，峰度35.00。其中，规模竞争力综合评价得分高于5000的混合所有制制造业企业仅有16家，占比4.12%；综合评价得分高于均值3000且低于5000的混合所有制制造业企业有19家，占比4.90%；综合评价得分高于均值1215.55且低于3000的混合所有制制造业企业有62家，占比15.98%；综合评价得分低于均值1215.55且高于500的混合所有制制造业企业有119家，占比30.67%；综合评价得分低于500且高于200的混合所有制制造业企业有112家，占比28.87%；综合评价得分低于200的混合所有制制造业企业有60家，占比15.46%。综合来看，规模竞争力的综合评价得分高于均值1215.55的混合所有制制造业企业数量仅占25%，而低于均值水平的混合所有制制造业企业数量却占据了75%。由此可见，我国混合所有制制造业企业规模竞争力整体较弱，总体表现不突出。

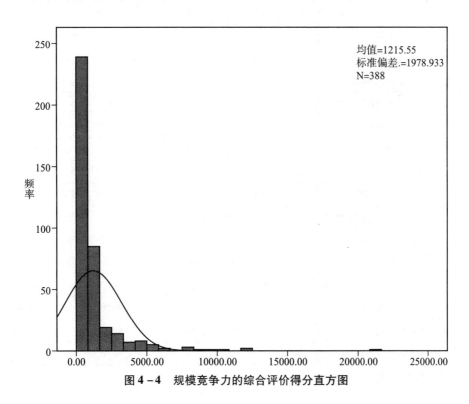

图4-4 规模竞争力的综合评价得分直方图

三、规模竞争力排名与分析

为了更进一步分析我国混合所有制制造业企业规模竞争力的异质性特征，文章还报告了规模竞争力评价总得分排名前 50 名的混合所有制制造业企业（见表 4 - 8）。从表中可以看出，规模竞争力评价总得分排名前 50 名的混合所有制制造业企业有上汽集团、中国南车、中国北车、中国铝业、河北钢铁、格力电器、宝钢股份、四川长虹、中国重工、际华集团等。

表 4 - 8　　　制造业混合所有制企业 2014 年规模竞争力排名前 50 名

总排名	证券代码	公司名称	综合得分	总排名	证券代码	公司名称	综合得分	总排名	证券代码	公司名称	综合得分
1	600104	上汽集团	21468.03	18	000725	京东方 A	4797.22	35	600582	江淮汽车	3028.81
2	601766	中国南车	12068.37	19	000625	潍柴动力	4678.8	36	000778	新兴铸管	2948.48
3	601299	中国北车	11755.75	20	000768	中航飞机	4383.35	37	600881	新钢股份	2881.01
4	601600	中国铝业	10420.59	21	600010	山东钢铁	4372.86	38	600096	云天化	2845.87
5	000651	河北钢铁	9849.37	22	600022	武钢股份	4314.11	39	600060	海信电器	2809.42
6	000338	格力电器	8791.08	23	000932	福田汽车	4305.48	40	600418	金龙汽车	2801.96
7	000039	宝钢股份	8257.79	24	601727	上海电气	4258.31	41	600782	安阳钢铁	2796.77
8	600839	四川长虹	8229.55	25	000933	神火股份	4162.71	42	600569	一汽轿车	2741.91
9	601989	中国重工	7837.6	26	601992	包钢股份	4062.99	43	000401	冀东水泥	2592.63
10	600585	际华集团	6605.38	27	600005	江西铜业	3958.46	44	000792	盐湖股份	2523.88
11	000709	中集集团	6409.51	28	600166	华菱钢铁	3941.47	45	000016	深康佳 A	2503.01
12	600600	青岛啤酒	5809.86	29	600307	酒钢宏兴	3582.24	46	600519	贵州茅台	2490.54
13	600019	马钢股份	5654.41	30	000858	五粮液	3563.5	47	600664	神火股份	2471.87
14	600893	中航动力	5513.43	31	000825	太钢不锈	3360.66	48	000630	铜陵有色	2340.42
15	600808	长安汽车	5479.98	32	600362	金隅股份	3270.99	49	002013	中航机电	2272.87
16	000729	燕京啤酒	5244.68	33	000761	本钢板材	3106.92	50	600686	徐工机械	2159.13
17	601718	海螺水泥	4853.79	34	600875	东方电气	3047.36				

注：作者根据测算得分整理。

第三节 混合所有制企业增长竞争力评价

一、增长竞争力评价的因子分析

混合所有制制造业企业增长竞争力评价的有效样本数量为 388 个，变量数量为 13 个，样本数量与变量数量比约为 30∶1，完全符合因子分析的条件。本节中以 2014 年混合所有制企业的各项指标值为例进行分析，巴特利球形检验值为 3614.93，K.M.O. 检验值为 0.695，对应的 Sig 值为 0.000，进一步证实样本数据进行主因子分析具有较明显的效果（见表 4 – 9）。

表 4 – 9 **K. M. O. 和 Bartlett 的检验**

取样足够度的 Kaiser – Meyer – Olkin	度量	0.695
Bartlett 的球形度检验	近似卡方	3614.93
	df	78
	Sig.	0.000

既然混合所有制制造业企业增长竞争力评价指标数据适合于因子分析，那么可以进一步提取因子分析的特征值、方差贡献率以及累积方差贡献率。从表 4 – 10 中可以看出，13 个测试变量中提取了 5 个主要因子，累积解释原有变量总方差的 83.58%。另外，碎石图检验也进一步证实了，以特征值为 1 作为门槛值，可以提取 5 个主因子，见图 4 – 5。可见，混合所有制制造业企业增长竞争力评价指标信息丢失较少，因子分析效果较理想。

表 4 – 10 **抽取因子的特征值、贡献率及累计贡献率**

成分	初始特征值			提取平方和载入			旋转平方和载入		
	特征值	方差贡献率%	累积方差贡献率%	特征值	方差贡献率%	累积方差贡献率%	特征值	方差贡献率%	累积方差贡献率%
1	4.025	30.964	30.964	4.025	30.964	30.964	3.922	30.170	30.170

成分	初始特征值			提取平方和载入			旋转平方和载入		
	特征值	方差贡献率%	累积方差贡献率%	特征值	方差贡献率%	累积方差贡献率%	特征值	方差贡献率%	累积方差贡献率%
2	3.222	24.785	55.749	3.222	24.785	55.749	3.124	24.031	54.201
3	1.370	10.542	66.291	1.370	10.542	66.291	1.452	11.169	65.370
4	1.213	9.334	75.625	1.213	9.334	75.625	1.315	10.115	75.485
5	1.034	7.953	83.578	1.034	7.953	83.578	1.052	8.093	83.578
6	0.608	4.677	88.256						
7	0.547	4.208	92.463						
8	0.519	3.989	96.452						
9	0.293	2.254	98.706						
10	0.102	0.782	99.488						
11	0.055	0.420	99.908						
12	0.012	0.092	100.000						
13	0.000	0.000	100.000						

提取方法：主成分分析。

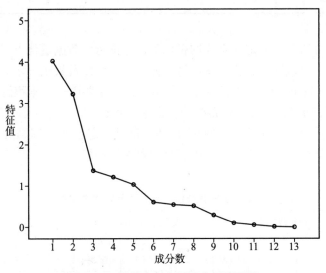

图 4-5　增长竞争力因子分析碎石图

二、增长竞争力综合得分测算与分析

上文中提取了混合所有制制造业企业增长竞争力指标的 4 个主要因子，接着可以根据因子得分系数矩阵计算得出主因子 F_4、F_5、F_6、F_7、F_8 的得分。最后，结合 5 个主因子的贡献率，并利用加权求和的方法计算得出混合所有制制造业企业增长竞争力评价总得分。增长竞争力主因子的成分得分系数矩阵见表 4 - 11。

表 4 - 11　　　　　　　　增长竞争力主因子成分得分系数矩阵

	成分				
	F_4	F_5	F_6	F_7	F_8
B01	0.253	- 0.003	0.005	0.000	0.004
B02	0.251	- 0.013	- 0.019	0.001	- 0.013
B03	- 0.025	- 0.059	0.611	- 0.065	- 0.019
B04	0.003	- 0.121	- 0.021	0.724	0.017
B05	- 0.006	0.301	- 0.016	- 0.021	- 0.056
B06	- 0.035	- 0.002	0.576	0.045	0.026
B07	- 0.002	0.029	0.000	- 0.032	0.929
B08	- 0.005	0.078	0.005	0.477	- 0.086
B09	- 0.005	0.306	- 0.029	- 0.213	- 0.119
B10	0.253	- 0.003	0.005	0.000	0.004
B11	0.259	- 0.001	- 0.070	0.001	- 0.001
B12	- 0.001	0.286	- 0.044	- 0.001	0.037
B13	- 0.007	0.233	0.003	- 0.006	0.255

旋转法：具有 Kaiser 标准化的正交旋转法。

基于上述成分得分系数矩阵，可以测算出混合所有制制造业企业增长竞争力主因子 F_4、F_5、F_6、F_7、F_8 的得分，具体计算过程见式 (4 - 4)、式 (4 - 5)、式 (4 - 6)、式 (4 - 7) 以及式 (4 - 8)。最后，结合混合所有制制造业企业增长竞争力主因子 F_4、F_5、F_6、F_7、F_8 的方差贡献率，进一步加权计算得出混合所有制制造业企业增长竞争力的综合评价得分 F_9，具体计算过程见式（4-9）。

$$F_4 = 0.253 \times B01 + 0.251 \times B02 - 0.025 \times B03 + 0.003 \times B04 - 0.006 \times$$
$$B05 - 0.035 \times B06 - 0.002 \times B07 - 0.005 \times B08 - 0.005 \times$$
$$B09 + 0.253 \times B10 + 0.259 \times B11 - 0.001 \times B12 - 0.007 \times B13 \quad (4-4)$$

$$F_5 = -0.003 \times B01 - 0.013 \times B02 - 0.059 \times B03 - 0.121 \times B04 + 0.301 \times$$
$$B05 - 0.002 \times B06 + 0.029 \times B07 + 0.078 \times B08 + 0.306 \times$$
$$B09 - 0.003 \times B10 - 0.001 \times B11 + 0.286 \times B12 + 0.233 \times B13 \quad (4-5)$$

$$F_6 = 0.005 \times B01 - 0.019 \times B02 + 0.611 \times B03 - 0.021 \times B04 - 0.016 \times$$
$$B05 + 0.576 \times B06 + 0.000 \times B07 + 0.005 \times B08 - 0.029 \times$$
$$B09 + 0.005 \times B10 - 0.070 \times B11 - 0.044 \times B12 + 0.003 \times B13 \quad (4-6)$$

$$F_7 = 0.000 \times B01 + 0.001 \times B02 - 0.065 \times B03 + 0.724 \times B04 - 0.021 \times$$
$$B05 + 0.045 \times B06 - 0.032 \times B07 + 0.477 \times B08 - 0.213 \times$$
$$B09 + 0.000 \times B10 + 0.001 \times B11 - 0.001 \times B12 - 0.006 \times B13 \quad (4-7)$$

$$F_8 = 0.004 \times B01 - 0.013 \times B02 - 0.019 \times B03 + 0.017 \times B04 - 0.056 \times$$
$$B05 + 0.026 \times B06 + 0.929 \times B07 - 0.086 \times B08 - 0.119 \times$$
$$B09 + 0.004 \times B10 - 0.001 \times B11 + 0.037 \times B12 + 0.255 \times B13 \quad (4-8)$$

$$F_9 = 0.302 \times F_4 + 0.240 \times F_5 + 0.112 \times F_6 + 0.101 \times F_7 + 0.081 \times F_8 \quad (4-9)$$

利用上述公式计算得出混合所有制制造业企业 2014 年增长竞争力的综合评价得分，并绘制相应的直方图（见图 4-6）。从图中可以看出，混合所有制制造业企业增长竞争力的综合评价得分也呈现为偏态分布态势，即各研究样本主要分布于正态曲线的右半部分。统计结果显示，增长竞争力的综合评价得分均值为 -0.35，最大值为 13.51，最小值为 -19.16，标准差为 2.22，偏度 -3.31，峰度 30.16。其中，增长竞争力综合评价得分高于 1 的混合所有制制造业企业仅有 13 家，占比 3.35%；综合评价得分高于 0 且低于 1 的混合所有制制造业企业有 209 家，占比 53.87%；综合评价得分高于均值 -0.35 且低于 0 的混合所有制制造业企业有 105 家，占比 27.06%；综合评价得分低于均值 -0.35 且高于 -5 的混合所有制制造业企业有 47 家，占比 12.11%；综合评价得分低于 -5 的混合所有制制造业企业有 14 家，占比 3.61%。综合来看，增长竞争力的综合评价得分高于 0 的混合所有制制造业企业数量占比 57.22%，高于均值 -0.38 的混合所有制制造业企业数量占比 84.28%，而增长竞争力综合评价得分低于均值 -0.38 的混合所有制制造业企业数量仅 15.72%。虽然高于均值的企业数较多，但增长竞争力的得分均值为负值，说明我国混合所有制制造业企业增长竞争力整体表现仍然较弱。

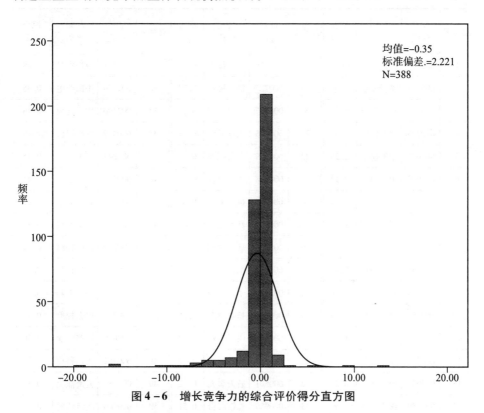

图4-6 增长竞争力的综合评价得分直方图

三、增长竞争力排名与分析

为了更进一步分析我国混合所有制制造业企业增长竞争力的异质性特征，得出了增长竞争力评价总得分排名前 50 名的混合所有制制造业企业（见表 4-12）。从表中可以看出，增长竞争力评价总得分排名前 50 名的混合所有制制造业企业有六国化工、国投安信、有研新材、河北钢铁、中船防务、中材科技、兴发集团、冀东水泥、中航动力、黑猫股份、林海股份、红星发展、杭齿前进、新钢股份、中通客车、深天马 A、中泰化学、升华拜克、华东科技、秦川机床等。

表 4 – 12　　　制造业混合所有制企业 2014 年增长竞争力排名前 50 名

总排名	证券代码	公司名称	综合得分	总排名	证券代码	公司名称	综合得分	总排名	证券代码	公司名称	综合得分
1	600470	六国化工	13.51	18	600226	升华拜克	0.75	35	002481	双塔食品	0.48
2	600061	国投安信	9.02	19	000727	华东科技	0.74	36	601179	中国西电	0.46
3	600206	有研新材	5.93	20	000837	秦川机床	0.74	37	002190	成飞集成	0.46
4	000709	河北钢铁	2.62	21	600005	武钢股份	0.71	38	600448	华纺股份	0.45
5	600685	中船防务	2.25	22	600229	青岛碱业	0.71	39	600843	上工申贝	0.45
6	002080	中材科技	2.14	23	000988	华工科技	0.69	40	600312	平高电气	0.44
7	600141	兴发集团	1.89	24	600810	神马股份	0.68	41	000599	青岛双星	0.41
8	000401	冀东水泥	1.76	25	000949	新乡化纤	0.63	42	002415	海康威视	0.37
9	600893	中航动力	1.51	26	000756	新华制药	0.6	43	600399	抚顺特钢	0.37
10	002068	黑猫股份	1.47	27	600802	福建水泥	0.58	44	600081	东风科技	0.37
11	600099	林海股份	1.38	28	002129	中环股份	0.56	45	300114	中航电测	0.37
12	600367	红星发展	1.33	29	000625	长安汽车	0.55	46	000529	广弘控股	0.37
13	601177	杭齿前进	1.29	30	600651	飞乐音响	0.53	47	000860	顺鑫农业	0.36
14	600782	新钢股份	0.93	31	600812	华北制药	0.52	48	600582	天地科技	0.33
15	000957	中通客车	0.82	32	600501	航天晨光	0.52	49	002053	云南盐化	0.31
16	000050	深天马A	0.8	33	000959	首钢股份	0.51	50	600960	渤海活塞	0.31
17	002092	中泰化学	0.75	34	600305	恒顺醋业	0.48				

第四节　　混合所有制企业效率竞争力评价

一、效率竞争力评价的因子分析

混合所有制制造业企业效率竞争力评价的有效样本数量为 388 个，变量数量为12个，样本数量与变量数量比约为32∶1，完全符合因子分析的条件。本节中以2014年混合所有制企业的各项指标值为例进行分析，巴特利球形检验值为8137.50，K. M. O. 检验值为0.851，对应的Sig值为0.000，进一步证实样本数据进行主因子分析具有较明显的效果（见表4-13）。

表4-13 　　　　　　　　　**K. M. O. 和 Bartlett 的检验**

取样足够度的 Kaiser - Meyer - Olkin	度量	0.851
Bartlett 的球形度检验	近似卡方	8137.50
	df	66
	Sig.	0.000

既然混合所有制制造业企业效率竞争力评价指标数据适合于因子分析，那么可以进一步提取因子分析的特征值、方差贡献率以及累积方差贡献率。从表4-14中可以看出，12个测试变量中提取了3个主要因子，累积解释原有变量总方差的81.960%。另外，碎石图检验也进一步证实了，以特征值为1作为门槛值，可以提取3个主因子，见图4-7。可见，混合所有制制造业企业效率竞争力评价指标信息丢失较少，因子分析效果较理想。

表4-14 　　　　　　　**抽取因子的特征值、贡献率及累计贡献率**

成分	初始特征值			提取平方和载入			旋转平方和载入		
	特征值	方差贡献率%	累积方差贡献率%	特征值	方差贡献率%	累积方差贡献率%	特征值	方差贡献率%	累积方差贡献率%
1	7.565	63.044	63.044	7.565	63.044	63.044	7.451	62.091	62.091
2	1.263	10.527	73.570	1.263	10.527	73.570	1.360	11.331	73.422
3	1.006	8.386	81.956	1.006	8.386	81.956	1.024	8.534	81.956
4	0.803	6.696	88.652						
5	0.477	3.972	92.624						
6	0.411	3.428	96.052						
7	0.198	1.654	97.706						

成分	初始特征值			提取平方和载入			旋转平方和载入		
	特征值	方差贡献率%	累积方差贡献率%	特征值	方差贡献率%	累积方差贡献率%	特征值	方差贡献率%	累积方差贡献率%
8	0.160	1.329	99.035						
9	0.064	0.534	99.569						
10	0.036	0.298	99.867						
11	0.016	0.130	99.997						
12	0.000	0.003	100.000						

提取方法：主成分分析。

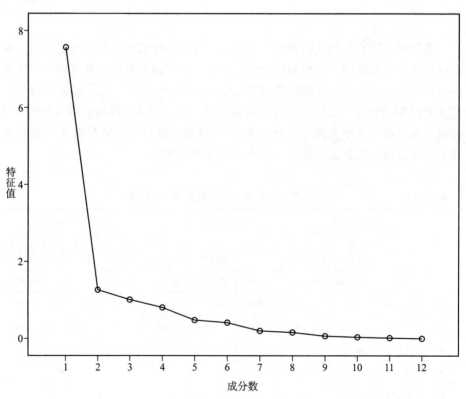

图4-7 效率竞争力因子分析碎石图

二、效率竞争力综合得分测算与分析

既然混合所有制制造业企业效率竞争力指标提取了 3 个主因子，那么可以根据因子得分系数矩阵计算得出主因子 F_{10}、F_{11}、F_{12} 的得分。并且，结合 3 个主因子的贡献率，利用加权求和的方法计算得出混合所有制制造业企业效率竞争力评价总得分。效率竞争力主因子的成分得分系数矩阵见表 4 – 15。

表 4 –15　　　　　　　　　　效率竞争力主因子成分得分系数矩阵

	成分		
	F_{10}	F_{11}	F_{12}
C01	0. 138	– 0. 058	– 0. 029
C02	– 0. 024	0. 030	0. 941
C03	0. 117	– 0. 009	– 0. 021
C04	0. 133	– 0. 008	– 0. 019
C05	0. 081	– 0. 634	– 0. 192
C06	– 0. 025	0. 579	– 0. 170
C07	0. 134	– 0. 010	– 0. 019
C08	0. 135	– 0. 147	0. 086
C09	0. 087	0. 150	– 0. 084
C10	0. 126	– 0. 022	– 0. 091
C11	0. 116	0. 005	0. 065
C12	0. 118	0. 009	0. 074

旋转法：具有 Kaiser 标准化的正交旋转法。

基于上述成分得分系数矩阵，可以测算出混合所有制制造业企业效率竞争力主因子 F_{10}、F_{11}、F_{12} 的得分，具体计算过程见式（4 – 10）、式（4 – 11）以及式（4 – 12）。最后，结合混合所有制制造业企业增长竞争力主因子 F_{10}、

F_{11}、F_{12}的方差贡献率，进一步加权计算得出混合所有制制造业企业增长竞争力的综合评价得分，具体计算过程见式（4 – 13）。

$$F_{10} = 0.138 \times C01 - 0.024 \times C02 + 0.117 \times C03 + 0.133 \times C04 + 0.081 \times$$
$$C05 - 0.025 \times C06 + 0.134 \times C07 + 0.135 \times C08 + 0.087 \times$$
$$C09 + 0.126 \times C10 + 0.116 \times C11 + 0.118 \times C12 \qquad (4-10)$$

$$F_{11} = -0.058 \times C01 + 0.030 \times C02 - 0.009 \times C03 - 0.008 \times C04 - 0.634 \times$$
$$C05 + 0.579 \times C06 - 0.010 \times C07 - 0.147 \times C08 + 0.150 \times$$
$$C09 - 0.022 \times C10 + 0.005 \times C11 + 0.009 \times C12 \qquad (4-11)$$

$$F_{12} = -0.029 \times C01 + 0.941 \times C02 - 0.021 \times C03 - 0.019 \times C04 - 0.192 \times$$
$$C05 - 0.170 \times C06 - 0.019 \times C07 + 0.086 \times C08 - 0.084 \times$$
$$C09 - 0.091 \times C10 + 0.065 \times C11 + 0.074 \times C12 \qquad (4-12)$$

$$F_{13} = 0.621 \times F_9 + 0.113 \times F_{10} + 0.853 \times F_{11} \qquad (4-13)$$

利用上述公式计算得出混合所有制制造业企业效率竞争力的综合评价得分，并绘制相应的直方图（见图 4 – 8）。从图中可以看出，混合所有制制造业企业效率竞争力的综合评价得分呈现为正态分布态势。统计结果显示，效率竞争力的综合评价得分均值为 – 0.13，最大值为 0.37，最小值为 – 1.79，标准差为 0.19，偏度 – 2.61，峰度 14.85。其中，效率竞争力综合评价得分高于 0.1 的混合所有制制造业企业有 18 家，占比 4.64%；综合评价得分高于 0 且低于 0.1 的混合所有制制造业企业有 50 家，占比 12.89%；综合评价得分高于均值 – 0.13 且低于 0 的混合所有制制造业企业有 174 家，占比 44.85%；综合评价得分低于均值 – 0.13 且高于 – 0.2 的混合所有制制造业企业有 53 家，占比 13.66%；综合评价得分低于 – 0.2 且高于 – 0.5 的混合所有制制造业企业有 65 家，占比 16.75%；综合评价得分低于 – 0.5 的混合所有制制造业企业有 18 家，占比 4.64%。综合来看，效率竞争力的综合评价得分高于 0 的混合所有制制造业企业数量仅占比 17.53%，高于均值 – 0.09 的混合所有制制造业企业数量占比 62.37%，而低于均值 – 0.09 的混合所有制制造业企业数量占 37.63%。由此可见，我国混合所有制制造业企业效率竞争力整体仍然较弱。

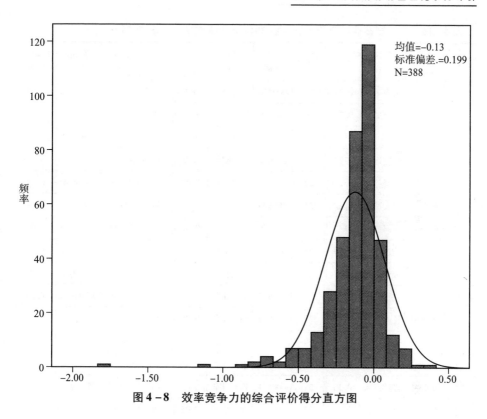

图 4 - 8　效率竞争力的综合评价得分直方图

三、效率竞争力排名与分析

为了更进一步分析我国混合所有制制造业企业效率模竞争力的异质性特征，得出了效率竞争力评价总得分排名前 50 名的混合所有制制造业企业（见表 4 - 16）。从表中可以看出，效率竞争力评价总得分排名前 50 名的混合所有制制造业企业有贵州茅台、海康威视、东阿阿胶、广电运通、片仔癀、交大昂立、洋河股份、五粮液、云南白药、机器人、长春高新、冠农股份、同仁堂、经纬纺机、伊力特、泸州老窖、上海机电、许继电气、同方国芯、古井贡酒等。

表 4 – 16 制造业混合所有制企业 2014 年效率竞争力排名前 50 名

总排名	证券代码	公司名称	综合得分	总排名	证券代码	公司名称	综合得分	总排名	证券代码	公司名称	综合得分
1	600519	贵州茅台	0.37	18	000400	许继电气	0.1	35	300114	中航电测	0.04
2	002415	海康威视	0.32	19	002049	同方国芯	0.1	36	000581	威孚高科	0.04
3	000423	东阿阿胶	0.25	20	000596	古井贡酒	0.09	37	300034	钢研高纳	0.04
4	002152	广电运通	0.23	21	600612	老凤祥	0.08	38	600549	厦门钨业	0.04
5	600436	片仔癀	0.23	22	000519	江南红箭	0.08	39	601992	金隅股份	0.04
6	600530	交大昂立	0.22	23	600809	山西汾酒	0.08	40	600161	天坛生物	0.04
7	002304	洋河股份	0.2	24	600059	古越龙山	0.07	41	000860	顺鑫农业	0.03
8	000858	五粮液	0.19	25	002338	奥普光电	0.07	42	600582	天地科技	0.03
9	000538	云南白药	0.17	26	000625	长安汽车	0.06	43	600879	航天电子	0.03
10	300024	机器人	0.16	27	600843	上工申贝	0.06	44	300105	龙源技术	0.03
11	000661	长春高新	0.16	28	000915	山大华特	0.06	45	600875	东方电气	0.03
12	600251	冠农股份	0.14	29	600872	中炬高新	0.05	46	600111	北方稀土	0.03
13	600085	同仁堂	0.13	30	600559	老白干酒	0.05	47	600560	金自天正	0.03
14	000666	经纬纺机	0.13	31	600811	烟台冰轮	0.05	48	600420	现代制药	0.02
15	600197	伊力特	0.13	32	600262	北方股份	0.05	49	600587	新华医疗	0.02
16	000568	泸州老窖	0.12	33	600616	金枫酒业	0.05	50	600526	菲达环保	0.02
17	600835	上海机电	0.11	34	600312	平高电气	0.04				

第五节 混合所有制企业综合竞争力评价

一、综合竞争力评价的因子分析

除了规模竞争力、增长竞争力以及效率竞争力三个方面的单一评价，本书还基于因子分析方法对混合所有制制造业企业规模竞争力、增长竞争力、效率竞争力进行综合，并计算得到综合竞争力得分。首先，检验因子分析方法对综合竞争力测度的适用性，混合所有制制造业企业样本数量与变量数量比约为

13∶1，初步判断结果证实了因子分析方法适用。本节中以 2014 年混合所有制企业的各项指标值为例进行分析，巴特利球形检验值为 18114.02，K. M. O. 检验值为 0.784，对应的 Sig 值为 0.000，进一步证实样本数据进行主因子分析具有较明显的效果（见表 4 - 17）。

表 4 - 17   **K. M. O. 和 Bartlett 的检验**

取样足够度的 Kaiser - Meyer - Olkin	度量	0.784
Bartlett 的球形度检验	近似卡方	18114.02
	df	465
	Sig.	0.000

既然因子分析适用于混合所有制制造业企业综合竞争力测评，那么可以进一步提取因子分析的特征值、方差贡献率以及累积方差贡献率。从表 4 - 18 中可以看出，31 个测试变量中提取了 8 个主要因子，累积解释原有变量总方差的 81.08%。另外，碎石图检验也进一步证实，当特征值大于 1 时可以提取 8 个主因子，见图 4 - 9。总之，混合所有制制造业企业效率竞争力评价指标信息丢失较少，因子分析效果比较理想。

表 4 - 18   **抽取因子的特征值、贡献率及累计贡献率**

成分	初始特征值			提取平方和载入			旋转平方和载入		
	特征值	方差贡献率%	累积方差贡献率%	特征值	方差贡献率%	累积方差贡献率%	特征值	方差贡献率%	累积方差贡献率%
1	9.573	30.882	30.882	9.573	30.882	30.882	8.610	27.775	27.775
2	4.539	14.642	45.524	4.539	14.642	45.524	4.520	14.580	42.354
3	3.943	12.720	58.244	3.943	12.720	58.244	3.976	12.825	55.179
4	2.028	6.542	64.786	2.028	6.542	64.786	2.656	8.569	63.748
5	1.412	4.554	69.340	1.412	4.554	69.340	1.473	4.751	68.499
6	1.351	4.357	73.697	1.351	4.357	73.697	1.414	4.560	73.059
7	1.212	3.909	77.605	1.212	3.909	77.605	1.351	4.359	77.418
8	1.076	3.470	81.075	1.076	3.470	81.075	1.134	3.658	81.075

提取方法：主成分分析。

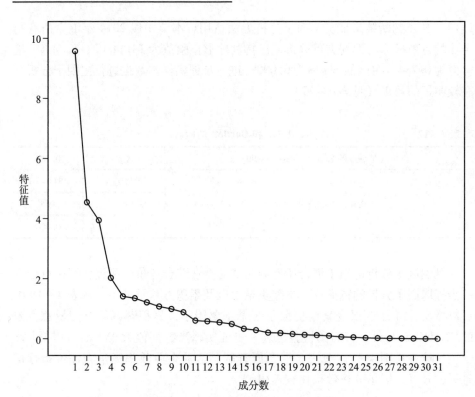

图 4 - 9   综合竞争力因子分析碎石图

二、综合竞争力总得分测算

既然混合所有制制造业企业综合竞争力提取了 8 个主因子，那么可以根据因子得分系数矩阵计算得出主因子 Z_1、Z_2、Z_3、Z_4、Z_5、Z_6、Z_7、Z_8 的得分。并且，结合 8 个主因子的贡献率可以加权求和得到混合所有制制造业企业综合竞争力评价总得分。综合竞争力主因子的成分得分系数矩阵见表 4 - 19。

表 4 - 19   综合竞争力主因子成分得分系数矩阵

	成分							
	Z_1	Z_2	Z_3	Z_4	Z_5	Z_6	Z_7	Z_8
A01	- 0. 019	0. 220	0. 009	0. 024	0. 001	0. 012	- 0. 026	- 0. 063

续表

	成分							
	Z_1	Z_2	Z_3	Z_4	Z_5	Z_6	Z_7	Z_8
A02	0.037	0.140	−0.013	−0.081	−0.029	0.030	0.072	0.279
A03	−0.014	0.158	−0.014	0.065	0.048	−0.172	−0.085	−0.290
A04	−0.012	0.204	−0.019	−0.009	−0.026	−0.019	0.025	0.103
A05	−0.014	0.209	−0.026	0.017	0.016	0.031	−0.016	−0.060
A06	−0.023	0.213	0.026	0.009	−0.029	0.129	0.002	0.036
B01	0.002	−0.008	0.250	−0.007	0.006	−0.016	−0.002	−0.010
B02	−0.004	−0.006	0.248	−0.007	−0.019	0.000	−0.003	−0.001
B03	0.000	−0.012	−0.016	−0.053	0.588	−0.045	−0.076	0.024
B04	0.003	−0.013	0.006	−0.127	−0.034	−0.079	0.679	−0.032
B05	−0.056	0.004	−0.008	0.379	0.001	0.012	−0.012	−0.009
B06	−0.025	0.001	−0.033	0.019	0.567	0.077	0.040	−0.005
B07	0.056	0.018	0.005	−0.085	0.068	−0.014	0.054	−0.689
B08	−0.059	0.008	−0.012	0.152	0.013	0.048	0.463	0.020
B09	−0.037	0.001	−0.006	0.360	−0.024	0.020	−0.214	0.054
B10	0.002	−0.008	0.250	−0.007	0.006	−0.016	−0.002	−0.010
B11	0.004	−0.008	0.257	−0.007	−0.069	−0.034	0.002	−0.001
B12	−0.039	0.007	−0.002	0.334	−0.020	−0.016	0.021	−0.075
B13	0.094	−0.006	0.001	0.006	0.018	−0.014	0.072	−0.029
C01	0.135	−0.015	−0.002	−0.061	0.011	−0.061	−0.030	−0.030
C02	0.026	0.003	−0.003	−0.085	0.097	−0.127	0.024	0.394
C03	0.093	0.000	0.001	−0.001	0.019	−0.001	0.091	−0.029
C04	0.132	−0.012	0.000	−0.065	−0.001	−0.015	−0.018	0.009
C05	0.033	−0.011	0.030	−0.028	−0.038	−0.521	0.093	0.232
C06	−0.026	0.027	0.003	0.008	−0.010	0.586	0.024	0.089
C07	0.133	−0.012	0.000	−0.066	−0.008	−0.017	−0.019	0.009
C08	0.113	−0.021	0.009	0.025	−0.034	−0.156	−0.047	0.012

	成分							
	Z_1	Z_2	Z_3	Z_4	Z_5	Z_6	Z_7	Z_8
C09	0.117	0.009	−0.010	−0.169	0.042	0.141	0.010	0.070
C10	0.114	0.003	−0.005	−0.042	0.006	−0.003	0.021	−0.060
C11	0.121	−0.014	0.006	−0.031	−0.050	−0.031	−0.074	−0.040
C12	0.113	−0.017	0.004	0.005	−0.034	−0.026	−0.084	−0.039

旋转法：具有 Kaiser 标准化的正交旋转法。

基于综合竞争力主因子成分得分系数矩阵，可以测算出混合所有制制造业企业综合竞争力主因子 Z_1、Z_2、Z_3、Z_4、Z_5、Z_6、Z_7 以及 Z_8 的得分，具体计算过程见式（4−14）、式（4−15）、式（4−16）、式（4−17）、式（4−18）、式（4−19）、式（4−20）以及式（4−21）。

$$Z_1 = -0.019 \times A01 + 0.037 \times A02 - 0.014 \times A03 - 0.012 \times A04 - 0.014 \times$$
$$A05 - 0.023 \times A06 + 0.002 \times B01 - 0.004 \times B02 + 0.000 \times B03 + 0.003 \times$$
$$B04 - 0.056 \times B05 - 0.025 \times B06 + 0.056 \times B07 - 0.059 \times B08 - 0.037 \times$$
$$B09 + 0.002 \times B10 + 0.015 \times B11 - 0.039 \times B12 + 0.094 \times B13 + 0.135 \times$$
$$C01 + 0.026 \times C02 + 0.093 \times C03 + 0.132 \times C04 + 0.033 \times C05 - 0.026 \times$$
$$C06 + 0.133 \times C07 + 0.113 \times C08 + 0.117 \times C09 + 0.114 \times C10 + 0.121 \times$$
$$C11 + 0.113 \times C12 \qquad (4-14)$$

$$Z_2 = 0.220 \times A01 + 0.140 \times A02 + 0.158 \times A03 + 0.204 \times A04 + 0.209 \times$$
$$A05 + 0.213 \times A06 - 0.008 \times B01 - 0.006 \times B02 - 0.012 \times B03 + 0.013 \times$$
$$B04 - 0.004 \times B05 + 0.001 \times B06 + 0.018 \times B07 + 0.008 \times B08 + 0.001 \times$$
$$B09 - 0.008 \times B10 - 0.008 \times B11 + 0.007 \times B12 - 0.006 \times B13 - 0.015 \times$$
$$C01 + 0.003 \times C02 + 0.000 \times C03 - 0.012 \times C04 - 0.011 \times C05 + 0.027 \times$$
$$C06 - 0.012 \times C07 - 0.021 \times C08 + 0.009 \times C09 + 0.003 \times C10 - 0.014 \times$$
$$C11 - 0.017 \times C12 \qquad (4-15)$$

$$Z_3 = 0.009 \times A01 - 0.013 \times A02 - 0.014 \times A03 - 0.019 \times A04 - 0.026 \times$$
$$A05 + 0.026 \times A06 + 0.250 \times B01 + 0.248 \times B02 - 0.016 \times B03 + 0.006 \times$$
$$B04 - 0.008 \times B05 - 0.033 \times B06 + 0.005 \times B07 - 0.012 \times B08 - 0.006 \times$$
$$B09 + 0.250 \times B10 + 0.257 \times B11 - 0.002 \times B12 + 0.001 \times B13 - 0.002 \times$$

C01 $-0.003 \times$ C02 $+0.001 \times$ C03 $+0.000 \times$ C04 $+0.030 \times$ C05 $+0.003 \times$ C06 $+0.000 \times$ C07 $+0.009 \times$ C08 $-0.010 \times$ C09 $-0.005 \times$ C10 $+0.006 \times$ C11 $+0.004 \times$ C12 $\hfill (4-16)$

$Z_4 = 0.024 \times$ A01 $-0.081 \times$ A02 $+0.065 \times$ A03 $-0.009 \times$ A04 $+0.017 \times$ A05 $+0.009 \times$ A06 $-0.007 \times$ B01 $-0.007 \times$ B02 $-0.053 \times$ B03 $-0.127 \times$ B04 $+0.379 \times$ B05 $+0.019 \times$ B06 $-0.085 \times$ B07 $+0.152 \times$ B08 $+0.360 \times$ B09 $-0.007 \times$ B10 $-0.007 \times$ B11 $+0.334 \times$ B12 $+0.006 \times$ B13 $-0.061 \times$ C01 $-0.085 \times$ C02 $-0.001 \times$ C03 $-0.065 \times$ C04 $-0.028 \times$ C05 $+0.008 \times$ C06 $-0.066 \times$ C07 $+0.025 \times$ C08 $-0.169 \times$ C09 $-0.042 \times$ C10 $-0.031 \times$ C11 $+0.005 \times$ C12 $\hfill (4-17)$

$Z_5 = 0.001 \times$ A01 $-0.029 \times$ A02 $+0.048 \times$ A03 $-0.026 \times$ A04 $+0.016 \times$ A05 $-0.029 \times$ A06 $+0.006 \times$ B01 $-0.019 \times$ B02 $+0.588 \times$ B03 $-0.034 \times$ B04 $+0.001 \times$ B05 $+0.567 \times$ B06 $+0.068 \times$ B07 $+0.013 \times$ B08 $-0.024 \times$ B09 $+0.006 \times$ B10 $-0.069 \times$ B11 $-0.020 \times$ B12 $+0.018 \times$ B13 $+0.011 \times$ C01 $+0.097 \times$ C02 $+0.019 \times$ C03 $-0.001 \times$ C04 $-0.038 \times$ C05 $-0.010 \times$ C06 $-0.008 \times$ C07 $-0.034 \times$ C08 $+0.042 \times$ C09 $+0.006 \times$ C10 $-0.050 \times$ C11 $-0.034 \times$ C12 $\hfill (4-18)$

$Z_6 = 0.012 \times$ A01 $+0.030 \times$ A02 $-0.172 \times$ A03 $-0.019 \times$ A04 $+0.031 \times$ A05 $+0.129 \times$ A06 $-0.016 \times$ B01 $+0.000 \times$ B02 $-0.045 \times$ B03 $-0.079 \times$ B04 $+0.012 \times$ B05 $+0.077 \times$ B06 $-0.014 \times$ B07 $+0.048 \times$ B08 $+0.020 \times$ B09 $-0.016 \times$ B10 $-0.034 \times$ B11 $-0.016 \times$ B12 $-0.014 \times$ B13 $-0.061 \times$ C01 $-0.127 \times$ C02 $-0.001 \times$ C03 $-0.015 \times$ C04 $-0.521 \times$ C05 $+0.586 \times$ C06 $-0.017 \times$ C07 $-0.156 \times$ C08 $+0.141 \times$ C09 $-0.003 \times$ C10 $-0.031 \times$ C11 $-0.026 \times$ C12 $\hfill (4-19)$

$Z_7 = -0.026 \times$ A01 $+0.072 \times$ A02 $-0.085 \times$ A03 $+0.025 \times$ A04 $-0.016 \times$ A05 $+0.002 \times$ A06 $-0.002 \times$ B01 $-0.003 \times$ B02 $-0.076 \times$ B03 $+0.679 \times$ B04 $-0.012 \times$ B05 $+0.040 \times$ B06 $+0.054 \times$ B07 $+0.463 \times$ B08 $-0.214 \times$ B09 $-0.002 \times$ B10 $+0.002 \times$ B11 $+0.021 \times$ B12 $+0.072 \times$ B13 $-0.030 \times$ C01 $+0.024 \times$ C02 $+0.091 \times$ C03 $-0.018 \times$ C04 $+0.093 \times$ C05 $+0.024 \times$ C06 $-0.019 \times$ C07 $-0.047 \times$ C08 $+0.010 \times$ C09 $+0.021 \times$ C10 $-0.074 \times$ C11 $-0.084 \times$ C12 $\hfill (4-20)$

$Z_8 = -0.063 \times$ A01 $+0.279 \times$ A02 $-0.290 \times$ A03 $+0.103 \times$ A04 $-0.060 \times$

$A05 + 0.036 \times A06 - 0.010 \times B01 - 0.001 \times B02 + 0.024 \times B03 - 0.032 \times$

$B04 - 0.009 \times B05 - 0.005 \times B06 - 0.689 \times B07 + 0.020 \times B08 + 0.054 \times$

$B09 - 0.010 \times B10 - 0.001 \times B11 - 0.075 \times B12 - 0.029 \times B13 - 0.030 \times$

$C01 + 0.394 \times C02 - 0.029 \times C03 + 0.009 \times C04 + 0.232 \times C05 + 0.089 \times$

$C06 + 0.009 \times C07 + 0.012 \times C08 + 0.070 \times C09 - 0.060 \times C10 - 0.040 \times$

$C11 - 0.039 \times C12$ 　　　　　　　　　　　　　　　　　　　　　（4 － 21）

$Z = 0.278 \times Z_1 + 0.146 \times Z_2 + 0.129 \times Z_3 + 0.086 \times Z_4 + 0.048 \times Z_5 + 0.046 \times$

$Z_6 + 0.044 \times Z_7 + 0.037 \times Z_8$ 　　　　　　　　　　　　　　　（4 － 22）

最后，结合混合所有制制造业企业综合竞争力主因子 Z_1、Z_2、Z_3、Z_4、Z_5、Z_6、Z_7、Z_8 的得分以及方差贡献率，并利用加权求和的方法（式 4 － 22）计算得出混合所有制制造业企业综合竞争力评价总得分（见表 4 － 20）。

表 4 － 20　　　　制造业混合所有制企业 2014 年综合竞争力评价总得分

证券代码	综合得分	证券代码	综合得分	证券代码	综合得分	证券代码	综合得分	证券代码	综合得分	证券代码	综合得分	证券代码	综合得分
000016	465	000625	870	000811	44	000973	96	002222	22	600061	94	600218	68
000019	20	000630	436	000819	18	000985	17	002243	30	600062	295	600222	41
000039	1532	000635	63	000823	157	000988	128	002246	53	600063	115	600226	62
000049	150	000636	131	000825	620	000990	72	002254	34	600073	198	600229	55
000050	328	000651	1839	000830	311	000999	306	002258	50	600081	175	600230	71
000060	257	000657	268	000837	79	002013	422	002297	19	600085	352	600231	199
000070	52	000661	92	000850	128	002025	32	002302	135	600096	528	600235	44
000158	144	000666	302	000852	80	002030	43	002304	322	600099	15	600243	82
000338	1633	000678	60	000858	664	002037	145	002332	84	600103	94	600249	79
000400	153	000680	194	000859	34	002046	43	002338	35	600104	4015	600251	29
000401	477	000682	94	000860	172	002049	41	002349	34	600107	96	600262	35
000404	166	000698	87	000868	121	002053	100	002386	101	600111	237	600267	223
000410	350	000702	40	000877	281	002057	18	002393	48	600117	271	600268	121
000422	260	000707	120	000878	305	002061	25	002415	306	600126	166	600298	126
000423	127	000708	95	000880	75	002066	94	002423	92	600127	45	600302	60

证券代码	综合得分	证券代码	综合得分	证券代码	综合得分	证券代码	综合得分	证券代码	综合得分	证券代码	综合得分	证券代码	综合得分
000425	214	000709	1184	000885	78	002068	114	002430	105	600129	271	600305	57
000488	337	000717	224	000901	56	002080	177	002461	154	600135	39	600307	663
000519	114	000725	889	000903	44	002087	210	002481	16	600141	187	600309	196
000521	352	000727	89	000911	73	002092	237	002507	27	600148	25	600312	139
000523	20	000729	970	000913	115	002096	128	002523	24	600150	335	600316	203
000528	269	000731	67	000915	62	002100	113	300024	62	600151	53	600320	196
000529	32	000733	224	000919	112	002101	78	300034	14	600156	75	600328	111
000530	50	000737	153	000923	46	002106	76	300073	14	600160	159	600329	110
000538	184	000738	212	000925	25	002109	37	300105	24	600161	68	600332	305
000550	354	000751	182	000930	177	002110	196	300114	74	600166	730	600333	73
000553	52	000755	73	000932	795	002112	22	300140	21	600169	221	600336	142
000565	28	000756	161	000933	768	002114	33	300161	18	600171	9	600339	87
000568	55	000761	576	000949	217	002125	32	600005	732	600176	216	600343	67
000570	76	000768	814	000950	56	002129	95	600006	268	600183	222	600346	34
000581	132	000777	31	000951	222	002136	18	600010	811	600184	72	600356	54
000589	196	000778	547	000952	21	002149	35	600019	1049	600189	124	600362	615
000596	147	000786	286	000957	79	002152	229	600022	794	600192	101	600367	75
000597	221	000788	72	000959	257	002179	211	600038	310	600195	105	600375	138
000599	178	000789	182	000960	354	002189	43	600055	33	600197	44	600378	23
000606	31	000792	467	000962	55	002190	54	600056	178	600199	80	600389	47
000617	34	000800	188	000969	158	002204	161	600059	66	600202	22	600390	51
000619	96	000807	236	000970	128	002205	40	600060	522	600206	28	600391	118
600399	254	600469	188	600543	30	600619	119	600741	252	600841	54	600997	289
600409	380	600470	122	600549	278	600623	58	600742	145	600843	17	601003	249
600416	191	600475	61	600552	76	600629	16	600746	15	600844	39	601005	304
600418	519	600479	109	600558	57	600630	52	600750	85	600848	33	601106	299

续表

证券代码	综合得分	证券代码	综合得分	证券代码	综合得分	证券代码	综合得分	证券代码	综合得分	证券代码	综合得分	证券代码	综合得分
600420	140	600480	212	600559	62	600636	67	600761	153	600855	27	601177	85
600423	90	600482	169	600560	15	600651	86	600765	230	600866	57	601179	374
600425	161	600486	35	600569	507	600664	458	600782	518	600872	81	601299	2185
600426	88	600488	35	600573	74	600666	53	600789	148	600875	572	601369	72
600429	215	600495	50	600581	175	600667	115	600796	15	600879	209	601600	1921
600432	129	600500	252	600582	563	600668	51	600802	59	600881	535	601717	142
600433	41	600501	75	600585	1220	600679	22	600806	56	600889	76	601718	899
600435	57	600513	31	600587	140	600685	308	600808	1012	600893	1022	601727	802
600436	32	600517	50	600592	70	600686	401	600809	188	600960	90	601766	2244
600448	89	600519	468	600597	118	600688	358	600810	175	600963	141	601989	1465
600449	131	600523	190	600600	1075	600702	90	600812	330	600967	99	601992	759
600456	85	600526	74	600602	42	600720	163	600815	115	600970	260		
600458	171	600529	113	600612	72	600725	121	600819	74	600973	96		
600459	23	600530	18	600616	23	600731	53	600835	104	600985	57		
600468	40	600531	87	600618	43	600737	146	600839	1528	600992	117		

三、综合竞争力排名与分析

为了更直观地展现出混合所有制制造业企业综合竞争力分布状况，文章中给出了 2014 年综合竞争力评价总得分直方图（见图 4－10）。如图所示，混合所有制制造业企业综合竞争力评价总得分呈现出偏态分布态势，其均值为225.52，最大值为4015.41，最小值为9.00，极差为4006.41，可见388家制造业混合所有制企业的综合竞争力相差悬殊，分布极不均衡。其中，综合竞争力评价总得分高于 500 的混合所有制制造业企业有 42 家，占比 10.82%；综合竞争力评价总得分高于均值 225.52 且低于 500 的混合所有制制造业企业有 54家，占比 13.92%；综合竞争力评价总得分低于均值 225.52 且高于 100 的混合所有制制造业企业有 109 家，占比 28.09%；综合竞争力评价总得分低于 100

且高于 50 的混合所有制制造业企业有 101 家，占比 26.03%；综合竞争力评价总得分低于 50 的混合所有制制造业企业有 82 家，占比 21.13%。综合来看，综合竞争力评价总得分高于均值 225.52 的混合所有制制造业企业数量占比 24.74%，低于均值水平的混合所有制制造业企业数量占比 75.26%。由此可见，我国混合所有制制造业企业综合竞争力整体水平较弱。

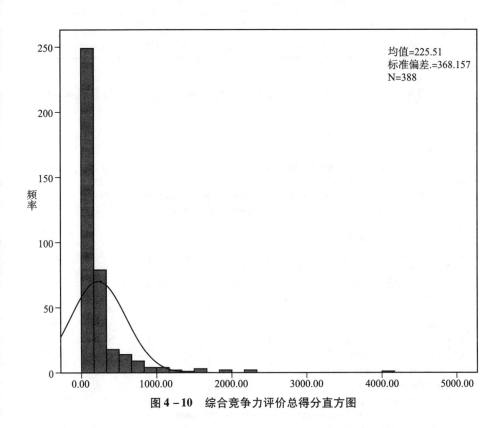

图 4-10　综合竞争力评价总得分直方图

（一）按制造业门类中的行业大类分析其综合竞争力

本书中的样本企业分布于制造业门类中的 24 个行业大类，将各企业的综合竞争力按照行业大类进行归类，再求其行业的综合竞争力平均得分，用平均得分代表行业的综合竞争力，见表 4-21。

表4-21　　　　　　2014年混合所有制企业综合竞争力按行业大类分布

行业代码	C13	C14	C15	C17	C18	C20	C22	C25
综合竞争力均值	81.25	99.44	251.78	113.14	497.5	124.00	118.5	157.67
行业代码	C26	C27	C28	C29	C30	C31	C32	C33
综合竞争力均值	108.53	138.47	123.40	116.33	218.84	487.58	358.09	219.75
行业代码	C34	C35	C36	C37	C38	C39	C40	C41
国有股比例均值	133.76	137.87	474.43	555.28	191.55	235.68	34.00	72.00

　　为了更进一步直观地了解各行业大类的综合竞争力，其分布见图4-11。

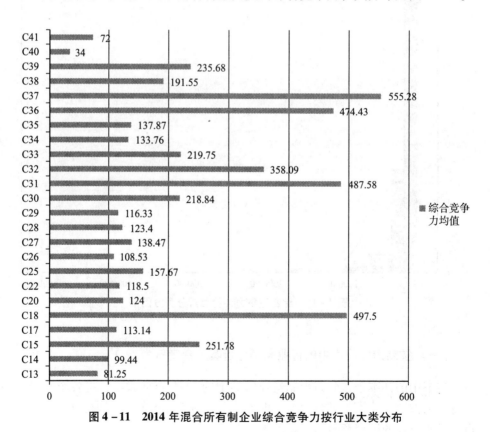

图4-11　2014年混合所有制企业综合竞争力按行业大类分布

　　从2014年各行业大类综合竞争力得分来看，有四个行业的综合竞争力得分较高，其中最高的是铁路、船舶、航空航天和其他运输设备制造业（C37），得分为 555. 28 分，这个行业属于《中国制造 2025》中重点发展的高端装备制造业，基本代表了我国目前高端装备制造业的发展水平，尤其是高铁行业发展成绩显著，其中中国北车和中国南车已于 2015 年重组为中国中车，并入选进入 2016 年《财富》世界 500 强，列第 266 位。这个行业中综合竞争力得分高于 1000 分的企业有 4 个，分别是中国南车 2244 分、中国北车 2185 分、中国重工 1465 分、中航动力 1022 分，此外，中航飞机的竞争力也到达 814 分。

综合竞争力排名第二的行业大类为纺织服装、服饰业（C18），综合竞争力得分为 497. 5 分，这个行业中共有 2 家企业，分别为际华集团、美尔雅，而际华集团是进入 2015 年《财富》世界 500 强的企业，其在本书中的综合竞争力得分为 899 分，所以拉高了本行业的综合竞争力。

综合竞争力排名第三的行业大类为黑色金属冶炼及压延加工业（C31），综合竞争力得分为 487. 58 分，资本密集度较高的钢铁行业就为此行业大类，行业中的各企业综合竞争力都较高，本行业 24 家企业中有 17 家企业的综合竞争力得分都高于 2014 年综合竞争力平均得分，而且行业排名第 18 的韶钢松山的竞争力得分 224 分也非常接近均值 225. 52 分，排名高于 1000 分的企业有 3 家，分别为河北钢铁 1184 分、宝钢股份 1049 分、马钢股份 1012 分，但同时仍有两家央企的综合竞争力较低，分别为大冶特钢和金瑞科技，其综合竞争力得分只有 95 分和 51 分，拉低了行业竞争力均值。

综合竞争力排名第四的行业大类为汽车制造业（C36），其行业竞争力得分为 474. 43 分。本行业中的上汽集团是整体上市的上海市属国企，2015 年的世界 500 强排名为第 60 名，是制造业上市公司中竞争力最强的企业，在本书中 2014 年的综合竞争力排名也位列第一，为 4015 分，得分值遥遥领先第二名的中国南车。本行业总综合竞争力得分高于 1000 分的还有山东省级国企潍柴动力，得分为 1633 分。本行业中得分低于 100 分的企业有 4 家，其中央企长春一东分值最低，只有 25 分。

制造业门类中 24 个行业大类，仪器仪表制造业（C40）的行业综合竞争力最低，只有 34 分，这个行业中只有 2 家企业，分别为奥普光电、自仪股份，其企业竞争力得分 35 分和 33 分；另外还有 3 个行业的竞争力得分低于 100 分，分别为农副食品加工业（C13）、食品制造业（C14）、其他制造业（C41），其行业竞争力得分分别为 81. 25 分、99. 44 分、72 分。

（二）按企业归属层级分析综合竞争力

把各混合所有制企业按照不同的企业归属进行分类，计算出不同企业归属层级中企业的综合竞争力得分均值，来代替各企业归属的综合竞争力，见图4-12。发现省级国企的综合竞争力最强，得分为281.34分，其综合竞争力得分高于1000分的企业有4家，分别为上汽集团、潍柴动力、海螺水泥、河北钢铁。在121家企业中得分低于100的企业有47家，占比为38.84%，最低的棱光实业的综合竞争力得分只有16分。央企的综合竞争力居第二，分值为253.74分，央企中有7家企业综合竞争力得分高于1000分，这一数字高于省级国企，但却有55家央企的综合竞争力得分低于100分，在127家央企中所占比例达到43.31%，综合竞争力最低的上海贝岭，其得分值只有9分，说明央企内部综合竞争力的两极分化程度较大，这一情况比省级国企严重。地市级国企的综合竞争力的分低于央企，为176.15分，位居第三；县级国企和高校（科研院所）类国企的得分值都低于100分，分别为97.05分和53分；县级国企的综合竞争力得分仅高于高校（科研院所）类国企，层级内部综合竞争力分值高于100分的企业有6家，分值低于100分的企业数有14家，占比为70%；高校（科研院所）类国企的综合竞争力在所有企业归属层级中最低，这一层级的15家企业中，只有2家企业的综合竞争力得分高于100分，分别为中科三环和华中科技，得分值均为128分，分值低于100分的企业数占比高达86.67%。有分析可知，央企中综合竞争力得分值较高的企业数较多，其高于1000分的企业数高于省级国企，但其内部的综合竞争力分化程度高于省级国企，导致央企的综合竞争力弱于省级国企；而县级国企和高校（科研院所）类国企表现出整体综合竞争力都较弱。

（三）对综合竞争力进入前50名的企业分析

为了更进一步分析我国混合所有制制造业企业综合竞争力的异质性特征，得出了综合竞争力评价总得分排名前50名的混合所有制制造业企业（见表4-22）。从表中可以看出，综合竞争力评价总得分排名前50名的混合所有制制造业企业有上汽集团、中国南车、中国北车、中国铝业、格力电器、潍柴动力、中集集团、四川长虹、中国重工、海螺水泥、河北钢铁、青岛啤酒、宝钢股份、中航动力、马钢股份、燕京啤酒、际华集团、京东方A、长安汽车、中航飞机等。

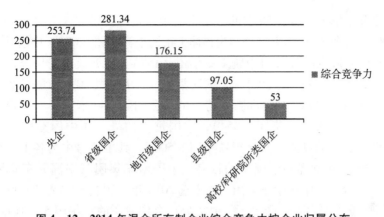

图 4 – 12　2014 年混合所有制企业综合竞争力按企业归属分布

表 4 – 22　　制造业混合所有制企业 2014 年综合竞争力排名前 50 名

总排名	证券代码	公司名称	综合得分	总排名	证券代码	公司名称	综合得分	总排名	证券代码	公司名称	综合得分
1	600104	上汽集团	4015	18	000725	京东方 A	889	35	600582	天地科技	563
2	601766	中国南车	2244	19	000625	长安汽车	870	36	000778	新兴铸管	547
3	601299	中国北车	2185	20	000768	中航飞机	814	37	600881	亚泰集团	535
4	601600	中国铝业	1921	21	600010	包钢股份	811	38	600096	云天化	528
5	000651	格力电器	1839	22	601727	上海电气	802	39	600060	海信电器	522
6	000338	潍柴动力	1633	23	000932	华菱钢铁	795	40	600418	江淮汽车	519
7	000039	中集集团	1532	24	600022	山东钢铁	794	41	600782	新钢股份	518
8	600839	四川长虹	1528	25	000933	神火股份	768	42	600569	安阳钢铁	507
9	601989	中国重工	1465	26	601992	金隅股份	759	43	000401	冀东水泥	477
10	600585	海螺水泥	1220	27	600005	武钢股份	732	44	600519	贵州茅台	468
11	000709	河北钢铁	1184	28	600166	福田汽车	730	45	000792	盐湖股份	467
12	600600	青岛啤酒	1075	29	000858	五粮液	664	46	000016	深康佳 A	465
13	600019	宝钢股份	1049	30	600307	酒钢宏兴	663	47	600664	哈药股份	458
14	600893	中航动力	1022	31	000825	太钢不锈	620	48	000630	铜陵有色	436
15	600808	马钢股份	1012	32	600362	江西铜业	615	49	002013	中航机电	422
16	000729	燕京啤酒	970	33	000761	本钢板材	576	50	600686	金龙汽车	401
17	601718	际华集团	899	34	600875	东方电气	572				

在综合竞争力排名前 50 名的上市企业中，其母公司进入 2015 年《财富》世界 500 强的企业有 12 家，分别为整体上市的上汽集团（60），中航动力、中航飞机和中航机电的母公司中航工业集团（159），宝钢股份的母公司宝钢集团（218），河北钢铁的母公司河北钢铁集团（239）、中国铝业的母公司中国铝业公司（240）、际华集团和新兴铸管的母公司新兴际华集团（344），江西铜业的母公司江西铜业集团（354），中国重工的母公司中国船舶重工集团（371）武钢股份的母公司武汉钢铁集团（500），其中括号中为各上市公司母公司在《财富》世界 500 强中的排名。中国南车集团与中国北车集团已于2015 年正式合并为中国中车集团，并入选 2016 年《财富》世界 500 强。而由中金公司财富管理部与《财富》（中文版）合作发布的"中国 500 强排行榜"中选出 388 家样本企业进入的企业名单，再重新排出"制造业前 50 强榜单"，发现本书中的"综合竞争力前 50 强"和"制造业前 50 强榜单"中有 38 家企业重合，这一重合度说明本书的排名具有一定的科学性，"综合竞争力前 50强"中没有进入"制造业前 50 强榜单"的 12 家企业分别为：深康佳 A、冀东水泥、燕京啤酒、中航飞机、盐湖股份、五粮液、中航机电、天地科技、哈药股份、金龙汽车、亚泰集团、际华集团。

出现在"综合竞争力前 50 强"中最多的是省级国企，接下来是央企和地市级国企，而没有县级国企和高校（科研院所）类国企，即有央企 16 家、省级国企 25 家、地市级国企 9 家，见图 4-13。可见省级国企作为在省域经济中发挥重要作用的企业，制造业混合所有制企业中省级国企的综合竞争力最强、接下来是央企和地市级国企，县级国企和高校（科研院所）类国企作为在国民经济中发挥作用稍弱的群体，其制造业混合所有制企业综合竞争力也最弱。为了分析各省份中制造业混合所有制企业的综合竞争力，把同一省份中的省级国企和地市级国企合并计算，发现前 50 名的企业中，除了 16 家央企外，北京、山东、安徽三个省级区域进入前 50 名的企业数最多，均为 4 家；接下来是上海、四川、河北、河南、江西，分别为 2 家；出现 1 家的省区有福建、甘肃、广东、贵州、黑龙江、湖南、吉林、辽宁、内蒙古、青海、山西、云南。可见，北京、山东、安徽三个省级区域的制造业混合所有制企业综合竞争力较强，上海、四川、河北、河南、江西次之。东北三省作为制造业大省，其企业的综合竞争力却较低，这种大而不强的现象应引起重视。

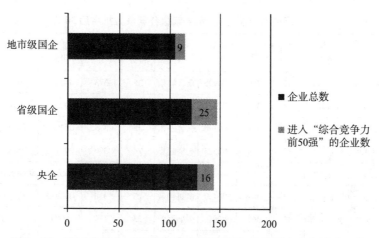

图 4-13 2014 年进入"综合竞争力前 50 强"的不同企业归属企业数

为分析制造业混合所有制企业的综合竞争力是否和其所在的行业大类有关，因此需计算出各行业大类中进入综合竞争力前 50 名的企业数，发现黑色金属冶炼及压延加工业作为资产规模和技术专业程度较高的行业，其综合竞争力进入前 50 名的企业数最多，达 12 家；汽车制造业和铁路、船舶、航空航天和其他运输设备制造业，作为我国重点发展的装备制造业，也是《中国制造2025》中要重点发展的行业，其综合竞争力进入前 50 名的企业数次之，各有 6 家；有色金属冶炼及压延加工业有 5 家；酒、饮料和精制茶制造业、非金属矿物制品业、计算机、通信和其他电子设备制造业各有 4 家，酒、饮料和精制茶制造业中耳熟能详的著名酒类品牌贵州茅台、五粮液、青岛啤酒、燕京啤酒均已上榜；其余化学原料及化学制品制造业、通用设备制造业各有 2 家；纺织服装、服饰业、医药制造业、金属制品业、专用设备制造业、电气机械及器材制造业各有 1 家。

（四）对综合竞争力排名后 50 名的企业分析

根据综合竞争力评价总得分，排名后 50 名的混合所有制制造业企业有罗平锌电、华润万东、自仪股份、湘潭电化、片仔癀、广弘控股、航天电器、联环药业、青海明胶、中核科技、莫高股份、通产丽星、冠农股份、渝三峡 A、有研新材、航天长峰、涪陵榨菜、众合科技、江山化工、长春一东等，见表4-23。

表 4 - 23　　　　制造业混合所有制企业 2014 年综合竞争力排名后 50 名

总排名	证券代码	公司名称	综合得分	总排名	证券代码	公司名称	综合得分	总排名	证券代码	公司名称	综合得分
339	002114	罗平锌电	33	356	000925	众合科技	25	373	000819	岳阳兴长	18
340	600055	华润万东	33	357	002061	江山化工	25	374	600530	交大昂立	18
341	600848	自仪股份	33	358	600148	长春一东	25	375	002057	中钢天源	18
342	002125	湘潭电化	32	359	002523	天桥起重	24	376	002136	安纳达	18
343	600436	片仔癀	32	360	300105	龙源技术	24	377	300161	华中数控	18
344	000529	广弘控股	32	361	600459	贵研铂业	23	378	000985	大庆华科	17
345	002025	航天电器	32	362	600616	金枫酒业	23	379	600843	上工申贝	17
346	600513	联环药业	31	363	600378	天科股份	23	380	600629	棱光实业	16
347	000606	青海明胶	31	364	600202	哈空调	22	381	002481	双塔食品	16
348	000777	中核科技	31	365	002112	三变科技	22	382	600746	江苏索普	15
349	600543	莫高股份	30	366	002222	福晶科技	22	383	600796	钱江生化	15
350	002243	通产丽星	30	367	600679	金山开发	22	384	600099	林海股份	15
351	600251	冠农股份	29	368	300140	启源装备	21	385	600560	金自天正	15
352	000565	渝三峡 A	28	369	000952	广济药业	21	386	300073	当升科技	14
353	600206	有研新材	28	370	000019	深深宝 A	20	387	300034	钢研高纳	14
354	600855	航天长峰	27	371	000523	广州浪奇	20	388	600171	上海贝岭	9
355	002507	涪陵榨菜	27	372	002297	博云新材	19				

　　进入"综合竞争力后 50 名"的企业中有央企 17 家、省级国企 10 家、地市级国企 14 家、县级国企 4 家、高校（科研院所）类国企 5 家，见图 4 - 14。结合各企业归属中总样本数，可知高校（科研院所）类国企进入"综合竞争力后 50 名"的企业比例最高，为 33.33%，接下来是县级国企，比例为 20%；其次是央企和地市级国企，分别为 13.39% 和 13.33%；进入后 50 名的企业比例最低的是省级国企，不足 10%，为 8.26%。省级国企中进入"综合竞争力前 50 强"的企业占比最大，而进入"综合竞争力后 50 名"的企业比例又最小，可见省级国企在所有企业归属中起综合竞争力相对最强。

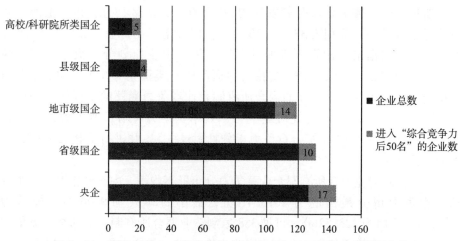

图 4 – 14 **2014 年进入"综合竞争力后 50 名"的不同企业归属企业数**

进入"综合竞争力后 50 名"的各行业大类中，化学原料及化学制品制造业中的企业数最多，有 10 家，占本行业大类中的企业数 18.18%；接下来是医药制造业和专用设备制造业，进入后 50 名的企业数各有 5 家，占比为 13.89% 和 16.13%；有色金属冶炼及压延加工业和电气机械及器材制造业中进入后 50 名的企业数有 4 家，占比也都是 18.18%。其余行业大类进入后 50 名的企业数为 3 家的有 4 个行业、2 家的有 3 个行业、1 家的有 4 个行业；但结合各行业大类中的企业数，计算进入后 50 名的企业数占比，可知仪器仪表行业的进入概率最高为 50%，2 家企业中有 1 家进入后 50 名；其次为农副食品行业，进入概率为 25%；而进入后 50 名的行业中，比率最低的为汽车制造业，23 家企业中只有 1 家进入，比例不足 5%。而黑色金属冶炼及压延加工业中进入"综合竞争力前 50 强"的企业有 50%，进入后 50 名的为 0，可见此行业的综合竞争力最强；汽车制造行业综合竞争力次之。

第六节 本章小结

本章根据终极产权论的观点，依据金字塔式的持股结构，最后确定了实际控制人为国有股东的 388 家制造业混合所有制企业。这 388 家样本企业按照注册地划分，覆盖了除西藏以外的 30 个省、自治区、直辖市，上海、北京的样本数最多，分别为 33 个、30 个，同时涵盖了制造业门类中的 24 个行业大类。并根据最终出资人性质的不同，将样本企业划分为央企、省级国企、地市级国企、县级国企、高校（科研院所）类国企等 5 个不同的企业归属层级，依据第 3 章中建立的混合所有制企业竞争力测评的指标体系测评了 388 家样本企业 2014 年的规模竞争力、效率竞争力、增长竞争力以及综合竞争力（2010~2013 年综合竞争力得分见附录一），并进行了相关分析，得出的结论如下。

第一，制造业混合所有制企业竞争力分布极不均衡，内部分化严重。企业综合竞争力得分最高的为 4015.41 分，最小的却只有 9.00 分，极差为 4006.41，均值为 225.52 分，可见 388 家制造业混合所有制企业的综合竞争力相差悬殊，分布极不均衡。在 338 家样本企业中，竞争力得分高于 1000 分的企业只有有 15 家，低于 100 分的企业却有 183 家。

第二，制造业混合所有制企业竞争力整体偏弱。388 家样本企业的综合竞争力得分均值为 225.52 分，高于均值水平的企业数占比为 24.74%，低于这一均值水平的企业数量占比高达 75.26%。

第三，从行业大类看，铁路、船舶、航空航天和其他运输设备制造业、纺织服装、服饰业、黑色金属冶炼及压延加工业、汽车制造业等四个行业的竞争力最高。将样本企业按照行业大类进行归类，计算出各行业中企业的综合竞争力均值来代表各行业竞争力，发现上述四个行业的竞争力最高，分值居于 470~560 分。竞争力最低的四个行业为副食品加工业、食品制造业、其他制造业和仪器仪表制造业，分值均低于 100 分，最低的为仪器仪表制造业，只有 34 分。

第四，从企业归属层级看，省级国企的竞争力最强、高校（科研院所）类国企的竞争力最弱。按照企业归属层级进行分类，计算出各不同层级企业综合竞争力的均值代表各层级的竞争力，发现省级国企的竞争力最强，接下来分别是央企、地市级国企、县级国企，最低的为高校（科研院所）类国企。

第五，对进入"综合竞争力前 50 强"和落入"综合竞争力后 50 名"的企业分析，发现黑色金属冶炼及压延加工业进入前 50 名的企业数最多，达 12 家，而且均没有进入后 50 名；化学原料及化学制品制造业进入前 50 名的企业只有 2 家，进入后 50 名的却有 10 家。按企业归属层级分，进入前 50 名的最多的是省级国企，有 25 家，但县级国企和高校（科研院所）类国企均无 1 家，这也充分说明了省级国企具有较高的竞争力。在进入综合竞争力后 50 名的企业中，省级国企占比最低，为 8.26%，而高校（科研院所）类国企占比最高，为 33.33%。这进一步证明了，省级国企的竞争力最强，高校（科研院所）类国企的竞争力最弱。

第五章

混合所有制企业股权结构现状分析[*]

第一节　混合所有制企业股东持股现状分析

一、国有股东持股现状分析

（一）按时间跨度分析

按照本书中采用终极所有权下的国有股比例计算法则，对 2010～2014 年制造业混合所有制企业的国有股东持股现状进行分析，发现国有股东的持股比例依然较高，这五年中国有股持股比例最高的为柳钢股份（601003），其在 2010 年的国有股比例高达 84%，所从事行业为黑色金属冶炼及压延加工业，属于广西壮族自治区所属的省级国企；国有股持股比例最低的为华菱星马（600375），其在 2011 年的国有股比例只有 2.51%，所从事行业为汽车制造业，属于安徽省马鞍山市属地市级国企。而且发现虽然终极所有权最低只有2.51%，却已经实现了国有控股。对 2010～2014 年的制造业混合所有制企业的国有股比例统计性描述见表 5–1。

---

　　* 本章中图表的数据均来自"国泰安 CSMAR 数据库"和"Wind 数据库"，再经过计算所得，故不再一一注释。

表 5 – 1　　　2010～2014 年制造业混合所有制企业国有股比例统计性描述　　　单位：%

年份	最小值	最大值	极差	中位数	众数	均值	均值标准误
2010	3.58	84	80.42	34.24	25.62	35.35	0.84
2011	2.51	83.74	81.23	33.53	16.15	34.93	0.84
2012	4.95	83.74	78.79	33.77	16.15	35.11	0.84
2013	4.35	82.51	78.16	33.80	16.15	35.13	0.82
2014	4.09	82.51	78.42	32.39	16.15	34.73	0.80
均值	3.90	83.30	79.40	33.55	18.04	35.05	0.83

按照上表中的国有股比例的统计性描述可知，对 388 家制造业混合所有制企业而言，五年中，国有股比例最大值的均值为 83.30%，最小值的均值为 3.90%，每年的国有股比例的极差都较大，2011 年国有股比例极差最大，为 81.23%，2013 年极差最小，为 78.16%，极差均值为 79.40%；五年中国有股比例的均值都超过了 30%，最高为 35.35%，最低为 34.73%，五年均值为 35.05%，总体而言，国有股的比例还是比较高，具体见图 5 – 1。

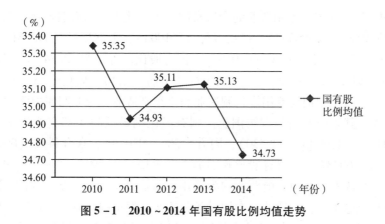

图 5 – 1　2010～2014 年国有股比例均值走势

2010 年，在 388 家制造业混合所有制上市企业中，国有股比例最高的 5 家企业分别为柳钢股份（601003）、酒钢宏兴（600307）、本钢板材（000761）、中原特钢（002423）、宝钢股份（600019），国有股比例分别为 84%、83.74%、82.07%、81.33%、73.97%，企业归属中前三家分别为省级国企，后两家为央企，所从事行业除中原特钢从事专用设备制造业外，其余四家企业均属于黑色金属冶炼及压延加工业。国有股比例最低的 5 家企业为大冷股份（000530）、同方国芯（002049）、英力特（000635）、众合科技（000925）、华菱星马（600375），国有股比例分别为 6.59%、5.97%、5.86%、5.40%、3.58%，所从事行业通用设备制造业、计算机、通信和其他电子设备制造业、化学原料及化学制品制造业、专用设备制造业、汽车制造业；企业归属中有一家央企、两家地市级国企、两家高校（科研院所）类国企。在 388 家制造业混合所有制企业中，国有股比例超过 50% 的企业有 76 家，占比为 19.59%，超过 30% 的企业合计有 227 家，占比为 58.51%，国有股比例低于 20% 的企业有 81 家，占比为 20.87%，具体见表 5-2。

表 5-2   2010 年混合所有制企业按国有股比例区间分布

国有股比例	<20%	20%~30%	30%~50%	≥50%
企业数量	81	80	151	76
所占比例	20.87%	20.62%	38.92%	19.59%

2011 年，在 388 家制造业混合所有制上市企业中，国有股比例最高的 5 家企业为酒钢宏兴（600307）、柳钢股份（601003）、本钢板材（000761）、中原特钢（002423）、上汽集团（600104），国有股比例分别为 83.74%、82.51%、82.07%、81.33%、77.33%，所从事行业中前三家均为黑色金属冶炼及压延加工业，后两家分别为专用设备制造业和汽车制造业。企业归属中除中原特钢为央企外，其余四家均为省级国企。国有股比例最低的 5 家企业为华意压缩（000404）、大冷股份（000530）、同方国芯（002049）、众合科技（000925）、华菱星马（600375），国有股比例分别为 6.94%、6.59%、5.97%、4.99%、2.51%，所从事行业中，前两家均为通用设备制造业，后三家分别为计算机、通信和其他电子设备制造业、专用设备制造业、汽车制造业，企业归属中有三家地市级国企、两家高校（科研院所）类国企。在 388 家制造业混合所有制企业中，国有股比例超过 50% 的企业有 73 家，占比为 18.81%，超过 30% 的企业合计有 225 家，占比为 57.99%，国有股比例低于 20% 的企业有 85 家，占比为 21.91%，具体见表 5-3。

表 5-3　　　　　　　　2011 年混合所有制企业按国有股比例区间分布

国有股比例	<20%	20%~30%	30%~50%	≥50%
企业数量	85	78	152	73
所占比例	21.91%	20.10%	39.18%	18.81%

　　2012 年，在 388 家制造业混合所有制上市企业中，国有股比例最高的 5 家企业与 2011 年相同。国有股比例最低的 5 家企业分别为博云新材（002297）、华意压缩（000404）、大冷股份（000530）、美菱电器（000521）、众合科技（000925），国有股比例分别为 7.09%、6.94%、6.59%、5.77%、4.95%，所从事行业分别为非金属矿物制品业、通用设备制造业、通用设备制造业、电气机械及器材制造业、专用设备制造业，企业归属中有三家地市级国企、两家高校（科研院所）类国企。在 388 家制造业混合所有制企业中，国有股比例超过 50% 的企业有 74 家，占比为 19.07%，超过 30% 的企业合计有 224 家，占比为 57.73%，国有股比例低于 20% 的企业 79 家，占比为 20.36%，具体见表 5-4。

表 5-4　　　　　　　　2012 年混合所有制企业按国有股比例区间分布

国有股比例	<20%	20%~30%	30%~50%	≥50%
企业数量	79	85	150	74
所占比例	20.36%	21.91%	38.66%	19.07%

　　2013 年，在 388 家制造业混合所有制上市企业中，国有股比例最高的 5 家企业为柳钢股份（601003）、本钢板材（000761）、宝钢股份（600019）、上汽集团（600104）、中原特钢（002423），国有股比例分别为 82.51%、82.07%、79.71%、77.33%、76.39%，所从事行业中，前三家均为黑色金属冶炼及压延加工业，后两家分别为汽车制造业和专用设备制造业，企业归属中有两家央企、三家地市级国企。国有股比例最低的 5 家企业为华意压缩（000404）、大冷股份（000530）、京东方 A（000725）、美菱电器（000521）、众合科技（000925），国有股比例分别为 6.68%、6.59%、6.26%、5.77%、4.35%，所从事行业中，前两家均为通用设备制造业，后三家分别为计算机、通信和其他电子设备制造业、电气机械及器材制造业、专用设备制造业，企业归属中实

际控制人分别为一家省级国企、一家高校（科研院所）类国企，三家地市级国企。在 388 家制造业混合所有制企业中，国有股比例超过 50% 的企业有 77 家，占比为 19.85%，超过 30% 的企业合计有 227 家，占比为 58.51%，国有股比例低于 20% 的企业有 74 家，占比为 19.07%，见表 5－5。

表 5－5　　　　　　　2013 年混合所有制企业按国有股比例区间分布

国有股比例	<20%	20%~30%	30%~50%	≥50%
企业数量	74	87	150	77
所占比例	19.07%	22.42%	38.66%	19.85%

2014 年，在 388 家制造业混合所有制上市企业中，国有股比例排名前五位的企业为柳钢股份（601003）、本钢板材（000761）、宝钢股份（600019）、首钢股份（000959）、中原特钢（002423），国有股比例分别为 82.51%、81.77%、79.71%、79.38%、78.15%，所从事行业中，除中原特钢属于专用设备制造业外，其余四家企业均属黑色金属冶炼及压延加工业，企业归属中有两家央企、三家省级国企。国有股比例排名后五位的企业为交大昂立（600530）、华意压缩（000404）、大冷股份（000530）、美菱电器（000521）、众合科技（000925），国有股比例分别为 6.86%、6.68%、6.59%、5.77%、4.09%，所从事行业分别为医药制造业、通用设备制造业、通用设备制造业、电气机械及器材制造业、专用设备制造业，企业归属中有两家高校（科研院所）类国企，三家地市级国企。在 388 家制造业混合所有制企业中，国有股比例超过 50% 的企业有 73 家，占比为 18.82%，超过 30% 的企业合计有 218 家，占比为 56.19%，国有股比例低于 20% 的企业有 69 家，占比为 17.78%，具体见表 5－6。

表 5－6　　　　　　　2014 年混合所有制企业按国有股比例区间分布

国有股比例	<20%	20%~30%	30%~50%	≥50%
企业数量	69	101	145	73
所占比例	17.78%	26.03%	37.37%	18.82%

综合分析，2010~2014 年这 5 年中，每年的国有股比例最高的企业中，

黑色金属冶炼及压延加工业中的企业数相对较多，2010 年，国有股比例最高的 5 家企业中有 4 家企业属于黑色金属冶炼及压延加工业，2011 年、2012 年和 2013 年均为 3 家，2014 年为 4 家，且国有股比例都高于 70%，最低为 73.97%。柳钢股份在 2010 年、2013 年、2014 年国有股比例都最高，分别为 84%、82.51%、82.51%，酒钢宏兴在 2011 年、2012 年国有股比例最高，均为 83.74%，两家企业分别属于广西壮族自治区和甘肃省的省级国企。而这五年中，每年国有股比例最低的企业中，地市级和高校（科研院所）类企业数较多，2010 年，国有股比例最低的 5 家企业中有 2 家地市级国企、2 家高校（科研院所）类国企，2011 年、2012 年和 2014 年均有 3 家地市级国企和 2 家高校类国企，2013 年这一数字分别为 3 家、1 家。华菱星马在 2010 年、2011 年国有股比例最低，分别为 3.58% 和 2.51%；众合科技在 2012 年、2013 年、2014 年国有股比例最低，分别为 4.95%、4.35%、4.09%；这两家企业所从事行业分别为汽车制造业、专用设备制造业，企业归属分别为安徽省马鞍山市出资的地市级国企和浙江大学出资的高校（科研院所）类国企。

（二）按行业大类和企业归属分析

为找出混合所有制企业中国有股持股比例高低和企业所属的行业大类、企业归属之间的规律，先把 388 家制造业混合所有制企业中每家企业的国有股比例按照年份整合在一张表中，求出每家企业的国有股比例在 5 年中的均值，然后按照这 388 家企业所属的 24 个行业大类和 5 个企业归属层次分别求均值，得到五年的行业均值和按企业归属划分的均值，具体见表 5 - 7、表 5 - 8。

表 5 - 7　　　　2010~2014 年制造业混合所有制企业国有股比例
均值按行业大类分布

行业代码	C13	C14	C15	C17	C18	C20	C22	C25
国有股比例均值	40.21%	32.88%	39.87%	33.18%	42.04%	29.97%	20.48%	34.18%
行业代码	C26	C27	C28	C29	C30	C31	C32	C33
国有股比例均值	31.72%	32.90%	33.70%	34.66%	29.01%	54.36%	34.33%	37.64%
行业代码	C34	C35	C36	C37	C38	C39	C40	C41
国有股比例均值	32.63%	41.09%	30.26%	42.13%	33.15%	29.08%	36.12%	42.09%

表 5 - 8 　　　　　2010 ～ 2014 年制造业混合所有制企业国有股比例
均值按企业归属分布

企业归属	央企	省级国企	地市级国企	县级国企	高校（科研院所）类国企
国有股比例均值	36.64%	38.32%	32.01%	28.95%	23.87%

　　通过对制造业门类中 24 个行业大类的国有股比例均值的比较可知，可以将这些行业大类按国有股比例均值的大小分为四个层级：位于第一层级的是黑色金属冶炼及压延加工业（C31），其国有股比例均值最高，达到 54.36%；位于第二层级的有农副食品加工业（C13）、酒、饮料和精制茶制造业（C15）、纺织服装、服饰业（C18）、金属制品业（C33）、专用设备制造业（C35）、铁路船舶航空航天和其他运输设备制造业（C37）、仪器仪表制造业（C40）、其他制造业（C41），其国有股比例均值在 40% 左右；位于第三层级的有食品制造业（C14）、纺织业（C17）、木材加工和木、竹、藤、棕、草制品业（C20）、石油加工、炼焦及核燃料加工业（C25）、化学原料及化学制品制造业（C26）、医药制造业（C27）、化学纤维制造业（C28）、橡胶和塑料制品业（C29）、非金属矿物制品业（C30）、有色金属冶炼及压延加工业（C32）、通用设备制造业（C34）、汽车制造业（C36）、电气机械及器材制造业（C38）、计算机、通信和其他电子设备制造业（C39），其国有股比例均值在 30% 左右；位于第四层级的是造纸及纸制品业（C22），其国有股比例均值最低，为 20.48%。国有股比例均值的动态分布图见图 5 - 2。

　　通过对不同归属层次的企业的国有股比例均值分析，可以将五类国企按照国有股比例均值的大小分为三个层级：第一层级的企业国有股比例高于 35%，包括省级国企和央企，其国有股比例均值分别为 38.32%、36.64%；第二层级的企业国有股比例均值约为 30%，包括地市级国企和县级国企，其国有股比例均值分别为 32.01%、28.95%；第三层级的企业国有股比例约为 20%，高校（科研院所）类国企位于此层级，其国有股比例均值为 23.87%。动态分布图见图 5 - 3。

　　经综合分析可得，在制造业门类中的行业大类中，黑色金属冶炼及压延加工业中的混合所有制企业的国有股比例较高，造纸及纸制品业中的混合所有制企业的国有股比例较低。在企业归属层面，省级国企和央企中的国有股比例相对较高，而高校（科研院所）类国企的国有股比例相对较低。

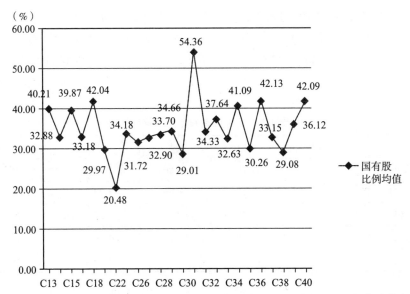

图 5-2　2010~2014 年制造业混合所有制企业国有股比例均值按行业大类动态分布

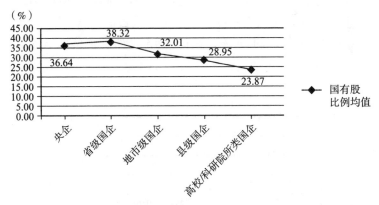

图 5-3　2010~2014 年制造业混合所有制企业国有股比例均值按企业归属动态分布

二、高管持股现状分析

(一) 按时间跨度分析

对 388 家制造业混合所有制企业在 2010~2014 年的高级管理人员持股现

状分析，发现具有高管持股的企业比例仍然很低，最高为32.47%，最低为30.67%，65%以上的企业都没有实行高管持股，而且具有高管持股的企业，高管持股比例仍然很低，高管持股均值都在1%以下，高管持股的统计性描述见表5-9。

表5-9　　　　2010~2014年制造业混合所有制企业高管持股统计性描述　　　单位：%

年份	最小值	最大值	极差	均值	均值标准误
2010	0	24.80	24.80	0.40	0.10
2011	0	18.60	18.60	0.28	0.08
2012	0	17.89	17.89	0.27	0.08
2013	0	16.50	16.50	0.23	0.07
2014	0	13.89	13.89	0.20	0.06

通过表5-9可见，高管持股比例的均值依然非常低，2014年最低为0.20%，2010年最高也只有0.40%，而且可以看出高管持股比例均值在五年来有逐渐降低的趋势（见图5-4）。央企海康威视的高管持股比例在2010~2014年均为最高，最大为24.80%，最低为13.89%，也呈现出逐年降低的趋势（见图5-5）。

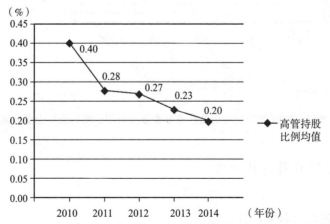

图5-4　2010~2014年制造业混合所有制企业高管持股比例均值变化趋势

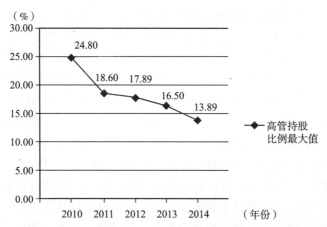

图 5 – 5　2010～2014 年制造业混合所有制企业高管持股比例最大值变化趋势

2010 年，在 388 家制造业混合所有制企业中，不具有高管持股的企业有262 家，占比为 67.53%；具有高管持股的企业有 126 家，占比为 32.47%；高管持股比例高于 10% 的企业只有 3 家，占比为 0.77%；而位于 0～1% 的企业却有 102 家，占比为 26.99%，可见具有高管持股的企业大多数企业的持股比例也是非常低，具体可见表 5 – 10。126 家高管持股企业在主板上市的有 3 家，创业板上市的有 4 家，中小板上市的有 119 家。高管持股比例最高的 5 家企业分别为海康威视（002415）、仙琚制药（002332）、天桥起重（002523）、华中数控（300161）、当升科技（300073），持股比例分别为 24.80%、18.68%、10.90%、9.82%、9.39%，所从事行业分别为计算机、通信和其他电子设备制造业、医药制造业、通用设备制造业、通用设备制造业、非金属矿物制品业，企业归属中两家央企、一家地市级国企、一家县级国企、一家高校（科研院所）类国企。这五家企业均为在深圳交易所上市的公司，其中前 3 家为中小板类上市公司，后 2 家为创业板上市公司。

表 5 – 10　　　　　　2010 年混合所有制企业按高管持股比例区间分布

高管持股股比例	0	0～1%	1%～10%	≥10%
企业数量	262	102	21	3
所占比例	67.53%	26.29%	5.41%	0.77%

2011 年，在 388 家制造业混合所有制企业中，不具有高管持股的企业有 269 家，占比为 69.33%；具有高管持股的企业达到 119 家，占比为 30.67%；高管持股比例高于 10% 的企业只有 2 家，占比为 0.52%；而位于 0～1% 的企业却有 100 家，占比为 25.77%，具有高管持股的企业大多数企业的持股比例也是非常低，具体可见表 5－11。119 家高管持股企业，在主板上市的有 3 家，创业板上市的有 2 家，中小板上市的有 114 家。持股比例最高的 5 家企业分别为海康威视（002415）、仙琚制药（002332）、华中数控（300161）、三变科技（002112）、同方国芯（002049），持股比例分别为 18.60%、15.79%、9.82%、9.17%、8.66%，所从事行业分别为计算机、通信和其他电子设备制造业、医药制造业、通用设备制造业、电气机械及器材制造业、计算机、通信和其他电子设备制造业，企业归属分别为 1 家央企、2 家县级国企、2 家高校（科研院所）类国企。除华中数控为创业板上市公司外，其余四家均为中小板上市公司。

表 5－11　　　　　　　2011 年混合所有制企业按高管持股比例区间分布

高管持股股比例	0	0%～1%	1%～10%	≥10%
企业数量	269	100	17	2
所占比例	69.33%	25.77%	4.38%	0.52%

2012 年，在 388 家制造业混合所有制企业中，具有高管持股的企业数和 2011 年相同，为 119 家，占比为 30.67%，高管持股比例高于 10% 的企业数、位于 0～1% 的企业数也与 2011 年相同，分别为 2 家和 100 家，具体可见表 5－12。119 家高管持股企业，在主板上市的有 4 家，创业板上市的有 4 家，中小板上市的有 111 家。持股比例最高的 5 家企业分别为海康威视（002415）、仙琚制药（002332）、华中数控（300161）、天桥起重（002523）、三变科技（002112），持股比例分别为 17.89%、14.19%、9.82%、7.57%、7.21%，所从事行业分别为计算机、通信和其他电子设备制造业、医药制造业、通用设备制造业、通用设备制造业、电气机械及器材制造业，企业归属分别为 1 家央企、1 家地市级国企、2 家县级国企、1 家高校（科研院所）类国企。除华中数控为创业板上市公司外，其余四家均为中小板上市公司。

表 5 - 12　　　　　2012 年混合所有制企业按高管持股比例区间分布

高管持股股比例	0	0 ~ 1%	1% ~ 10%	≥10%
企业数量	269	100	17	2
所占比例	69.33%	25.77%	4.38%	0.52%

2013 年，在 388 家制造业混合所有制企业中，具有高管持股的企业数为 119 家，占比为 30.67%，高管持股比例高于 10% 的企业只有 2 家，占比为 0.52%；而位于 0 ~ 1% 的企业却有 101 家，占比为 26.03%，具体可见表 5 - 13。119 家高管持股企业中，主板上市公司有 2 家，创业板有 4 家，中小板上市公司有 113 家。高管持股比例最高的 5 家企业分别为海康威视（002415）、仙琚制药（002332）、华中数控（300161）、三变科技（002112）、天桥起重（002523），持股比例分别为 16.50%、11.03%、9.82%、7.21%、6.46%，所从事行业分别为计算机、通信和其他电子设备制造业、医药制造业、通用设备制造业、电气机械及器材制造业、通用设备制造业，企业归属分别为 1 家央企、1 家地市级国企、2 家县级国企、1 家高校（科研院所）类国企。除华中数控为创业板上市公司外，其余四家均为中小板上市公司。

表 5 - 13　　　　　2013 年混合所有制企业按高管持股比例区间分布

高管持股股比例	0	0 ~ 1%	1% ~ 10%	≥10%
企业数量	269	101	16	2
所占比例	69.33%	26.03%	4.12%	0.52%

2014 年，在 388 家制造业混合所有制企业中，不具有高管持股的企业有 267 家，占比为 68.82%；具有高管持股的企业数为 121 家，占比为 31.19%，管持股比例高于 10% 的企业只有 3 家，占比为 0.77%；而位于 0 ~ 1% 的企业却有 106 家，占比为 27.32%，具体可见表 5 - 14。121 家高管持股企业中，主板上市公司有 4 家，创业板有 5 家，中小板上市公司有 112 家。高管持股比例最高的 5 家企业分别为海康威视（002415）、三变科技（002112）、仙琚制药（002332）、天桥起重（002523）、达安基因（002030），持股比例分别为 13.89%、10.24%、10.01%、6.27%、4.21%，所从事行业分别为计算机、通信和其他电子设备制造业、电气机械及器材制造业、医药制造业、通用设备

制造业、医药制造业，企业归属分别为 1 家央企、1 家地市级国企、2 家县级国企、1 家高校（科研院所）类国企。五家企业均为中小板上市公司。

表 5 - 14 　　　　　　　　2014 年混合所有制企业按高管持股比例区间分布

高管持股股比例	0	0 ~ 1%	1% ~ 10%	≥10%
企业数量	267	106	12	3
所占比例	68.82%	27.32%	3.09%	0.77%

综合分析可知，2010 ~ 2014 年在 388 家制造业混合所有制中，具有高管持股家数较少，2010 年为 126 家、2014 年为 121 家，其余三年分别为 119 家，超过 65% 的企业都没有高管持股；在具有高管持股的企业中，高管持股比例都较低，持股比例高于 1% 的企业数占比均在 10% 以下，最高为 6.18%，持股比例最高为 24.8%，均值最高为 0.40%，且都呈现出逐年下降的趋势；在具有高管持股的企业中，大多数为在深圳证券交易所上市的企业，深圳证券交易所上市的企业占比均在 90% 以上，最低为 92.56%，具体可见图 5 - 6。

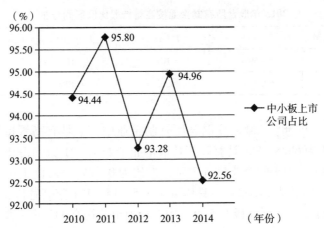

图 5 - 6　2010 ~ 2014 年中具有高管持股的混合所有制企业中深交所上市企业占比

（二）按行业大类和企业归属分析

通过对2010～2014年具有高管持股的混合所有制企业按制造业门类中的行业大类进行分析，从绝对数上来看，化学原料及化学制品制造业（C26）中具有高管持股的企业数最多，医药制造业（C27）次之，接下来是通用设备制造业（C34）、计算机、通信和其他电子设备制造业（C39），但结合样本企业中各行业大类中的企业数计算相应比例，在这四个行业中，计算机、通信和其他电子设备制造业（C39）中的企业占比却最高，为44%。可见图5-7。

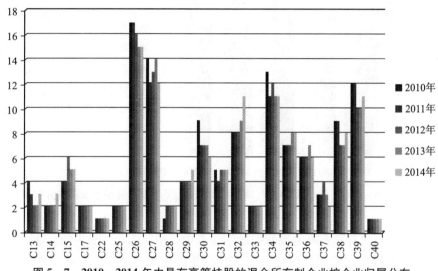

图5-7　2010～2014年中具有高管持股的混合所有制企业按企业归属分布

2010年，在126家具有高管持股的企业中，央企有36家，省级国企有31家，地市级国企有42家，县级国企有6家，高校（科研院所）类国企有11家。2011年，在119家具有高管持股的企业中，央企有35家，省级国企有27家，地市级国企有42家，县级国企有5家，高校（科研院所）类国企有10家。2012年，在119家具有高管持股的企业中，央企有34家，省级国企有27家，地市级国企有43家，县级国企有5家，高校（科研院所）类国企有10家。2013年，在119家具有高管持股的企业中，央企有33家，省级国企有29家，地市级国企有40家，县级国企有6家，高校（科研院所）类国企有11家。2014年，在121家具有高管持股的企业中，央企有32家，省级国企有29

家，地市级国企有 43 家，县级国企有 6 家，高校（科研院所）类国企有 11 家。具体见图 5 - 8。由图中可知，5 年中，具有高管持股的地市级国企数较多，均值为 42 家，再结合 388 家样本企业中地市级国企的数量，计算得地市级国企的占比为 38.53%，而高校（科研院所）类国企这一数字为 70.67%。所以，单纯看数字，地市级国企具有高管持股的企业数最多，但高校（科研院所）类国企具有高管持股的企业比例却最大。

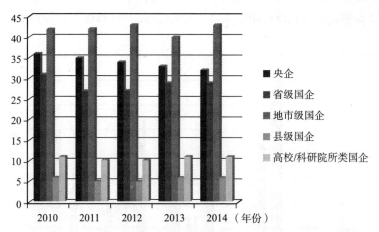

图 5 - 8　2010～2014 年中具有高管持股的混合所有制企业按企业归属分布

综合分析可知，在具有高管持股的企业中，按制造业门类中的行业大类分析，化学原料及化学制品制造业（C26）中具有高管持股企业的绝对数量最多，医药制造业（C27）次之；按照企业归属分析，地市级国企具有高管持股的企业绝对数量最多，但高校（科研院所）类国企具有高管持股的企业比例最大。

第二节　混合所有制企业股权集中度现状分析

股权集中度表示股权的相对集中程度，本书采用了第一大股东持股比例、前五大股东合计持股比例分别定义为股权集中度Ⅰ和股权集中度Ⅱ，来表示混合所有制企业的股权集中程度。

一、第一大股东持股集中度分析

（一）按时间跨度分析

通过对股权集中度 I 的统计性描述（见表 5 - 15），发现第一大股东持股比例的最大值最高达到 84%，最小值最低为 5.02%，二者的极差为 78.98%。股权集中度 I 的最大值都高于 80%，最小值均低于 10%，每年最大值和最小值之间的极差也都在 70% ~80%，股权集中度 I 每年的中位数与均值均在 35% ~40%，即第一大股东平均持股比例都在 35% 以上，且有相对下降的趋势，达到了相对控股的程度（按照马立行（2013）的研究结论，股权比例超过 50% 为绝对控股，超过 30% 不足 50% 为相对控股）。① 具体见图 5 - 9。

表 5 - 15　　　**2010 ~ 2014 年混合所有制企业股权集中度 I 统计性描述**　　　单位: %

年份	最小值	最大值	极差	中位数	均值	均值标准误
2010	5.02	84.00	78.98	38.71	39.35	0.76
2011	7.51	83.74	76.23	38.39	38.85	0.75
2012	9.89	83.74	73.85	38.17	38.77	0.74
2013	9.89	82.51	72.62	37.23	38.51	0.74
2014	9.89	82.51	72.62	36.15	37.82	0.72

2010 年，在 388 家制造业混合所有制企业中，第一大股东持股比例最高的五家企业分别为柳钢股份（601003）、酒钢宏兴（600307）、本钢板材（000761）、新钢股份（600782）、宝钢股份（600019），持股比例分别为 84.00%、83.74%、82.07%、77.02%、73.97%，这五家企业均从事黑色金属冶炼及压延加工业，除宝钢股份属于央企外，另外四家企业均属于省级国企。第一大股东持股比例最低的为青山纸业（600103），持股比例为 5.02%。第一大股东持股比例高于 50% 的企业有 101 家，高于 30% 的企业有 274 家。

---

① 马立行.中国上市公司股权集中度变化趋势的实证研究 [J].上海经济研究，2013 (3)：109 - 116.

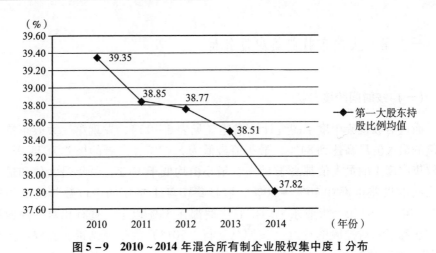

图 5 – 9 2010～2014 年混合所有制企业股权集中度 I 分布

即第一大股东可以绝对控股的企业数占比为 26.03%，第一大股东可以控股的企业数达到 44.59%。

2011 年，第一大股东持股比例最高的五家企业为酒钢宏兴（600307）、柳钢股份（601003）、本钢板材（000761）、大连重工（002204）、新钢股份（600782），持股比例分别为 83.74%、82.51%、82.07%、78.84%、77.23%，除大连重工从事行业为专用设备制造业外，其余 4 家企业均为黑色金属冶炼及压延加工业，除大连重工为大连市属地市级国企外，其余 4 家企业均为省级国企。第一大股东持股比例最低的为青山纸业（600103），持股比例为 7.51%。第一大股东持股比例超过 50% 的有 95 家，超过 30% 的有 273 家，即第一大股东可以绝对控股的企业数占比为 24.48%，第一大股东控股的企业达到 45.88%。

2012 年，在 388 家制造业混合所有制企业中，第一大股东持股比例最高的五家企业分别为酒钢宏兴（600307）、柳钢股份（601003）、本钢板材（000761）、新钢股份（600782）、大连重工（002204），持股比例分别为 83.74%、82.51%、82.07%、78.89%、78.84%，除大连重工从事行业为专用设备制造业外，其余 4 家企业均为黑色金属冶炼及压延加工业，除大连重工为大连市属地市级国企外，其余 4 家企业均为省级国企。第一大股东持股比例最低的为青山纸业（600103），持股比例为 9.89%。第一大股东持股比例超过 50% 的有 92 家，超过 30% 的有 274 家，即第一大股东绝对控股企业数占比

23.71%，第一大股东控股企业达到46.91%。

2013年，第一大股东持股比例最高的五家企业分别为柳钢股份（601003）、本钢板材（000761）、宝钢股份（600019）、新钢股份（600782）、大连重工（002204），持股比例分别为82.51%、82.07%、79.71%、78.89%、78.84%，除大连重工从事行业为专用设备制造业外，其余4家企业均为黑色金属冶炼及压延加工业，除大连重工为大连市属地市级国企、宝钢股份为央企外，其余3家企业均为省属国企。第一大股东持股比例最低的为青山纸业（600103），持股比例为9.89%。第一大股东持股比例超过50%的有90家，超过30%的有268家，即第一大股东控股绝对控股企业数占比23.20%，第一大股东控股的企业达到45.87%。

2014年，第一大股东持股比例最高的五家企业为柳钢股份（601003）、本钢板材（000761）、宝钢股份（600019）、首钢股份（000959）、新钢股份（600782），持股比例分别为82.51%、81.77%、79.71%、79.38%、78.89%，这五家企业所从事的行业均为黑色金属冶炼及压延加工业，企业归属中除了宝钢股份为国务院国资委直属央企外，其余4家企业均为省级国企。第一大股东持股比例超过50%的企业有82家，超过30%的有268家，第一大股东绝对控股企业数占比21.13%，第一大股东控股企业达到47.94%。

综合分析可知，这五年中，混合所有制企业中第一大股东平均持股均超过了35%，且有逐年下降趋势；第一大股东控股企业数接近270家，控股率接近70%；在每年中第一大股东持股最高的5家企业中，黑色金属冶炼及压延加工业中企业数出现的次数较多，分别为5次、4次、4次、4次、5次；每年第一大股东持股比例最低的企业均为青山纸业（600103），所从事行业为造纸及纸制品制造业，为福建省国资委直属的省级国企，持股比例均低于10%；每年中，汽车制造业中上汽集团第一大股东持股比例最高，非金属矿物制品业中棱光实业第一大股东持股比例最高，酒、饮料和精制茶制造业中山西汾酒第一大股东持股比例最高，基本都超过了70%。

（二）按行业大类和企业归属分析

通过首先计算样本企业股权集中度 I 的 5 年均值，再计算各行业大类的股权集中度 1 均值，发现其分布趋势和国有股比例均值的分布有相似之处，但又不完全相同。可以发现股权集中度 I 最高的依然是黑色金属冶炼及压延加工业（C31），第一大股东持股比例均值达到58.24%，这一行业中除了由辽宁省朝阳市出资的 1 家地市级国企凌钢股份（600231）外，其余企业为 6 家央企、17 家省级国企，大概和这一产业的进入壁垒较高，需要很强的资金和技术实力，因此大股东需要高度控股；第一大股东持股比例均值较高的行业大类还有酒、饮料和精制茶制造业（C15）、石油加工、炼焦及核燃料加工业（C25）、化学纤维制造业（C28）、有色金属冶炼及压延加工业（C32）、专用设备制造业（C35）、铁路船舶航空航天和其他运输设备制造业（C37）、其他制造业（C41），这和这几大行业的技术和工艺的专业性要求较高，同时也和这些行业的行业垄断、资源可获得性以及在国民经济中的作用有关，因此，作为第一大股东的国有资本占比较高；第一大股东持股比例均值最低的是造纸及纸制品业（C22），造纸行业本身为对环境污染较高的传统产业，行业进入壁垒和技术难度都不高，在国民经济中的作用也不明显，作为第一大股东的国资相应持股比例也较低。具体见图 5 – 10。

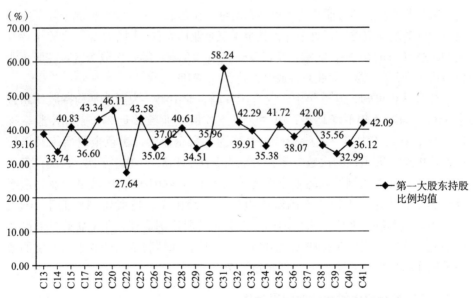

图 5 – 10　2010 ~ 2014 年混合所有制企业股权集中度 I 的均值按行业大类分布

用相同方法求得不同企业归属的股权集中度 I 的均值，发现央企和省级国企的第一大股东持股比例均值较高位于第一层级；地市级国企的第一大股东持股比例均值次之，位于第二层级；县级国企、高校（科研院所）类国企的相应数值最低，位于第三层级。这和不同层级国企的出资方资金实力和本身这些企业在国民经济发挥的作用不同有关，央企和省级国企的出资方都具有很强资金实力的国务院各部委以及省级政府，相应控股企业在国民经济中的作用也较重要，所以第一大股东的占比较高；作为地市级国企的出资方的实力次之，相应第一大股东持股比例也次之；而作为县级国企，这些企业所从事的行业和发展本身只影响到县域经济，其出资方只要达到相对控股即可，而高校（科研院所）类国企所从事大多为高技术产业，这些企业需建立高度合理的公司治理结构，第一大股东的持股比例也不应太高，因此，这两类企业的股权集中度Ⅰ的均值也相应较低。具体见图5－11。

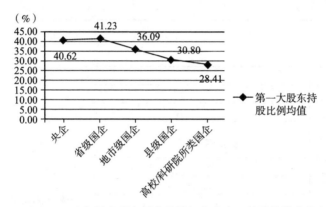

图5－11　2010～2014年混合所有制企业股权集中度Ⅰ的均值按企业归属分布

二、前五大股东持股集中度分析

（一）按时间跨度分析

通过对股权集中度Ⅱ的统计性描述（见表5－16），发现前五大股东合计持股比例的均值都超过了50%，持股比例的中位数也超过了50%，合计持股比例的最大值都高于90%，说明388家混合所有制企业的股权集中度Ⅱ较高；但同时发现合计持股的极差也较大，都高于70%，最小值也较低，均低于20%，说明依然存在持股较分散的企业，分析5年中每年股权集中度Ⅱ低于20%的企业，有2家企业出现了4次，分别是广济药业（000952）、中炬高新

（600872），所从事行业为医药制造业和食品制造业，分别为省级国企和地市级国企。而且股权集中度Ⅱ的均值也基本呈现出逐年下降的趋势，见图5－12。

表5－16　　　2010～2014年混合所有制企业股权集中度Ⅱ统计性描述　　　单位：%

年份	最小值	最大值	极差	中位数	均值	均值标准误
2010	15.25	92.62	77.37	51.98	52.76	0.77
2011	14.81	92.63	77.82	51.70	52.13	0.78
2012	15.00	92.66	77.66	51.29	51.80	0.78
2013	17.51	92.45	74.95	51.15	51.84	0.75
2014	18.87	89.58	70.71	50.03	51.05	0.74

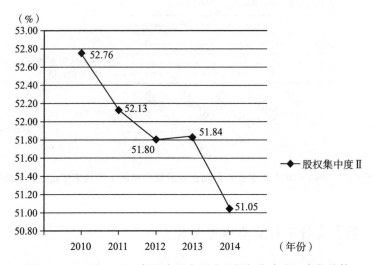

图5－12　2010～2014年混合所有制企业股权集中度Ⅱ变化趋势

2010年，在388家混合所有制企业中，持股比例最高的5家企业为上海电气（601727）、海康威视（002415）、上海石化（600688）、本钢板材（000761）、珠江啤酒（002461），持股比例分别为92.62%、89%、88.84%、86.69%、86.65%，所从事行业分别为通用设备制造业、计算机、通信和其他电子设备制造业、石油加工、炼焦及核燃料加工业、黑色金属冶炼及压延加工业、酒、饮料和精制茶制造业，企业归属为2家央企、2家省级国企、1家地

146

市级国企。持股比例高于50%的企业有218家，占比为56.19%，高于30%的企业有361家，占比为93.04%。

2011年，持股比例最高的五家企业为上海电气（601727）、上海石化（600688）、大连重工（002204）、海康威视（002415）、珠江啤酒（002461），持股比例分别为92.63%、88.94%、87.80%、86.49%、86.36%，所从事行业中分别为通用设备制造业、石油加工、炼焦及核燃料加工业、专用设备制造业、计算机、通信和其他电子设备制造业、酒、饮料和精制茶制造业，在企业归属上有两家央企、两家地市级国企、一家省级国企。前五大股东持股比例高于50%的企业有215家，占比为55.41%，高于30%的有355家，占比为91.49%。

2012年，持股比例最高的五家企业为上海电气（601727）、上海石化（600688）、大连重工（002204）、新钢股份（600782）、珠江啤酒（002461），持股比例分别为92.66%、88.72%、87.89%、86.45%、86.33%，所从事行业中分别为通用设备制造业、石油加工、炼焦及核燃料加工业、专用设备制造业、计算机、黑色金属冶炼及压延加工业、酒、饮料和精制茶制造业，在企业归属上有1家央企、2家地市级国企、2家省级国企。前五大股东持股比例高于50%的企业有209家，占比为53.87%，高于30%的有357家，占比为92.01%。

2013年，持股比例最高的五家企业为上海电气（601727）、重庆钢铁（600688）、大连重工（002204）、珠江啤酒（002461）、新钢股份（600782），持股比例分别为92.45%、87.53%、86.32%、84.86%、84.80%，所从事行业中分别为通用设备制造业、黑色金属冶炼及压延加工业、专用设备制造业、酒、饮料和精制茶制造业、黑色金属冶炼及压延加工业，在企业归属上有3家省级国企、2家地市级国企。前五大股东持股比例高于50%的企业有209家，占比为53.87%，高于30%的有357家，占比为，92.01%。

2014年，前五大股东持股比例最高的为89.58%，最低的为18.87%，前五大股东持股比例最高的五家企业为上海电气（601727）、酒钢宏兴（600307）、同力水泥（000885）、上汽集团（600104）、本钢板材（000761），持股比例为89.58%、89.38%、87.64%、83.97%、83.15%、这5家企业有两家企业从事黑色金属冶炼及压延加工业、1家从事通用设备制造业、1家从事非金属矿物品制造业、1家从事汽车制造业，5家企业均为省级国企。前五大股东持股比例超过50%的企业有195家，占比为50.26%，超过30%的有

363 家，占比为 93.56%。

五年中，股权集中度Ⅱ最高的企业均是上海电气，为上海市属的省级国企，从事行业为通用设备制造业，前五大股东持股比例除 2014 年近 90% 外，前 4 年均高于 90%；省级国企的股权集中度Ⅱ的值相对较高；股权集中度Ⅱ的值高于 50% 的企业数占比都超过了 50%，高于 30% 的企业数都超过了 90%，具体见图 5 – 13。

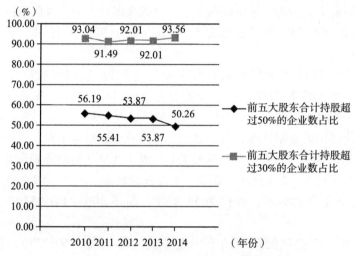

图 5 – 13　2010～2014 年混合所有制企业股权集中度Ⅱ分布

（二）按行业大类和企业归属分析

通过计算各行业大类的股权集中度Ⅱ的均值，黑色金属冶炼及压延加工业（C31）前五大股东合计持股比例均值依然最高，达 67.87%；酒、饮料和精制茶制造业（C15）、石油加工、炼焦及核燃料加工业（C25）、铁路、船舶、航空航天和其他运输设备制造业（C37）等三个行业的前五大股东持股比例均值也较高，均高于 57%，和这三个行业的专业技术性有关；纺织业（C17）、造纸及纸制品业（C22）、橡胶和塑料制品业（C29）等三个行业的股权集中度Ⅱ均值较低，和这个三个行业的进入壁垒不高、行业内的央企和省级国企数量较少有关。股权集中度 2 的均值按行业大类分布图见图 5 – 14。

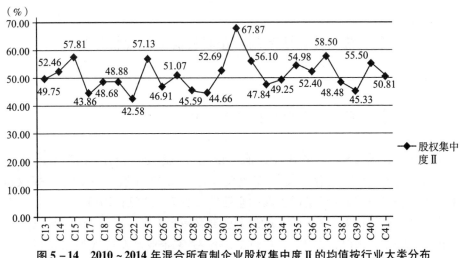

图5-14 2010~2014年混合所有制企业股权集中度Ⅱ的均值按行业大类分布

计算样本企业5个类别的股权集中度Ⅱ均值，发现央企和省级国企的前五大股东合计持股比例均值较高，大于50%；地市级国企和高校（科研院所）类国企的股权集中度均值次之，接近50%；而县级国企的股权集中度Ⅱ均值最低。按企业归属划分的股权集中度Ⅱ和股权集中度Ⅰ均值分布不完全相同，前者省级国企最高、高校（科研院所）类国企最低，后者央企最高、县级国企最低，一定程度上反映出股权集中程度的不同，具体见图5-15。

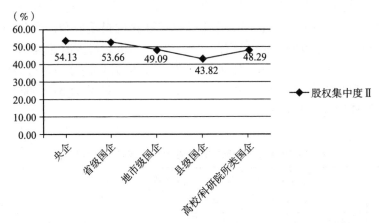

图5-15 2010~2014年混合所有制企业股权集中度Ⅱ的均值按企业归属分布

第三节 混合所有制企业股权流动性现状分析

一、混合所有制企业股票种类多样性分析

2010 年，在 388 家企业中，有 343 家企业只发行了 A 股，占比为 88.40%，另有 45 家企业既发行 A 股又发行 B 股或 H 股。2012 年，郑煤机（601717）发行 H 股，只发行 A 股的企业数减少为 342 家；2014 年，中国北车（601299）发行 H 股，只发行 A 股的企业数又减少 1 家；截至 2014 年，有 341 家企业只发行了 A 股，占比为 87.89%，有 47 家企业既发行 A 股又发行 B 股或 H 股，占比为 12.11%。

二、混合所有制企业股权流动性现状分析

(一) 按时间跨度分析

对 388 家样本企业的股权流通性进行分析，通过对股权流通性的统计性描述（见表 5 - 17）可知，股权流通性都较强，股权流通比例均比较高，2010 年流通股比例均值最低，为 79.69%，2014 年最高，为 91.66%，且呈现出逐年上升的趋势（见图 5 - 16）；但每年中流通股比例的最小值和最大值的极差也比较大，流通股比例最低的仅只有 10%，2010 年极差最大时达到 90%，2014 年最小，但也高达 74.20%；流通股比例的中位数均高于 95%，众数均为 100%，达到全流通的企业数占比也均大于 35%，最低为 37.56%，最高为 45.36%。具体见图 5 - 17。

表 5 - 17　　　　2010 ~ 2014 年混合所有制企业股权流通性统计性描述　　　单位: %

年份	最小值	最大值	极差	中位数	众数	均值	均值标准误
2010	10.00	100.00	90.00	95.68	100.00	79.69	1.32
2011	16.97	100.00	83.03	99.98	100.00	86.90	1.07

续表

年份	最小值	最大值	极差	中位数	众数	均值	均值标准误
2012	16.97	100.00	83.03	99.99	100.00	89.39	0.99
2013	25.80	100.00	74.20	99.99	100.00	91.54	0.82
2014	22.80	100.00	77.20	99.99	100.00	91.66	0.78

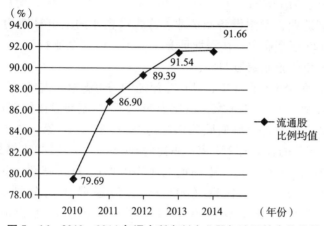

图 5 – 16 2010~2014 年混合所有制企业股权流通性变化趋势

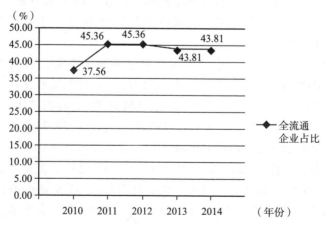

图 5 – 17 2010~2014 年混合所有制企业中全流通企业占比

2010 年，在 388 家企业中，达到全流通的家数为 129 家，占比为 37.56%，流通股比例超过 99% 的企业有 188 家，占比为 48.45%；流通股比例超过 90% 的为 217 家，占比为 55.96%；流通股比例超过 80% 的为 242 家，占比为 62.44%；流通股比例超过均值 79.69% 的企业有 243 家，占比为 62.63%。流通股比例最低的 5 家企业分别为杭氧股份（002430）、中原特钢（002423）、珠江啤酒（002461）、陕鼓动力（601369）、海康威视（002415），流通股比例分别为 17.7%、16.97%、10.29%、10%、10%，所从事行业分别为专用设备制造业、专用设备制造业、这 5 家企业的上市日期均为 2010 年。在全流通的 129 家企业中，在深圳证券交易所上市的企业数为 14 家，在上海证券交易所上市的企业数为 115 家。

2011 年，在 388 家企业中，到达全流通的为 161 家，占比为 45.36%；流通股比例超过 99% 的为 225 家，占比为 58.29%；流通股比例超过 90% 的有 259 家，占比为 67.1%；流通股比例超过 80% 的有 293 家，占比为 75.9%；超过均值 86.90% 的企业有 271 家，占比为 69.84%。流通股比例最低的 5 家企业为海康威视（002415）、中国重工（601989）、珠江啤酒（002461）、中航动控（000738）、中原特钢（002423），流通股比例分别为 24.97%、23.18%、20.56%、19.47%、16.97%，这 3 家企业的上市时间分别为 2010 年、2009 年、2010 年、1997 年、2010 年。海康威视实施送转股（10 股送 10 股）、中国重工实施非公开增发和送转股（10 股转 6 股）。在 161 家全流通企业中，深圳证券交易所上市的企业数有 20 家，上海证券交易所上市的企业数有 141 家。

2012 年，在 388 家企业中，到达全流通的为 174 家，占比为 45.36%；流通股比例超过 99% 的为 243 家，占比为 58.29%；流通股比例超过 90% 的有 282 家，占比为 67.1%；流通股比例超过 80% 的有 316 家，占比为 75.9%；超过均值 89.39% 的企业有 286 家，占比为 73.71%。流通股比例最低的 5 家企业为海康威视（002415）、龙源技术（300105）、珠江啤酒（002461）、中航动控（000738）、中原特钢（002423），流通股比例分别为 24.97%、25.00%、20.56%、19.47%、16.97%，这 5 家企业的上市时间分别为 2010 年、2010 年、2010 年、1997 年、2010 年。海康威视实施了送转股（10 股送 5 股转 5 股），龙源技术送转股（10 股转 8 股）。在 174 家全流通企业中，深圳证券交易所上市的企业数有 26 家，上海证券交易所上市的企业数有 148 家。

2013年，在388家企业中，到达全流通的为170家，占比为43.81%；流通股比例超过99%的为246家，占比为63.40%；流通股比例超过90%的有289家，占比为74.48%；流通股比例超过80%的有327家，占比为75.9%；超过均值91.54%的企业有284家，占比为84.28%；流通股比例最低的5家企业为石化机械（000852）、云天化（600096）、罗平锌电（002114）、中钨高新（000657）、江南红箭（000519），流通股比例分别为32.49%、32.25%、31.73%、27.33%、25.80%，这5家企业的上市时间分别为1998年、2010年、2007年、1996年、1993年，云天化、罗平锌电、中钨高新、江南红箭都在2013年实施了非公开增发。在170家全流通企业中，深圳证券交易所上市的企业数有34家，上海证券交易所上市的企业数有136家。

2014年，在388家企业中，到达全流通的为170家，占比为43.81%；流通股比例超过99%的为238家，占比为61.34%；流通股比例超过90%的有285家，占比为73.45%；流通股比例超过80%的有326家，占比为84.02%；超过均值91.66%的企业有278家，占比为71.64%。流通股比例最低的5家企业为同方国芯（002049）、石化机械（000852）、罗平锌电（002114）、中钨高新（000657）、首钢股份（000959），流通股比例分别为32.49%、32.25%、31.73%、22.91%、25.80%，这5家企业的上市时间分别为2005年、1998年、2007年、1996年、1999年。同方国芯实施了送转股（10送10股），中钨高新、首钢股份实施了非公开增发。在170家全流通企业中，深圳证券交易所上市的企业数有31家，上海证券交易所上市的企业数有139家。

综合分析可知，在388家混合所有制企业中，股权流通性较强，流通股比例均值高于79%，且有逐年上升趋势；达到全流通的企业数比例在35%以上，最高达45.36%，流通股比例在80%以上的企业数量占比高于65%，最高达84.02%；流通股比例的极差较大，极差最高达90%，流通股比例最低的只有10%；对每年流通股比例最低的5家企业分析，发现流通股比例较低的企业的特征为：要么当年上市或上一年刚上市，要么实施了高送转或非公开增发；对达到全流通的企业分析，发现在上交所上市的混合所有制企业达到全流通的比例最高，均高于80%。具体见图5-18。

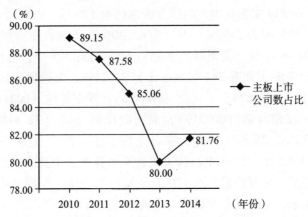

图 5 – 18　2010～2014 年全流通的混合所有制企业中主板上市公司占比

(二) 按行业大类和企业归属分析

将 388 家样本企业中每家企业的流通股比例按照 5 年的时间跨度综合在一张表中, 计算出每家企业在 2010～2014 年的流通股比例均值, 再按照行业大类分类计算出每个行业大类的流通股比例均值, 见图 5 – 13。通过对图中的结果进行分析, 可以把各行业大类的流通股比例均值分为三个层级: 第一层级 (流通股比例均值为 95%～100%), 行业代码为 C15、C20、C28; 第二层级 (流通股比例均值为 85%～95%), 行业代码有 C13、C14、C17、C22、C25、C26、C27、C29、C30、C32、C33、C34、C36、C38、C39、C41; 第三层级 (流通股比例为 75%～85%), 有 C18、C31、C35、C37、C40。可见, 24 个行业大类中有 19 个行业大类的流通股均值都高于 85%, 流通股比例已经非常高。流通股比例均值最高的行业是木材加工和木、竹、藤、棕、草制品业 (C20), 行业中只有一家上市公司吉林森工 (600189), 其流通股比例为 100%, 达到全流通; 流通股比例最低的行业为纺织服装、服饰业 (C18), 行业中有两家上市公司美尔雅 (600107)、际华集团 (601718), 两家企业在 2013 年已经达到了全流通, 流通股比例均值低, 是因为际华集团 2010 年刚上市, 其流通股比例在 2010 年、2011 年、2012 年只有 30%, 拉低了均值。具体可见图 5 – 19。

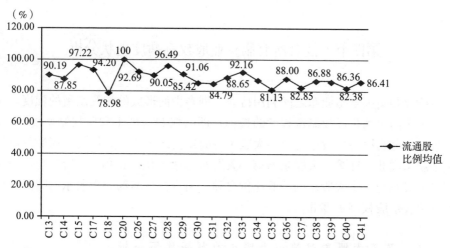

图5-19　2010~2014年制造业混合所有制企业流通股比例均值按行业大类分布

按照与图5-19中相同的方法求得不同企业归属的企业的流通股比例均值，发现省级国企、地市级国企、县级国企的流通股比例均值最高，接近90%；央企的流通股比例次之，为85.25%；最低的为高校（科研院所）类国企，其中的同方国芯（002045）在2012~2014年的流通股比例均在30%左右，华中数控、奥普光电在2010~2012年的流通股比例也较低。具体见图5-20。

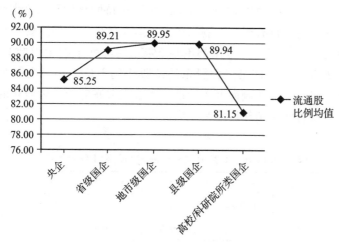

图5-20　2010~2014年制造业混合所有制企业流通股比例均值按企业归属分布

第四节　混合所有制企业股权制衡度现状分析

　　股权制衡度是指股东之间利用持股比例多少而形成的相互制衡的程度。本书中采用两个衡量股权制衡程度的指标，即股权制衡度 I 和股权制衡度 II。Z指数是指公司第一大股东与第二大股东持股比例的比值，我们用 Z 指数的倒数表示制衡度 II，即第二大股东与第一大股东持股比例的比值。S 指数是指公司第二大股东与第十大股东的持股比例之和，用 S 指数与第一大股东的持股比例的比值表示股权制衡度 II。

一、第二大股东对第一大股东的制衡作用分析

（一）按时间跨度分析

　　通过对股权制衡度 I 的统计性描述（见表 5 - 18），发现制衡度 I 的最小值非常小，所以本书保留了小数点后 4 位小数，最大值接近于 1，制衡度 I 的极差非常大，都超过了 99%，极差最小的也有 0.9948。制衡度 I 的最小值都不足 0.5%，2014 年的最小值只有 0.0013，代表第一大股东持股比例是第二大股东的 769 倍。最大值为 0.9984，即第二大股东持股比例和第一大股东持股比例达到相当的程度，具有很高的制衡第一大股东的作用，但纵观 5 年中制衡度高于 0.9 的企业数却很少，占比都不足 5%。制衡度 I 的中位数只有 10% 左右，均值为 25% 左右，即第二大股东的持股比例平均为第一大股东的四分之一，整体看，样本企业的制衡度 I 较低，第二大股东对第一大股东的制衡作用较弱，缺乏具有有效制衡作用的第二大股东。

表 5 - 18　　2010 ~ 2014 年混合所有制企业股权制衡度 I 统计性描述

年份	最小值	最大值	极差	中位数	均值	均值标准误
2010	0.0036	0.9984	0.9948	0.1155	0.2442	0.01%
2011	0.0031	0.9984	0.9953	0.1193	0.2377	0.01%
2012	0.0034	0.9984	0.9950	0.1096	0.2412	0.01%

年份	最小值	最大值	极差	中位数	均值	均值标准误
2013	0.0019	0.9984	0.9965	0.1327	0.2489	0.01%
2014	0.0013	0.9943	0.9930	0.1278	0.2504	0.01%

2010 年，在 388 家企业中，制衡度 I 最高的 5 家企业分别为祁连山（600702）、天科股份（600378）、昆明机床（600806）、生益科技（600183）、江西铜业（600362），这 5 家企业第二大股东与第一大股东的持股比例基本相当，制衡度 I 分别为 0.9984、0.9849、0.9843、0.9782、0.9769，所从事行业分别为非金属矿物制品业、化学原料及化学制品制造业、通用设备制造业、计算机、通信和其他电子设备制造业、有色金属冶炼及压延加工业，这 5 家企业的企业归属有 2 家央企、2 家地市级国企、1 家省级国企。制衡度 I 最低的 5 家企业为长春燃气（600333）、酒钢宏兴（600307）、安阳钢铁（600569）、氯碱化工（600618）、山东钢铁（600002），数值分别为 0.0048、0.0046、0.0045、0.0044、0.0036，所从事行业除长春燃气属于石油加工、炼焦及核燃料加工业、氯碱化工属于化学原料及化学制品制造业外，其余 3 家企业均为黑色金属冶炼及压延加工业，企业归属除燃气为吉林省长春市的地市级国企，企业四家均为省级国企。2010 年，制衡度 I 高于 0.9，可以形成有效制衡的第二大股东的企业数只有 17 家，所占比例只有 4.38%，有近一半（46.91%）的企业制衡度 I 都低于 0.1。2010 年制衡度 I 的分布表见表 5 – 19。

表 5 – 19   2010 年混合所有制企业股权制衡度 I 区间分布

范围分布	<0.1	0.1~0.3	0.3~0.5	0.5~0.9	≥0.9
企业数量	182	88	48	53	17
所占比例	46.91%	22.68%	12.37%	13.66%	4.38%

2011 年，在 388 家企业中，制衡度 I 最高的 5 家企业分别为祁连山（600702）、昆明机床（600806）、天科股份（600378）、江山股份（600389）、生益科技（600183），制衡度 I 分别为 0.9984、0.9870、0.9849、0.9804、0.9792，所从事行业分别为非金属矿物制品业、通用设备制造业、化学原料及化学制品制造业、化学原料及化学制品制造业、计算机、通信和其他电子设备

制造业，这5家企业的企业归属有3家央企、2家地市级国企。制衡度Ⅰ最低的5家企业为苏常柴A（000570）、氯碱化工（600618）、北方导航（600435）、安阳钢铁（600569）、酒钢宏兴（600307），数值分别为0.0050、0.0045、0.0043、0.0042、0.0031，所从事行业有通用设备制造业、化学原料及化学制品制造业、计算机、通信和其他电子设备制造业，另两家为黑色金属冶炼及压延加工业，企业归属有1家央企、1家地市级国企，其余3家均为省级国企。2011年，制衡度Ⅰ高于0.9的企业有15家，占比不足4%，为3.87%，有44.58%的企业第二大股东持股比例不足第一大股东的1/10，即制衡度Ⅰ低于0.1，可见表5-20。

表5-20　　　　　　2011年混合所有制企业股权制衡度Ⅰ区间分布

范围分布	<0.1	0.1~0.3	0.3~0.5	0.5~0.9	≥0.9
企业数量	173	106	44	50	15
所占比例	44.58%	27.32%	11.34%	12.89%	3.87%

2012年，在388家企业中，制衡度Ⅰ最高的5家企业分别为祁连山（600702）、昆明机床（600806）、江西铜业（600362）、天科股份（600378）、生益科技（600183），制衡度接近于1，制衡度Ⅰ分别为0.9984、0.9943、0.9911、0.9878、0.9792，所从事行业分别为非金属矿物制品业、通用设备制造业、有色金属冶炼及压延加工业、化学原料及化学制品制造业、计算机、通信和其他电子设备制造业，这5家企业的企业归属有2家央企、1家省级国企、2家地市级国企。制衡度Ⅰ最低的5家企业为石化机械（000852）、宝钢股份（600019）、氯碱化工（600618）、北方导航（600435）、酒钢宏兴（600307），数值分别为0.0054、0.0048、0.0045、0.0035、0.0034，所从事行业有专用设备制造业、化学原料及化学制品制造业、计算机、通信和其他电子设备制造业，另两家为黑色金属冶炼及压延加工业，企业归属有3家央企、2家省级国企。2012年，第二大股东具有和第一大股东可能形成制衡作用的企业只有16家，占比为4.12%，有181家企业制衡度Ⅰ低于0.1，占比为46.65%，见表5-21。

表 5－21 2012 年混合所有制企业股权制衡度 I 区间分布

范围分布	<0.1	0.1～0.3	0.3～0.5	0.5～0.9	≥0.9
企业数量	181	94	45	52	16
所占比例	46.65%	24.23%	11.60%	13.40%	4.12%

2013 年，在 388 家企业中，制衡度 I 最高的 5 家企业分别为祁连山（600702）、天科股份（600378）、昆明机床（600806）、生益科技（600183）、金龙汽车（600686），这五家企业第二大股东与第一大股东的持股比例基本相当，制衡度接近于 1，制衡度 I 分别为 0.9984、0.9976、0.9943、0.9792、0.9631，所从事行业分别为非金属矿物制品业、化学原料及化学制品制造业、通用设备制造业、计算机、通信和其他电子设备制造业、汽车制造业，这五家企业的企业归属有 2 家央企、1 家省级国企、2 家地市级国企。制衡度 I 最低的 5 家企业为兰太实业（600328）、抚顺特钢（600399）、宝钢股份（600019）、安阳钢铁（600569）、柳钢股份（601003），数值分别为 0.0070、0.0065、0.0038、0.0031、0.0019，所从事行业除兰太实业属于化学原料及化学制品制造业外，其余 4 家企业均为黑色金属冶炼及压延加工业，企业归属中有 2 家央企、3 家省级国企。2013 年，制衡度 I 高于 0.9，可以形成有效制衡的第二大股东的企业数只有 15 家，所占比例只有 3.87%，有 42.78% 的企业制衡度 I 都低于 0.1。2013 年制衡度 I 的分布表见表 5－22。

表 5－22 2013 年混合所有制企业股权制衡度 I 区间分布

范围分布	<0.1	0.1～0.3	0.3～0.5	0.5～0.9	≥0.9
企业数量	166	108	46	53	15
所占比例	42.78%	27.83%	11.86%	13.66%	3.87%

2014 年，在 388 家企业中，制衡度 I 最高的 5 家企业分别为昆明机床（600806）、星湖科技（600866）、生益科技（600183）、天科股份（600378）、祁连山（600702），这 5 家企业的制衡度均高于 0.9，制衡度 1 分别为 0.9943、0.9853、0.9792、0.9751、0.9676，所从事行业分别为通用设备制造业、食品制造业、计算机、通信和其他电子设备制造业、化学原料及化学制品制造业、非金属矿物制品业，这 5 家企业的企业归属有 2 家央企、1 家省级国企、2 家

地市级国企。制衡度Ⅰ最低的5家企业为长春燃气（600333）、宝钢股份（600019）、安阳钢铁（600569）、首钢股份（000959）、柳钢股份（601003），数值分别为0.0066、0.0056、0.0055、0.0033、0.0013，所从事行业除长春燃气属于石油加工、炼焦及核燃料加工业外，另外四家企业均为黑色金属冶炼及压延加工业，企业归属中有1家央企、3家省级国企、1家地市级国企。2014年，只有4.64%的企业制衡度Ⅰ超过了0.9，而制衡度Ⅰ低于0.1的企业数达到41.24%，制衡度Ⅰ区间分布见表5–23。

表5–23　　　　　2014年混合所有制企业股权制衡度Ⅰ区间分布

范围分布	<0.1	0.1~0.3	0.3~0.5	0.5~0.9	≥0.9
企业数量	160	109	52	49	18
所占比例	41.24%	28.09%	13.40%	12.63%	4.64%

通过对制衡度Ⅰ分析，发现五年中，样本企业的制衡度Ⅰ都比较低，平均接近25%，难以形成有效制衡作用，有近一半的企业制衡度Ⅰ都低于0.1，第二大股东与第一大股东可能形成有效制衡作用的企业数较少，都不足5%，具体见图5–21。在每年制衡度Ⅰ较低的5家企业中，黑色金属冶炼及压延加工业的企业数较多，分别为3家、2家、2家、4家、4家，股权集中度Ⅰ较高的企业相应的制衡度都较低。

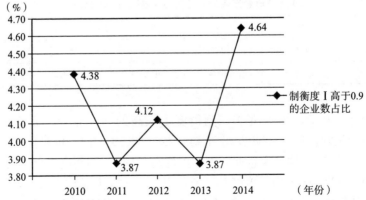

图5–21　2010~2014年混合所有制企业中可能形成有效制衡作用的企业数占比

（二）按行业大类和企业归属分析

通过计算各行业大类的股权制衡度Ⅰ均值，发现食品制造业（C14）、造纸及纸制品业（C22）的企业股权制衡度Ⅰ最高；股权集中度Ⅰ最高的黑色金属冶炼及压延加工业（C31）制衡度Ⅰ并没有最低，这个行业中的大冶特钢的制衡度Ⅰ很高，5年均值为0.9406，其次是华菱钢铁、山东钢铁、重庆钢铁、马钢股份、河北钢铁，制衡度Ⅰ的均值也都在0.4以上；制衡度Ⅰ均值最低的两个行业大类是木材加工和木、竹、藤、棕、草制品业（C20）、化学纤维制造业（C28），前者的行业中只有1家样本企业，后者的行业中5家样本企业的制衡度Ⅰ均值都较低。制衡度Ⅰ均值分布见图5-22。

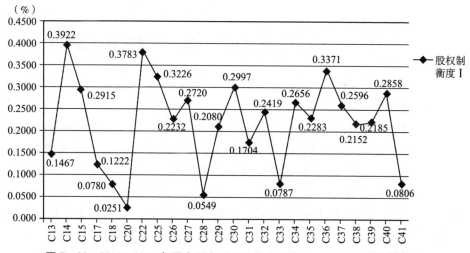

图5-22 2010~2014年混合所有制企业股权制衡度Ⅰ均值按行业大类分布

比较不同企业归属的股权制衡度Ⅰ均值，发现制衡度Ⅰ的均值走势和股权集中度Ⅰ走势完全相反，省级国企最低，央企次之，高校（科研院所）类国企的制衡度Ⅰ均值最高，说明这一行业中的企业股权结构趋于合理，但是仍然有华工科技、福晶科技的股权制衡度较低，这两家企业均从事计算机、通信和其他电子设备制造业。制衡度Ⅰ均值分布见图5-23。

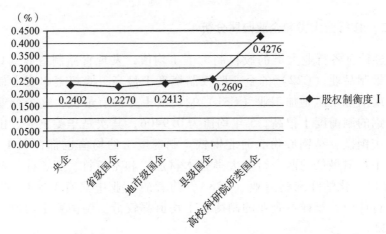

图 5 – 23   2010 ~ 2014 年混合所有制企业股权制衡度 I 均值按企业归属分布

二、第二大股东到第十大股东合计对第一大股东的制衡作用分析

（一）按时间跨度分析

通过对股权制衡度 II 的统计性描述（见表 5 – 24），发现制衡度 II 的最小值仍然非常小，本书继续保留了小数点后 4 位小数，最大值除 2012 年接近于 4 外，其余年份均大于 4，制衡度 II 的极差也非常大，基本都大于 4，极差最小的为 3.9170。制衡度 II 的最大值大于 4，说明第二大股东与第十大股东合计持股大于第一大股东持股的 4 倍，对第一大股东形成了强有力的制衡作用；当第二大股东与第十大股东合计持股与第一大股东相当时，则可以对第一大股东形成制衡，即股权制衡度 II 的值要大于等于 1，通过对 5 年的数据梳理发现，每年制衡度 II 大于 1 的家数并不多，4 年均在 63 家左右，占比在 16% 左右。制衡度 II 的中位数在 0.38 左右，均值在 0.56 左右，即第二大股东与第十大股东的合计持股平均只占第一大股东的 56%，仍然不能对第一大股东形成制衡，说明在制造业混合所有制企业中，第一大股东的控股能力整体较强，制衡度较弱。

表 5 – 24　　　　　2010～2014 年混合所有制企业股权制衡度 II 统计性描述

年份	最小值	最大值	极差	中位数	均值	均值标准误
2010	0.0123	4.4125	4.4002	0.3749	0.5710	0.03%
2011	0.0170	4.2973	4.2803	0.3691	0.5638	0.03%
2012	0.0123	3.9293	3.9170	0.3407	0.5377	0.03%
2013	0.0081	4.3522	4.3441	0.3921	0.5610	0.03%
2014	0.0077	4.4263	4.4186	0.3991	0.5651	0.03%

　　2010 年，在 388 家样本企业中，制衡度 II 最高的五家企业分别为京东方 A（000725）、青山纸业（600103）、天原集团（002386）、中泰化学（002092）、金龙汽车（600686），数值分别为 4.4125、3.8451、3.3496、3.0683、2.7290，所从事行业分别为计算机、通信和其他电子设备制造业、造纸及纸制品业、化学原料及化学制品制造业、化学原料及化学制品制造业、汽车制造业，企业归属除天原集团属于四川省宜宾市地市级国企外，其余 4 家均为省级国企。股权集中度最低的青山纸业的制衡度 II 数值达到 3.8451，位列第二，制衡度 II 最低的五家企业中有四家都为黑色金属冶炼及压延加工业。制衡度 II 大于等于 I 的企业数有 65 家，占比为 16.75%，制衡度 II 小于 0.1 的企业仍然有 57 家，说明仍然有 14.69% 的企业其第二大股东与第十大股东合计持股不及第一大股东的 1/10。制衡度 II 的区间分布表见表 5 – 25。

表 5 – 25　　　　　2010 年混合所有制企业股权制衡度 II 区间分布

范围分布	<0.1	0.1～0.5	0.5～0.9	0.9～1	≥1
企业数量	57	170	75	21	65
所占比例	14.69%	43.82%	19.33%	5.41%	16.75%

　　2011 年，制衡度 II 最高的五家企业分别为京东方 A（000725）、华菱星马（600375）、天原集团（002386）、青山纸业（600103）、金龙汽车（600686），数值分别为 4.2973、3.9469、3.1228、2.7162、2.6146，所从事行业分别为计算机、通信和其他电子设备制造业、汽车制造业、化学原料及化学制品制造业、造纸及纸制品业、汽车制造业，企业归属有 2 家地市级国企，3 家省级国

企。股权集中度最低的青山纸业的制衡度Ⅱ数值达到2.71621，位列第四，制衡度Ⅱ最低的5家企业中有3家都为黑色金属冶炼及压延加工业。制衡度Ⅱ大于等于1的企业数有65家，占比为16.75%，制衡度Ⅱ小于0.1的企业仍然有52家，说明仍然有13.40%的企业其第二大股东与第十大股东合计持股不及第一大股东的1/10。制衡度Ⅱ的区间分布表见表5-26。

表5-26   2011年混合所有制企业股权制衡度Ⅱ区间分布

范围分布	<0.1	0.1~0.5	0.5~0.9	0.9~1	≥1
企业数量	52	180	74	17	65
所占比例	13.40%	46.39%	19.08%	4.38%	16.75%

2012年，制衡度Ⅱ最高的五家企业分别为华菱星马（600375）、京东方A（000725）、天原集团（002386）、龙源技术（300105）、金龙汽车（600686），数值分别为3.9293、3.6901、3.0969、2.4450、2.2736，所从事行业分别为汽车制造业、计算机、通信和其他电子设备制造业、化学原料及化学制品制造业、电器机械及器材制造业、汽车制造业，企业归属有1家央企、2家省级国企、2家地市级国企。制衡度Ⅱ最低的企业为酒钢宏兴（600307），属黑色金属冶炼及压延加工业。制衡度Ⅱ大于等于1的企业数有62家，占比为15.98%，制衡度Ⅱ小于0.1的企业仍然有50家，说明仍然有12.89%的企业其第二大股东与第十大股东合计持股不及第一大股东的1/10。制衡度Ⅱ的区间分布见表5-27。

表5-27   2012年混合所有制企业股权制衡度Ⅱ区间分布

范围分布	<0.1	0.1~0.5	0.5~0.9	0.9~1	≥1
企业数量	50	188	76	12	62
所占比例	12.89%	48.45%	19.59%	3.09%	15.98%

2013年，制衡度Ⅱ最高的五家企业分别为华菱星马（600375）、金龙汽车（600686）、天原集团（002386）、京东方A（000725）、龙源技术（300105），数值分别为4.3522、3.1310、2.9657、2.6027、2.4219，所从事行业分别为汽车制造业、汽车制造业、化学原料及化学制品制造业、计算机、通信和其他电

子设备制造业、电器机械及器材制造业，企业归属有 1 家央企、2 家省级国企、2 家地市级国企。制衡度Ⅱ最低的 5 家企业中有 1 家汽车制造业，另外 4 家企业均为属黑色金属冶炼及压延加工业。制衡度Ⅱ大于等于 1 的企业数有 64 家，占比为 16.49%，制衡度Ⅱ小于 0.1 的企业仍然有 55 家，说明仍然有 14.18% 的企业其第二大股东与第十大股东合计持股不及第一大股东的 1/10。制衡度Ⅱ的区间分布见表 5 - 28。

表 5 - 28　　　　　　2013 年混合所有制企业股权制衡度Ⅱ区间分布

范围分布	<0.1	0.1 ~ 0.5	0.5 ~ 0.9	0.9 ~ 1	≥1
企业数量	55	174	76	19	64
所占比例	14.18%	44.84%	19.59%	4.90%	16.49%

2014 年，制衡度Ⅱ最高的五家企业分别为京东方 A（000725）、华菱星马（600375）、天原集团（002386）、秦川机床（000837）、吉恩镍业（600432），数值分别为 4.4263、3.3644、2.8264、2.7255、2.3241，所从事行业分别为计算机、通信和其他电子设备制造业、汽车制造业、化学原料及化学制品制造业、通用设备制造业、有色金属冶炼及压延加工业，企业归属有 3 家省级国企、2 家地市级国企。制衡度Ⅱ最低的 5 家企业均为属黑色金属冶炼及压延加工业。制衡度Ⅱ大于等于 1 的企业数有 62 家，占比为 15.98%，制衡度Ⅱ小于 0.1 的企业在这 5 年中最少，但也有 40 家，说明仍然有 10.31% 的企业其第二大股东与第十大股东合计持股不及第一大股东的 1/10。制衡度Ⅱ的区间分布见表 5 - 29。

表 5 - 29　　　　　　2014 年混合所有制企业股权制衡度Ⅱ区间分布

范围分布	<0.1	0.1 ~ 0.5	0.5 ~ 0.9	0.9 ~ 1	≥1
企业数量	40	185	82	19	62
所占比例	10.31%	47.68%	21.13%	4.90%	15.98%

综合分析可知，发现以股权制衡度Ⅱ作为分析样本企业股权制衡的情况来看，制衡作用依然非常弱，第二大股东与第十大股东的合计持股平均只占到第一大股东的 56%，难以形成制衡；388 家样本企业中，制衡度Ⅱ的值大于等于

1 的企业数平均占比只有 16%，即只有 16% 的企业第二大股东与第十大股东的合计持股可以与第一大股东形成制衡，第一大股东的控制权较大，控股能力非常强；从每年制衡度Ⅱ最高的 5 家企业和最低的 5 家企业来看，省级国企的制衡度Ⅱ较高，黑色金属冶炼及压延加工业中的企业制衡度较低。

（二）按行业大类和企业归属分析

通过计算制造业门类中的 24 个行业大类中企业的股权制衡度Ⅱ的均值，发现造纸及纸制品业（C22）中的企业制衡度Ⅱ均值最高，为 0.9868，接近于 1，说明制衡度均值大于 1，另 3 家小于 1，民丰特纸和岳阳林纸的制衡度值仍然较低，这个行业中的企业平均制衡作用较好，这个行业中有 6 家企业，其中 3 家企业的制衡度值小于 0.5；食品制造业（C14）、汽车制造业（C36）的制衡度Ⅱ的均值也较高，分别是 0.7783、0.7955，食品制造业中的企业制衡度Ⅱ均值相对较均衡，但汽车制造业中仍然有中国重汽、东风汽车、东风科技这 3 家企业的制衡度均值较低，分别为 0.0681、0.0450、0.0605，第二大股东与第十大股东的合计持股不足第一大股东的 1/10；仍然有 11 个行业的制衡度均值低于 0.5，最低的为木材加工及木、竹、藤、棕、草制品业（C20）、化学纤维制造业（C28）制衡度Ⅱ的值很低，分别为 0.0892、0.1930，分布可见图 5 - 24。

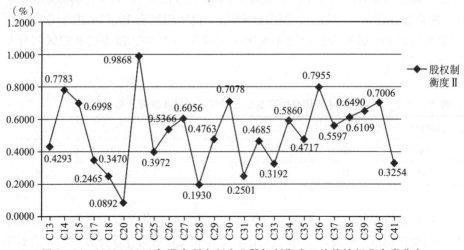

图 5 - 24　2010 ~ 2014 年混合所有制企业股权制衡度Ⅱ均值按行业大类分布

对制衡度Ⅱ均值的按企业归属分布（见图5－25），和制衡度Ⅰ的均值最大值相同，高校（科研院所）类国企的均值最高，为1.0313，第二大股东和第十大股东的合计持股与第一大股东持股相当，具有较好的制衡作用，但华工科技的制衡度Ⅱ均值仍为最低，为0.2837。央企中的股权制衡度Ⅱ均值最低，为0.5137，从央企、省级国企到高校（科研院所）类国企，随着各企业归属层级的变化，其制衡度表现为相应的升高。

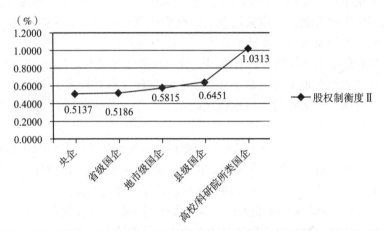

图5－25 2010～2014年混合所有制企业股权制衡度Ⅱ均值按企业归属分布

第五节 本章小结

本章中通过对388家制造业混合所有制企业在2010～2014年中的股权结构现状分析，发现这五年中，国有股比例、股权集中度均比较高，高管持股比例和股权制衡度却比较低，同时，股权流动性也比较高，有近40%的企业实现了全流通。股权结构呈现出以下几个特点。

第一，样本企业的国有股比例较高，均值为35.05%；在行业大类中，黑色金属冶炼及压延加工业的国有股比例最高，达到54.36%；企业归属层级中，省级国企的国有股比例最高，达到38.32%。

通过对388家国有控股的制造业混合所有制企业分析，发现对于追溯到金字塔顶端的国有股东的终极国有股比例（终极所有权）为2.51%～84%，分布范围较广，极差非常大，终极所有权比例最小2.51%就可以实现国有控股，具体企业为从事汽车制造业的安徽省马鞍山市出资的地市级国企。每年中，国有股比例高于50%和低于20%的企业数均占到所有样本企业的20%。

按照各制造业门中的行业大类分析，以各行业中各企业的国有股比例均值代表行业的国有股比例，黑色金属冶炼及压延加工业的国有股比例最高，达到54.36%；其余农副食品加工业、酒、饮料和精制茶制造业，纺织服装、服饰业，金属制品业，专用设备制造业，铁路船舶航空航天和其他运输设备制造业，仪器仪表制造业，其他制造业的国有股比例也较高，在40%左右；国有股比例最低的行业为造纸及纸制品业，只有20.48%。

在各企业的归属层级中，省级国企的国有股比例最高，达到38.32%；接下来沿着"央企—地市级国企—县级国企—高校（科研院所）类国企"这一层级运动方向，其国有股比例也依次降低，高校（科研院所）类国企的国有股比例最低，为23.87%。

第二，样本企业中，65%以上的企业都没有实行高管持股，而在具有高管持股的企业中，持股比例也非常低，持股均值都不足0.5%；而且，高管持股比例均值和高管持股比例的最大值都呈现出逐年下降的趋势。

总体分析，388家样本企业的高管持股比例很低，大多数企业都没有实现高管持股，在极少数具有高管持股的企业中，持股比例又非常低。每年中，持股比例高于10%的企业数占比都不足1%，但高管持股为0的企业数占比却高达近70%。央企海康威视的高管持股比例在2010~2014年为最高，但最高时也仅为24.80%，最低为13.89%。同时还发现，在具有高管持股的企业中，超过90%以上的企业都为在深圳证券交易所上市的企业。

按照行业大类分析，化学原料及化学制品制造业中具有高管持股的企业数最多，但结合各行业大类中的企业数计算相应比例，发现计算机、通信和其他电子设备制造业中的企业比例却最高。

按企业归属层级分析，地市级国企中具有高管持股的企业绝对数最多，但结合各企业归属层级的企业数量分析，高校（科研院所）类国企中具有高管持股的企业比例却最大，这是因为高校（科研院所）类国企大多为研发类或高新技术类企业，这类企业中最核心的东西就是人和技术，因此，实施股权激励和高管持股的企业较多、比例较高。

第三，样本企业的流通股比例非常高，除2010年流通股均值比例接近80%外，其余年份流通股比例均值都高于80%，均值呈现出逐年上升的趋势，

2014 年达到最高 91.66%；而且，接近 40% 以上的企业实现了全流通，进一步对实现了全流通的企业分析，发现 80% 以上的企业都为在上海证券交易所上市的企业。

在 388 家样本企业中，流通股比例均值高于 79%，且有逐年上升趋势；达到全流通的企业数比例在 35% 以上，最高达 45.36%；流通股比例的极差较大，极差最高达 90%，流通股比例最低的只有 10%；通过分析发现，流通股比例较低企业的要么为当年上市或在上一年刚上市，要么实施了高送转或非公开增发；进一步对实现了全流通的企业分析，发现在上海证券交易所上市的企业占比达到 80% 以上。

按行业大类分析，酒、饮料和精制茶制造业，木材加工和木、竹、藤、棕、草制品业，化学纤维制造业这 3 个行业的流通股比例均值最高，均超过了 95%；纺织服装、服饰业的流通股比例均值最低，是因为行业中的际华集团上市时间较晚，流通股比例较低所致，但行业中的企业均已经在 2013 年实施了全流通。

按企业归属层级分析，省级国企、地市级国企、县级国企的流通股比例较高，接近 90%，央企、高校（科研院所）类国企的流通股比例较低，但均超过了 80%。

第四，样本企业的股权集中度较高，第一大股东持股比例均值接近 40%，前五大股东合计持股比例均值都超过了 50%；黑色金属冶炼及压延加工业的第一大股东持股比例均值和前五大股东合计持股比例均值都为最高；省级国企的第一大股持股比例最高，央企的前五大股东持股比例最高。

在 388 家样本企业中，用第一大股东持股比例表示股权集中度 I，用前五大股东合计持股比例表示股权集中度 II，发现股权集中度 I 均值在 37% ~ 40%，股权集中度 II 均值在 51% ~ 53%，且发现不论股权集中度 I 还是股权集中度 II 其均值都呈现出逐年下降的趋势。股权集中度 I 的值最低为 5.02%，最高为 84%；股权集中度 II 的值最低为 14.81%，最高为 92.66%；按照股权比例超过 30% 可实施相对控股来看，第一大股东控股的企业数为 70%，前五大股东合计实现控股的企业数占比为 90%。

按行业大类分析，黑色金属冶炼及压延加工业的股权集中度 I 和股权集中度 II 的均值最高，分别为 58.24% 和 67.87%；造纸及纸制品业的股权集中度 I 和股权集中度 II 的均值最低，分别为 27.64% 和 42.58%。

按企业归属层级分析，省级国企的股权集中度 I 最高，达到 41.23%，央企次之，高校（科研院所）类国企的股权集中度Ⅰ最低；央企的股权集中度Ⅱ最高，达到54.13%，省级国企次之，县级国企的股权集中度Ⅱ最低。

第五，样本企业的股权制衡度较低，不论是第二大股东对第一大股东的制衡作用还是第二大股东至第十大股东合力对第一大股的制衡作用都很弱，第二大股东持股比例平均为第一大股东的25%，第二大股东至第十大股东合计持股比例平均为第一大股东的56%。

用样本企业中第二大股东的持股比例与第一大股东持股比例之比表示股权制衡度Ⅰ，用第二大股东至第十大股东合计持股与第一大股东持股比例之比表示股权制衡度Ⅱ，发现股权制衡度Ⅰ的均值为0.2445，股权制衡度Ⅱ的均值为0.5597，都起不到制衡作用。第二大股东能对第一大股东形成制衡作用（股权制衡度Ⅰ≥0.9）的企业数占比不足5%，第二大股东至第十大股东合计持股能对第一大股东形成制衡作用（股权制衡度Ⅱ≥1）的企业数为16%。

按行业大类分析，食品制造业、造纸及纸制品业的股权制衡度Ⅰ较高，分别为39.22%和37.83%；木材加工和木、竹、藤、棕、草制品业，化学纤维制造业的股权制衡度Ⅰ最低，分别为2.51%和5.49%。造纸及纸制品业的股权制衡度Ⅱ均值最高，为98.68%，木材加工和木、竹、藤、棕、草制品业的股权制衡度Ⅱ最低，为8.92%。

按企业归属层级分析，省级国企股权制衡度Ⅰ最低，高校（科研院所）类国企的股权制衡度Ⅰ最高，达到42.76%；按照央企、省级国企、地市级国企、县级国企、高校（科研院所）类国企的顺序，其股权制衡度Ⅱ的值依次升高，高校（科研院所）类国企的制衡度Ⅱ最高，达到1.0313，说明在高校（科研院所）类国企中第二大股东到第十大股东可以合力与第一大股东形成有效制衡。

第六章

混合所有制企业竞争力与股权结构回归分析

第一节 股权结构与混合所有制企业竞争力的影响机理分析

一、国有主体深入性影响混合所有制企业竞争力的机理分析

本书用混合所有制企业中的国有股比例（国有股东持股占全部股本的比例）代表国有主体的深入性。各种类型的非国有资本的进入，能够使得混合所有制企业内的各类资本发挥各自优势，进而实现各类资本间的优势互补。所以，随着混合所有制企业主体多样性或股权多样性的不断强化会带来经营绩效的改善，但这种正效应会随着国有股东主体深入性的不同而发生显著性变化。部分学者的研究结果表明，非国有资本比例与企业绩效之间存在着正相关关系，即混合所有制企业中的非国有资本比越高，则非国有资本的功能越得到发挥。当前混合所有制企业的经营绩效之所以不高，其根本原因在于国有主体深入性过强或国有股占比仍然过高，而非国有股占比过低（Sun & Tong，2003；刘小玄和李利英，2005；徐向艺和张立达，2008；陈德萍和陈永圣，2011）。

不过，非国有资本比例也并非越高越好。就有研究发现私有（民营）控股的上市公司绩效并没有明显优于国有控股的上市公司绩效，其认为私有产权优于国有产权的预期在我国并不成立，而在一个改进了的政府监管机制下，管理层的自利行为容易降到最低，国有控股的上市公司具有更强的风险承受能力、更合理的利益分配关系、更好的监督机制（徐莉萍等，2006）。特别是当

民营资本进入混合所有制企业并成为制衡主体时，民营股东仍会维持资本逐利的本性，在相关法律保护并不完善的情况下，民营控股股东容易转移上市公司资产获取私利，从而让企业逐步丧失服务社会服务广大人民群众的根本宗旨。由此下去，民营资本追求自身利益最大化的本性便会有目的性地"掏空"企业。因此，在我国混合所有制企业改革过程中，大多国有企业的选择就是减持股本或部分民营化（白重恩等，2005；Estrin et al.，2009；欧瑞秋等，2014）。有学者曾专门对国有股权的合理比例进行了专门研究，认为国有股比例的合理区间为 10%~50%，尤其在 30% 左右时为混合所有制的企业效率最优（刘小玄等，2007）。

二、股权集中度影响混合所有制企业竞争力的机理分析

股权集中度指因企业股东持股比例差异而表现出来的一种股权相对集中或是分散的程度，既是衡量企业股权分布状态的主要指标，又是衡量企业稳定性大小的重要指标。一般来讲，混合所有制企业的资产通常会被划分为等额股份，各个股东依照其出资的比例享受相应的企业控制权和收益权。股权集中程度预示着公司可以通过控制权实现对公司不同行为的控制，进而影响公司的绩效以及市场竞争力（李志斌和卢闯，2013）。传统理论认为，股权结构越是分散，越有利于形成各大股东间的互相制衡，从而降低企业的决策风险并提升企业的经营绩效与竞争力（Maury & Pajuste，2005；杨忠智，2012）；而且，这种分散式的股权结构能够降低其他股东的监督成本，防止腐败滋生（Pagano & Roel，1998；Fan et al.，2013；任力和倪玲，2014）。但是，过于分散的股权结构也存在着一定的不利因素。诸如，过于分散化的股权结构将导致企业决策效率低下，低效率或无效率的决策总是会在关键时候让企业错失发展和成长的机遇（冯延超，2010）。另外，过于分散化的股权结构还会使得企业因缺乏主心骨而导致股东间恶性竞争，不利于企业的持续健康发展（杜菲，2011；钟峥，2013）。

同时，有学者认为较高的股权集中度会提升股东的监督力度，降低公司股东和管理者之间的委托—代理成本，有利于提升企业价值（Reyna et al.，2012），而且适度的股权集中有利于股东对管理层的约束，遏制上市公司的财务造假等违规行为（张建波等，2012）。还有学者研究发现，股权集中度和公司绩效存在正相关关系（许小年、王燕，2004）。股权集中有助于加强对公司

经理层的监督，降低了委托—代理成本，控股股东越有可能获得对经理层的有效控制，增强其掏空上市公司的边际成本（徐莉萍等，2006），使股东与经理层的目标趋于一致，有利于其竞争力的提升，但如果股权过于集中，又会使管理层的地位弱化，使得管理层的行为受制于大股东，作用发挥受到影响，同时，由于当前我国对中小股东权益保护的相关机制措施仍不完善，股权集中又会使大股东通过"壕沟效应"（Faccio & Lang，2002）造成对中小投资者利益的侵害，影响公司竞争力的提升。因此，股权集中是把"双刃剑"。

三、股权流动性影响混合所有制企业竞争力的机理分析

根据股权的流动性分类，混合所有制企业股权可以分为流通股和非流通股。其中，非流通股主要有国有股、境内法人股、募集法人股、外资法人股、内部职工股以及送转股等构成。通过对制造业混合所有制企业的股权流动性统计性描述，发现目前股权流动性比较高，达到80%以上，股权达到全流通的公司占比也在40%以上。

按照现代公司治理理论，股权流动性不仅影响着混合所有制企业股东的行为决策，而且影响着市场本身对混合所有制企业价值的判断及其竞争力。经济行为中人的逐利本性，会进一步强化股权流动性对混合所有制企业竞争力的影响。当流通股比例低于某一水平时，随着流通股比例升高，以追求短期价差和短线买卖的投资者价值理念会弱化股东对公司（尤其大股东或内部经理人）的监管力度（余澳，2010），而且流通股比例过高大大增加了小股东（散户）的数量，由于小股东的投机心理和短视行为，往往很少参与公司治理，而采取"用脚投票"，不利于公司经营绩效的提高（任力等，2014）。此时，增加股权流通性不但难以改善企业的经营绩效，甚至会进一步稀释对大股东或内部经理人的有效监管力度。不过，当流通股比例达到一定水平后，持有大量流通股的股东不仅有动机而且有能力去加强对企业的监控力度，而且，因为流通股的存在会产生外部并购压力，这会倒逼公司经理人不断进行企业管理创新，从而提升企业经济绩效与竞争力。由此来看，在流通股占比较低时，增加股权流动性不利于企业竞争力的提升。而当流通股占比较高时，进一步增加股权流动性有利于提升混合所有制企业竞争力（吴淑琨，2002；杜莹和刘立国，2002）。

四、股权制衡度影响混合所有制企业竞争力的机理分析

股权制衡度指混合所有制企业内部大股东间的相互牵制或制衡程度。股权制衡度越高则说明企业内部各个大股东间均无法单独控制，从而在保持股权相对集中的优势下，同时达到有效抑制大股东对企业经营利益的侵害。通常来讲，股权制衡度越高，则其他股东相对于绝对控股股东牵制力就越强，可以抑制控股股东的侵害行为，所以，对维持企业价值和绩效的积极作用效果也就越好，股权制衡度与企业价值呈现正相关关系（张建波等，2012）。不过，股权制衡度也应维持在一定合理限度内，盲目增大反而会对企业生产经营产生负影响。从一方面来看，股权制衡度过高会导致企业大股东之间产生权力争斗，外部大股东存在同第一大股东争夺公司控制权的现象，这种控制权的争夺容易产生内耗，进而使得企业决策效率、经营绩效和竞争力下降。从另一方面来看，股权制衡度过高意味着绝对控股股东的股权比例下降，从而导致其主导企业决策和治理的有效激励不足，这种情况下也会弱化控股股东的勤勉尽职程度，增加企业的委托—代理矛盾与风险，不利于企业持续健康发展。

部分学者的研究也进一步证实，合理的股权制衡度或"相近持股比"式的股权制衡结构，不仅能够制衡第一大股东的决策行为，保障股东利益及盈利目标实现，而且能够限制可能发生的掠夺行为（朱红军和汪辉，2004；徐莉萍等，2006；Estrin et al.，2009；汤吉军，2014；郝云宏和汪茜，2015）。国内学者安灵等（2008）、徐向艺等（2011）研究发现股权制衡度和企业绩效之间存在非线性关系，股权制衡在适度区间内较好，大于或小于这个区间都不能达到企业绩效最优。

第二节 股权结构影响混合所有制企业竞争力的研究假设

一、国有主体深入性影响混合所有制企业竞争力的研究假设

本书认为国有股比例并非越高越好或者越低越好，而是国有资本的持股比例应该处于一定区间内，高于这个区间或低于这个区间，混合所有制企业的竞

争力都会下降。在区间左侧，混合所有制企业竞争力会随着主体深入性的增强而提升，在区间右侧，混合所有制企业竞争力会随着主体深入性的增强而表现为减弱，也即国有资本占比与混合所有制企业竞争力之间的关系应表现为倒 U 形。因此，文章提出研究假设：

H1：主体深入性与混合所有制企业竞争力之间存在倒 U 形关系。

二、股权集中度影响混合所有制企业竞争力的研究假设

本书认为股权集中度应该存在某一合理区间，集中度的适度提高会使得大股东的"支持效应"大于"掏空效应"，有利于企业竞争力提升；集中度过高会导致大股东的"掏空效应"大于"支持效应"，降低企业竞争力。在区间左侧，混合所有制企业竞争力会随着股权集中程度的增强而提升，在区间右侧，混合所有制企业竞争力会随着股权集中程度的增强而表现为减弱，也即股权集中度与混合所有制企业竞争力之间的关系也表现为倒 U 形关系。因此，文章提出以下研究假设：

H2：股权集中度与混合所有制企业竞争力之间存在倒 U 形关系。

三、股权流动性影响混合所有制企业竞争力的研究假设

本书认为流通股比例应该存在某一合理区间，当流通股比例低于某一区间值时，随着流通股比例的降低，非流通股东会发挥出对公司治理的积极作用，可以减少分散流通股东的"搭便车"行为，公司竞争力得到提升；但当流通股比例高于这一区间时，随着流通股比例提高，不仅因为外部兼并行为可能性的提高会督促经理人经营企业的动力，同时还会引入战略投资者成为公司股东，提升公司竞争力。因此，提出以下研究假设：

H3：股权流动性与混合所有制企业竞争力之间存在 U 形关系。

四、股权制衡度影响混合所有制企业竞争力的研究假设

本书认为各股东之间的股权制衡作用不是越弱越好，也不是越强越好，股权制衡度与混合所有制企业竞争力之间的关系也有可能存在一定的最优区间。在区间左侧，混合所有制企业竞争力随着股权制衡作用的增强表现为逐渐提

升，在区间右侧，混合所有制企业竞争力随着股权制衡作用的增强表现为逐渐减弱。即二者之间表现为倒 U 形关系。因此，提出以下研究假设：

H4：股权制衡度与混合所有制企业竞争力之间存在倒 U 形关系。

第三节　国有主体深入性与混合所有制企业竞争力的实证检验

一、模型构建及指标说明

为了进一步研究国有主体深入性与混合所有制企业竞争力之间的相关关系，验证假设 H1，本书构建了国有主体深入性与混合所有制企业竞争力计量模型（6 – 1）：

$$
\begin{aligned}
\text{lncompetitive}_{it} = {} & \alpha + \beta_1 \text{mixra}_{it} + \beta_2 \text{mixra}_{it}^2 + \gamma_1 \text{mana}_{it} + \gamma_2 \text{growth}_{it} + \\
& \gamma_3 \text{lnsize}_{it} + \gamma_4 \text{age}_{it} + \gamma_5 \text{contr\_cen}_{it} + \gamma_6 \text{contr\_pro}_{it} + \\
& \gamma_7 \text{contr\_city}_{it} + \gamma_8 \text{contr\_cou}_{it} + \gamma_9 \text{contr\_uni}_{it} + \\
& \gamma_{10} \text{industry}_{it} + \gamma_{11} \text{year} + \varepsilon_{it}
\end{aligned}
\tag{6 – 1}
$$

其中，被解释变量 competitive 为混合所有制企业竞争力，该变量指标数据主要来源于第四章中的综合竞争力度量数据，并且在模型中取自然对数值。

核心解释变量 mixra 为混合所有制企业中国有主体深入性（用国有股比例代表），为了进一步验证国有主体深入性与混合所有制企业竞争力的倒 U 形关系，模型中还引入了变量 mixra 的二次项。对于国有主体深入性变量指标，文章中用国有股比例来度量。

控制变量 manager 为高管持股虚拟变量，有高管持股为 1，没有高管持股为 0；控制变量 growth 为企业成长性，以企业总营业收入增长率来度量；控制变量 size 为企业规模，以企业年末总资产的自然对数来度量；控制变量 age 为企业年龄；控制变量 contr_cen、contr_pro、contr_city、contr_cou 以及 contr_uni 分别为企业归属央企、省级国企、地市级国企、县级国企以及高校（科研院所）类国企的虚拟变量，是为 1，否为 0；变量 industry 和 year 分别为行业和年度控制变量，用于控制企业的固定效应和随机效应；ε 为随机扰动项。表 6 – 1 给出了国有主体深入性与混合所有制企业竞争力主要变量的描述性统计结果。

表 6-1　　　　　　　　　　　主要变量描述性统计

Variable	Obs	Mean	Std. Dev.	Min	Max
lncompetition	1940	4.6234	1.1248	1.4245	8.2978
mixra	1940	0.6494	0.1624	0.1600	0.9700
mixra_sq	1940	0.4481	0.2006	0.0256	0.9409
manager	1940	0.3110	0.4631	0	1
growth	1909	0.1701	0.5970	−0.9998	15.5030
lnsize	1940	4.0109	1.2810	1.3087	8.3305
contr_cen	1940	0.3273	0.4693	0	1
contr_pro	1940	0.3118	0.4634	0	1
contro_city	1940	0.2706	0.4443	0	1
contro_cou	1940	0.0515	0.2211	0	1
contr_uni	1940	0.0386	0.1928	0	1

二、实证结果分析

国有主体深入性与混合所有制企业竞争力的回归结果，见表 6-2。其中，方程（1）报告了没有控制混合所有制企业归属层级的估计结果，方程（2）~方程（6）分别报告了在控制央企、省级国企、地市级国企、县级国企以及高校（科研院所）类国企等企业归属时的估计结果。为了确定固定效应模型和随机效应模型在估计计量模型（6-1）时的优劣，文中还报告各计量方程的 Hausman 检验结果。结果显示，方程（1）~方程（6）的 chi2 值分别为 37.02、41.47、42.05、41.13、38.42、39.25，且均在 1% 水平上显著，说明基于固定效应模型的估计具有有效性。

表 6-2　　　　　　国有主体深入性与混合所有制企业竞争力

	(1)	(2)	(3)	(4)	(5)	(6)
cons.	3.5521 *** (0.3336)	4.5521 *** (0.1336)	3.5871 *** (0.1336)	3.8998 *** (0.2391)	3.8957 *** (0.2386)	3.9296 *** (0.2381)

续表

	（1）	（2）	（3）	（4）	（5）	（6）
mixra	0.4782 ***	0.4622 ***	0.4683 ***	0.4787 ***	0.4818 ***	0.4801 ***
	（0.1283）	（0.1942）	（0.1738）	（0.1574）	（0.1372）	（0.1583）
mixra_sq	−0.8336 ***	−0.8154 ***	−0.8177 ***	−0.8063 ***	−0.8056 ***	−0.7916 ***
	（0.2042）	（0.1753）	（0.1493）	（0.1684）	（0.1336）	（0.1533）
manager	−0.1263 ***	−0.1326 ***	−0.1202 **	−0.0739 *	−0.0747 *	−0.0707 *
	（0.0496）	（0.0456）	（0.0450）	（0.0431）	（0.0429）	（0.0410）
growth	0.0604 **	0.0783 **	0.0520 ***	0.0519 ***	0.0518 ***	0.0515 ***
	（0.0312）	（0.0412）	（0.0132）	（0.0133）	（0.0133）	（0.1327）
size	0.0218 **	0.0257 **	0.0130 ***	0.0140 ***	0.0140 ***	0.0137 ***
	（0.0104）	（0.0110）	（0.0011）	（0.0016）	（0.0008）	（0.0008）
age	0.0594 *	0.0692 **	0.0440 ***	0.0447 ***	0.0443 ***	0.0431 ***
	（0.0332）	（0.0274）	（0.0046）	（0.0046）	（0.0046）	（0.0046）
contr_cen		0.0561				
		（0.1177）				
contr_pro			0.2002 **			
			（0.0929）			
contr_city				−0.0622		
				（0.0970）		
contr_cou					−0.3017	
					（0.1939）	
contr_uni						−0.0785
						（0.2209）
industry	控制	控制	控制	控制	控制	控制
year	控制	控制	控制	控制	控制	控制
Fstat.	49.31	50.15	45.36	47.22	49.81	49.88
Prob. （F）	0.000	0.000	0.000	0.000	0.000	0.000
R^2	0.646	0.703	0.696	0.693	0.692	0.698
Obs.	1907	1907	1907	1907	1907	1907
Hausman test	37.02 ***	41.47 ***	42.05 ***	41.13 ***	38.42 ***	39.25 ***

注：*** 、** 、* 分别表示在1%、5%、10%水平上显著。括号内为标准误。

从核心解释变量的回归结果来看，国有主体深入性一次项变量的估计系数显著为正，二次项变量的估计系数显著为负，说明国有主体深入性与混合所有制企业竞争力之间呈现出倒 U 形关系，与马连福等（2015）和任力、倪玲（2014）的实证结论相同，由此证明假设 1 是成立的。主体深入性与混合所有制企业竞争力之间的倒 U 形关系说明，在国有股东或资本所占比例较低时，增加国有资本占比有利于提升混合所有制企业的综合竞争力；但当国有股东或资本所占比例超过一定水平时，再增加国有资本占比不但不能提升混合所有制企业综合竞争力，甚至会对其综合竞争力产生负向影响。这是因为在国有资本占比较低时，非国有资本进入混合所有制企业并成为制衡主体，而非国有资本逐利且追求自身利益最大化的本性会有目的性地"掏空"企业，不利于企业生产经营。不过，国有资本占比过高也不利于混合所有制企业发展，因为国有股东主体深入性过强，容易形成国有股一股独大的局势，不利于不同性质股权的相互博弈和制衡而最终形成科学的治理机制。所以，当国有资本占比过高时，再进一步增加其所占比例，将不利于混合所有制企业竞争力的提升。这时，就需要引进各种类型的非国有资本，以形成同国有股东的权力制衡。而且，不同性质的股东对企业治理机制会有不同的偏好，因此，各种非国有资本进入能够使得企业内的不同性质股东发挥各自优势，进而实现混合所有制企业治理结构的优势互补（汤吉军，2014；欧阳卓平，2013；陈德萍和陈永圣，2011）。

既然主体深入性与混合所有制企业竞争力之间呈现出倒 U 形关系，这就意味着在倒 U 形的顶点（混合所有制企业竞争力最强）处所对应的国有资本比例即为最优国有主体深入度，见图 6 - 1。根据方程（1）~方程（6）主体深入性一次项和二次项变量的估计系数，进一步计算得出各方程最优国有股比例分别为 28.68%、28.34%、28.64%、29.68%、29.90%、30.32%，所以最终可知，最优的国有股比例应处于 28.34%~30.32%（均值为29.26%），这与田利辉（2005）、任力和倪玲（2014）的研究结论基本一致，而根据第五章中对国有股比例的统计性描述可知，当前制造业混合所有制企业的国有股比例处于 34.73%~35.35%（均值为 35.05%），在最优国有股比例的区间右侧，因此，为提高混合所有制企业的综合竞争力，应适当降低当前的国有股比例。

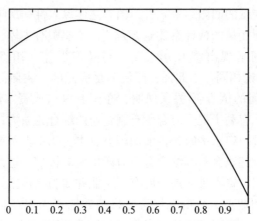

图 6 - 1　主体深入性与竞争力之间呈倒 U 形关系

　　从各方程中控制变量的估计结果来看，高管持股虚拟变量 manager 的估计系数不显著，这与王晓巍、陈逢博（2014）的研究结论相同，表示高管持股是否对混合所有制企业竞争力的影响不明显，这是因为在本书中的样本企业中，65% 以上的企业都没有实行高管持股，而且具有高管持股的企业，高管持股比例又非常低，高管持股在 2010～2014 年中的每年均值都在 1% 以下。企业成长性 growth 的估计系数均显著为正，说明企业总营业收入增长率越高，混合所有制企业的竞争力越强，这符合现代公司治理理论预期。混合所有制企业年末总资产和年龄的估计系数也显著为正，说明企业规模越大则竞争力越强，企业生产经营的时间越久则竞争力也越强。另外，方程（2）～方程（6）中还分别给出了央企、省级国企、地市级国企、县级国企以及高校（科研院所）类国企的估计结果。研究表明，仅省级国企虚拟变量在 5% 水平上显著，央企、地市级国企、县级国企以及高校（科研院所）类国企等虚拟变量的估计系数均不显著，由此说明省级国企的综合竞争力明显高于其他归属层级的企业。为了进一步证实这一结论，本书还对各种企业归属的混合所有制企业竞争力的平均值进行测算，得到省级国企的综合竞争力平均值 244.51，高于央企的228.77、地市级国企的 167.66、县级国企的 92.00 以及高校（科研院所）类国企的 44.53。从模型的检验结果来看，方程（1）～方程（6）的 F 统计值分别为 49.31、50.15、45.36、47.22、49.81、49.88，并在 1% 水平上显著，说明计量模型设定较合理。拟合优度值处于 0.646～0.703，表明计量模型能够有效地解释因变量与自变量之间 65%～70% 的信息。

第四节　股权集中度与混合所有制企业竞争力的实证检验

一、模型构建及指标说明

为了进一步研究股权集中度与混合所有制企业竞争力之间的相关关系，验证假设 H2，本书构建了股权集中度与混合所有制企业竞争力计量模型（6-2）：

$$\text{lncompetitive}_{it} = \alpha + \beta_1 \text{concen}_{it} + \beta_2 \text{concen}_{it}^2 + \gamma_1 \text{mana}_{it} + \gamma_2 \text{growth}_{it} +$$
$$\gamma_3 \text{lnsize}_{it} + \gamma_4 \text{age}_{it} + \gamma_5 \text{contr\_cen}_{it} + \gamma_6 \text{contr\_pro}_{it} +$$
$$\gamma_7 \text{contr\_city}_{it} + \gamma_8 \text{contr\_cou}_{it} + \gamma_9 \text{contr\_uni}_{it} +$$
$$\gamma_{10} \text{industry}_{it} + \gamma_{11} \text{year} + \varepsilon_{it} \qquad (6-2)$$

其中，核心解释变量 concen 为混合所有制企业股权集中度，为了进一步验证股权集中度与混合所有制企业竞争力的倒 U 形关系，模型中还引入了变量 concen 的二次项。对于股权集中度变量指标，文章中分别用第一大股东持股比例、前五大股东持股比例来度量。

控制变量 mana、growth、size、age、contr_cen、contr_pro、contr_city、contr_cou、contr_uni、industry 和 year 分别为高管持股虚拟变量、企业成长性、企业规模、企业年龄、央企虚拟变量、省级国企虚拟变量、地市级国企虚拟变量、县级国企虚拟变量以及高校（科研院所）类国企的虚拟变量。各控制变量指标的具体说明及资料来源见上文。变量 industry 和 year 分别为行业和年度，用于控制企业的固定效应和随机效应；ε 为随机扰动项。表 6-3 报告了股权集中度变量的描述性统计结果。其中，concen1 为第一大股东持股比例，concen1_sq 为第一大股东持股比例的平方，concen5 为前 5 大股东持股比例，concen5_sq 为前 5 大股东持股比例平方。

表 6-3　　　　　　　　　股权集中度变量描述性统计

Variable	Obs	Mean	Std. Dev.	Min	Max
concen1	1940	0.3865	0.1459	0.0500	0.8400
concen1_sq	1940	0.1707	0.1248	0.0025	0.7056

续表

Variable	Obs	Mean	Std. Dev.	Min	Max
concen5	1940	0.5191	0.1506	0.1499	0.9300
concen5_sq	1940	0.2922	0.1615	0.0224	0.8649

二、实证结果分析

为了进一步检验股权集中度对混合所有制企业竞争力的影响，分别给出了股权集中度 I （第一大股东持股比例）与混合所有制企业竞争力的回归估计（见表 6 - 4）以及股权集中度 II （前五大股东合计持股比例）与混合所有制企业竞争力的回归估计（见表 6 - 5）。同样，方程（7）和方程（13）报告了没有控制混合所有制企业归属层级的估计结果，方程（8）~方程（12）和方程（14）~方程（18）分别报告了控制央企、省级国企、地市级国企、县级国企以及高校（科研院所）类国企的估计结果。根据下述所有方程的 Hausman 检验，最终选择固定效应模型进行估计。

表 6 - 4　　　　　　　　　股权集中度 I 与混合所有制企业竞争力

	（7）	（8）	（9）	（10）	（11）	（12）
cons.	4.3552 *** (0.1702)	4.9832 *** (0.1344)	4.0745 *** (0.1591)	4.1438 *** (0.1587)	4.1573 *** (0.1579)	4.1982 *** (0.1576)
concen1	-1.5259 *** (0.7253)	-1.5446 *** (0.5893)	-1.5010 ** (0.6528)	-1.5397 ** (0.6532)	-1.5642 ** (0.6530)	-1.6031 ** (0.6514)
concen1_sq	1.8727 *** (0.8113)	1.9016 *** (0.9782)	1.8472 ** (0.7403)	1.9133 *** (0.7403)	1.9249 *** (0.7397)	1.9572 *** (0.7379)
manager	0.1386 (0.4951)	0.1274 (0.5382)	0.0719 (0.0451)	0.0756 (0.1451)	0.0767 (0.0450)	0.0624 (0.0450)
growth	0.0577 *** (0.0131)	0.0523 *** (0.0133)	0.0489 *** (0.0133)	0.0488 *** (0.0133)	0.0487 *** (0.0133)	0.0483 *** (0.0133)
size	0.0008 *** (0.0001)	0.0007 *** (0.0002)	0.0014 *** (0.0001)	0.0014 *** (0.0001)	0.0014 *** (0.0001)	0.0014 *** (0.0001)

	（7）	（8）	（9）	（10）	（11）	（12）
age	0.0581 *** (0.0053)	0.0603 *** (0.0077)	0.0441 *** (0.0046)	0.0448 *** (0.0046)	0.0443 *** (0.0046)	0.0430 *** (0.0046)
contr_cen		0.0675 (0.0908)				
contr_pro			0.1892 *** (0.0922)			
contr_city				−0.0563 (0.0962)		
contr_cou					−0.3019 (0.1926)	
contr_uni						−0.7983 (0.2193)
industry	控制	控制	控制	控制	控制	控制
year	控制	控制	控制	控制	控制	控制
F stat.	52.49	55.33	54.17	54.56	49.81	54.48
Prob.（F）	0.000	0.000	0.000	0.000	0.000	0.000
R^2	0.723	0.736	0.741	0.755	0.692	0.725
Obs.	1907	1907	1907	1907	1907	1907
Hausman test	36.54 ***	37.22 ***	37.05 ***	37.13 ***	38.42 ***	39.14 ***

注：***、**、*分别表示在1%、5%、10%水平上显著。括号内为标准误。

从表6-4的回归结果来看，以第一大股东持股比例度量的股权集中度Ⅰ的一次项变量的估计系数显著为负，二次项变量的估计系数显著为正，说明股权集中度与混合所有制企业竞争力之间呈现出U形关系，而非倒U形关系，证明理论假设H2不成立，这与宋敏等（2004）、白崇恩等（2005）、田利辉（2005）、曹廷求等（2007）、任力等（2014）的研究结论一致，而且呈现出"左低右高"的形态，与曹廷求等（2007）的研究结论相同，但与田利辉（2005）的研究结论（左高右低）相反。由此说明，在实际控制人为国有股东的前提下，制造业混合所有制企业的股权集中度Ⅰ的值存在一个拐点，当实际的股权集中度Ⅰ的值低于这个点时，股权集中度Ⅰ越小越好，高于这个点时，股权集中度 I 越大越好。因为作为实际控制人的政府具有政治和经济双重作用，一定程度上，国有控股企业成为政府发挥经济调节的有力工具，政府一方面让国有企业承担政策性负担给企业带来负面作用（降低了企业绩效以及股票回报，廖冠民等，2014），另一方面又可以通过相关优惠和支持措施促进企业发展（田利辉，2005），当代表国有股东的政府发挥的负面作用大于促进作用时，不利于企业竞争力提升，当促进作用大于负面作用时，有利于企业竞争力提升。

本书所采取的样本企业为实际控制人是国有股东的混合所有制企业，在国有控股的情况下，第一大股东为国有股东，适当降低国有股东的持股比例，打造具有同国有股东形成有效制衡作用的民营股东、外资股东，容易形成混合所有制企业科学的治理结构，发挥各种性质资本的优势，取长补短，提升混合所有制企业竞争力；而在国有控股的制造业混合所有制企业中，当股权结构高于某个拐点值时，则提高股权集中度可以提升企业的竞争力，因为，过于分散化的股权结构容易导致混合所有制企业决策效率低下，决策效率低下又容易让企业错失发展机遇（冯延超，2010）。另外，过于分散的股权结构还容易引起股东之间为争夺控制权而恶性竞争（钟峥，2013），从样本企业中股权集中度 I 的值较高的黑色金属冶炼及压延加工业、铁路、船舶、航空航天和其他运输设备制造业的竞争力都较高，也可以得到某种程度的论证。

根据方程（7）~方程（12）中股权集中度 I 一次项和二次项变量的估计系数，进一步计算得出竞争力最低时第一大股东持股比例分别为 40.74%、40.61%、40.63%、40.24%、40.63%、40.95%，即竞争力最小时的股权集中度 I 的临界点出现在 40.24% ~ 40.95%（均值为 40.63%），而根据第五章中对股权集中度 I 的统计性描述可知，股权集中度 I 的均值在 37.82% ~ 39.95%（均值为 38.66%），在这一区域的左侧，为提高制造业混合所有制企业的竞争力应降低第一大股东的持股比例。从控制变量的估计结果来看，高管持股变量的估计系数不显著，表明高管持股对混合所有制企业竞争力的影响不明显。企业总营业收入增长率、企业年末总资产、企业年龄的估计系数均显著为正，说明混合所有制企业成长性、规模以及年龄均与其竞争力之间呈正相关关系。此外，央企、省级国企、地市级国企、县级国企以及高校（科研院所）类国企等虚拟变量的估计结果与表 6-2 的估计结果一致，即省属混合所有制企业综合竞争力的平均值高于其他类型混合所有制企业。从模型的检验结果来看，方程（7）~方程（12）的 F 统计值分别为 52.49、55.33、54.17、54.56、49.81、54.48，并在 1% 水平上显著，说明计量模型设定较合理。拟合优度值处于 0.692 ~ 0.755，表明计量模型能够有效地解释因变量与自变量之间 69% ~76% 的信息。

表6 – 5　　　　　　　　　　股权集中度Ⅱ与混合所有制企业竞争力

	（13）	（14）	（15）	（16）	（17）	（18）
cons.	4.1947 *** (0.2017)	4.1786 *** (0.2035)	4.1394 *** (0.2035)	4.1184 *** (0.2015)	4.1345 *** (0.2044)	4.1352 *** (0.2053)
concen5	-2.1539 *** (0.7219)	-2.1654 *** (0.7222)	-2.1102 *** (0.7217)	-2.1932 *** (0.7226)	-2.2153 *** (0.7225)	-2.2122 *** (0.7213)
concen5_ sq	2.5690 *** (0.6843)	2.5755 *** (0.6845)	2.5135 *** (0.6844)	2.5436 *** (0.6831)	2.5332 *** (0.6822)	2.5423 *** (0.6827)
manager	-0.0692 (0.0448)	-0.0685 (0.0448)	-0.0645 (0.0428)	-0.0621 (0.0454)	-0.0667 (0.0433)	-0.0658 (0.0442)
growth	0.0424 ** (0.0134)	0.0424 *** (0.0134)	0.0426 (0.0132)	0.0433 (0.0136)	0.0427 (0.0137)	0.0432 (0.0135)
size	0.0013 *** (0.0001)	0.0013 *** (0.0001)	0.0012 *** (0.0001)	0.0012 *** (0.0001)	0.0012 *** (0.0001)	0.0013 *** (0.0001)
age	0.0479 *** (0.0046)	0.0481 *** (0.0048)	0.0474 *** (0.0046)	0.0476 *** (0.0052)	0.0479 *** (0.0053)	0.0481 *** (0.0056)
contr_cen		0.0560 (0.0895)				
contr_pro			0.1776 ** (0.0908)			
contr_city				-0.0532 (0.0914)		
contr_cou					-0.3667 (0.1142)	
contr_uni						-0.0245 (0.2335)

	（13）	（14）	（15）	（16）	（17）	（18）
industry	控制	控制	控制	控制	控制	控制
year	控制	控制	控制	控制	控制	控制
F stat.	49.31	50.15	45.36	47.22	49.81	49.88
Prob.（F）	0.000	0.000	0.000	0.000	0.000	0.000
R^2	0.646	0.703	0.696	0.693	0.692	0.698
Obs.	1907	1907	1907	1907	1907	1907
Hausman test	37.02 ***	41.47 ***	42.05 ***	41.13 ***	38.42 ***	39.25 ***

注：*** 、** 、* 分别表示在 1% 、5% 、10% 水平上显著。括号内为标准误。

从表 6 - 5 的估计结果来看，以前 5 大股东合计持股度量的股权集中度 Ⅱ 的一次项变量的估计系数显著为负，二次项变量的估计系数显著为正，也进一步证实了股权集中度与混合所有制企业竞争力之间的 U 形关系，而非倒 U 形关系，同样呈现出"左低右高"的形态，和曹廷求等（2007）的研究结论一致，推翻了理论假设 H2。根据方程（13）~方程（18）股权集中度 Ⅱ 一次项和二次项变量的估计系数，进一步计算得出竞争力最低时前五大股东合计持股比例分别为 41.92% 、42.04% 、41.98% 、43.11% 、43.73% 、43.50% ，即竞争力最小时的股权集中度 Ⅱ 的拐点出现在 41.92% ~ 43.74% （均值为 42.71% ），而根据第五章中股权集中度 Ⅱ 的统计性描述，股权集中度 Ⅱ 的均值出现在 51.05% ~ 52.76% （均值为 51.92% ），恰好在这一区域的右侧，前五大股东的合计持股比例提高有助于制造业混合所有制企业竞争力的提升，因此，为提高混合所有制企业的竞争力应提高第二大股东到第五的股东的合计持股比例。

由此可见，不论股权集中度 Ⅰ 还是股权集中度 Ⅱ ，均与混合所有制企业竞争力之间呈 U 形关系，见图 6 - 2。另外，高管持股变量的估计系数不显著，企业成长性、企业规模、企业年龄的估计系数均显著为正，这与前文表 6 - 4 的研究具有一致性，而且模型的显著性检验也与表 6 - 4 的检验结果一致。

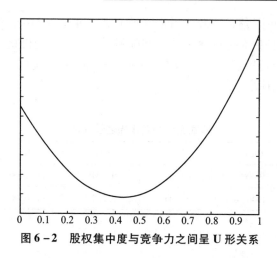

图 6 - 2　股权集中度与竞争力之间呈 U 形关系

第五节　股权流动性与混合所有制企业竞争力的实证检验

一、模型构建及指标说明

为了进一步研究股权流动性与混合所有制企业竞争力之间的相关关系，验证假设 H3，本书构建了股权流动性与混合所有制企业竞争力计量模型（6 - 3）：

$$\text{lncompetitive}_{it} = \alpha + \beta_1 \text{liquidity}_{it} + \beta_2 \text{liquidity}^2_{it} + \gamma_1 \text{mana}_{it} + \gamma_2 \text{growth}_{it} +$$
$$\gamma_3 \text{lnsize}_{it} + \gamma_4 \text{age}_{it} + \gamma_5 \text{contr\_cen}_{it} + \gamma_6 \text{contr\_pro}_{it} +$$
$$\gamma_7 \text{contr\_city}_{it} + \gamma_8 \text{contr\_cou}_{it} + \gamma_9 \text{contr\_uni}_{it} +$$
$$\gamma_{10} \text{industry}_{it} + \gamma_{11} \text{year} + \varepsilon_{it} \qquad (6-3)$$

其中，核心解释变量 liquidity 为混合所有制企业股权流动性。为了进一步验证股权流动性与混合所有制企业竞争力的 U 形关系，模型中还引入了变量 liquidity 的二次项。对于股权流动性变量指标，文章中用流通股比例来度量。

控制变量 mana、growth、size、age、contr_cen、contr_pro、contr_city、contr_cou、contr_uni、industry 和 year 分别为高管持股虚拟变量、企业总营业收入增长率、企业规模、企业年龄、央企虚拟变量、省级国企虚拟变量、地市级国企虚拟变量、县级国企的虚拟变量以及高校（科研院）类国企的虚拟变量。

各控制变量指标的具体说明及资料来源见上文。变量 industry 和 year 分别为行业和年度，用于控制企业的固定效应和随机效应；ε 为随机扰动项。股权流动性变量的描述性统计结果见表 6 - 6。其中，liquidity 为股权流动性，liquidity_sq 为股权流动性平方。

表 6 - 6 股权流动性变量描述性统计

Variable	Obs	Mean	Std. Dev.	Min	Max
liquidity	1940	0.8783	0.2046	0.1000	1
liquidity_sq	1940	0.8134	0.2897	0.0100	1

二、实 证 结 果 分 析

为了进一步检验股权流动性对混合所有制企业竞争力的影响效应，表 6 - 7 报告了股权流动性与混合所有制企业竞争力的回归估计结果。其中，方程（19）报告了没有控制混合所有制企业归属层级的估计结果，方程（20）~ 方程（24）分别报告了在控制央企、省级国企、地市级国企、县级国企以及高校（科研院）类国企等企业归属时的估计结果。为了确定固定效应模型和随机效应模型在估计计量模型（6 - 3）时的优劣，文中还报告各计量方程的 Hausman 检验结果。研究表明，方程（19）~ 方程（24）的 chi2 值分别为 37.63、37.82、38.05、40.22、42.09、41.78，且均在 1% 水平上显著，说明基于固定效应模型的估计具有有效性。

表 6 - 7 股权流动性与混合所有制企业竞争力

	（19）	（20）	（21）	（22）	（23）	（24）
cons.	4.0094 ***	3.8871 ***	3.9422 ***	4.0238 ***	4.0271 ***	4.0521 ***
	(0.1370)	(0.1333)	(0.1125)	(0.1388)	(0.1374)	(0.1372)
liquidity	− 0.0313 **	− 0.0277 **	− 0.0316 **	− 0.0312 **	− 0.0312 **	− 0.0305 **
	(0.1360)	(0.1356)	(0.1130)	(0.1360)	(0.1364)	(0.3604)
liquidity_sq	0.1177 ***	0.1039 ***	0.1199 ***	0.1170 ***	0.1177 ***	0.1120 ***
	(0.0249)	(0.0246)	(0.0248)	(0.0253)	(0.0278)	(0.0249)

续表

	（19）	（20）	（21）	（22）	（23）	（24）
manager	-0.0768 (0.0449)	-0.0759 (0.0443)	-0.0712 (0.0449)	-0.0754 (0.0447)	-0.0762 (0.0448)	-0.0613 (0.0441)
growth	0.0475*** (0.0134)	0.0436*** (0.0124)	0.0437*** (0.0137)	0.0475*** (0.0139)	0.0474*** (0.0131)	0.0470*** (0.0171)
size	0.0014*** (0.0001)	0.0013*** (0.0001)	0.0012*** (0.0001)	0.0014*** (0.0002)	0.0012*** (0.0001)	0.0014*** (0.0002)
age	0.0472*** (0.0047)	0.0443*** (0.0057)	0.0464*** (0.0064)	0.0473*** (0.0047)	0.0469*** (0.0046)	0.0456*** (0.0046)
contr_cen		0.0593 (0.0913)				
contr_pro			0.2022** (0.0923)			
contr_city				-0.0629 (0.0967)		
contr_cou					-0.2998 (0.1932)	
contr_uni						-0.7927 (0.2192)
industry	控制	控制	控制	控制	控制	控制
year	控制	控制	控制	控制	控制	控制
F stat.	50.68	50.26	53.33	54.16	53.51	52.15
Prob. （F）	0.000	0.000	0.000	0.000	0.000	0.000
R^2	0.673	0.734	0.713	0.706	0.724	0.735
Obs.	1907	1907	1907	1907	1907	1907
Hausman test	37.63***	37.82***	38.05***	40.22***	42.09***	41.78***

注：***、**、*分别表示在1%、5%、10%水平上显著。括号内为标准误。

从表6-7的估计结果来看，股权流动性一次项变量的估计系数显著为负，二次项变量的估计系数显著为正，证实了股权流动性与混合所有制企业竞争力之间的U形关系（见图6-3），即理论假设H3是成立的。根据股权流动性一次项变量的回归系数和二次项变量的回归系数，进一步计算得到方程（19）~ 方程（24）股权流动性的临界值约分别为 0.1330、0.1333、0.1318、0.1333、0.1325、0.1362，即处于区域 0.1318 ~ 0.1362，均值为 0.1334。这就意味着，只要股权流动性大于临界值的取值区域，那么股权流动性与混合所有制企业竞争力之间表现为正相关性。据统计，2010 ~ 2014 年的 5 年中，股权流动性小于临界值的混合所有制企业样本仅为 3 个，约占总样本的 0.77%。由此可见，高达 99% 的样本位于临界值 0.1318 ~ 0.1362 的右侧。而且，根据第五章中对股权流动性的统计性描述，发现流通股比例的均值在 79.69% ~ 91.66%，完全处于该临界区域的右侧，而且流通股比例随着年份递增有趋于升高的趋势，说明股权流动性越高，则混合所有制企业竞争力越强。

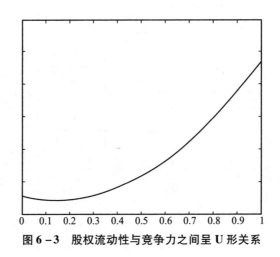

图 6 - 3　股权流动性与竞争力之间呈 U 形关系

从控制变量的估计结果来看，高管持股变量的估计系数不显著，企业总营业收入增长率、企业年末总资产、企业年龄的估计系数均显著为正，说明混合所有制企业成长性、规模以及年龄均与其竞争力之间呈正相关关系，这与表 6 - 2、表 6 - 4 以及表 6 - 5 的估计结果一致。另外，央企、省级国企、地市级国企、县级国企以及高校（科研院所）类国企等虚拟变量的估计结果也与表 6 - 2、表 6 - 4 以及表 6 - 5 的估计结果一致，即省级混合所有制企业综合竞争力的平均值高于其他类型混合所有制企业。从模型的检验结果来看，方程（19）~ 方程（24）的 F 统计值分别为 50.68、50.26、53.33、54.16、53.51、52.15，且在 1% 水平上显著，说明计量模型设定较合理。拟合优度值处于

0.673~0.735，表明计量模型能够有效地解释因变量与自变量之间67%~74%的信息。

第六节　股权制衡度与混合所有制企业竞争力的实证检验

一、模型构建及指标说明

为了进一步研究股权制衡度与混合所有制企业竞争力之间的相关关系，验证假设 H4，本书构建了股权制衡度与混合所有制企业竞争力计量模型（6-4）：

$$
\begin{aligned}
\text{lncompetitive}_{it} = {} & \alpha + \beta_1\,\text{restri}_{it} + \beta_2\,\text{restri}_{it}^2 + \gamma_1\,\text{mana}_{it} + \gamma_2\,\text{growth}_{it} + \\
& \gamma_3\,\text{lnsize}_{it} + \gamma_4\,\text{age}_{it} + \gamma_5\,\text{contr\_cen}_{it} + \gamma_6\,\text{contr\_pro}_{it} + \\
& \gamma_7\,\text{contr\_city}_{it} + \gamma_8\,\text{contr\_cou}_{it} + \gamma_9\,\text{contr\_uni}_{it} + \\
& \gamma_{10}\,\text{industry}_{it} + \gamma_{11}\,\text{year} + \varepsilon_{it}
\end{aligned}
\qquad (6-4)
$$

其中，核心解释变量 restri 为混合所有制企业股权制衡度，为了进一步验证股权制衡度与混合所有制企业竞争力的倒 U 形关系，模型中还引入了变量 restri 的二次项。对于股权制衡度变量指标，文章中用 Z 指数（第一大股东与第二大股东持股比例的比值）的倒数（下文中简称为股权制衡度 I）、S 指数（第二大股东至第十大股东持股比例之和）与第一大股东持股比例的比值（下文中简称为股权制衡度 II）来度量。

控制变量 mana、growth、size、age、contr_cen、contr_pro、contr_city、contr_cou、contr_uni、industry 和 year 分别为高管持股虚拟变量、企业总营业收入增长率、企业规模、企业年龄、央企虚拟变量、省级国企虚拟变量、地市级国企虚拟变量、县级国企的虚拟变量以及高校（科研院所）类国企的虚拟变量。各控制变量指标的具体说明及资料来源见上文。变量 industry 和 year 分别为行业和年度，用于控制企业的固定效应和随机效应；ε 为随机扰动项。表 6-8 报告了股权制衡度变量的描述性统计结果。其中，restri1 为股权制衡度 I，restri1_sq 为股权制衡度 I 的平方，restri2 为股权制衡度 II，restri2_sq 为股权制衡度 II 的平方。

表 6 - 8 股权集中度变量描述性统计

Variable	Obs	Mean	Std. Dev.	Min	Max
restri1	1940	0.2445	0.2677	0.0013	0.9984
restri1_sq	1940	0.5597	0.5609	0.0077	4.4263
restri2	1940	0.1314	0.2340	0.0000	0.9968
restri2_sq	1940	0.6278	1.5225	0.0001	19.5921

二、实证结果分析

为了进一步检验股权制衡度对混合所有制企业竞争力的影响，文章分别给出了股权制衡度 I、股权制衡度 II 与混合所有制企业竞争力的回归估计（见表 6 - 9 和表 6 - 10）。其中，方程（25）和方程（31）报告了没有控制混合所有制企业归属层级的估计结果，方程（26）～方程（30）和方程（32）～方程（36）分别报告了控制央企、省级国企、地市级国企、县级国企以及高校（科研院所）类国企等企业归属时的估计结果。为了确定固定效应模型和随机效应模型在估计计量模型（6 - 4）时的优劣，文中还报告各计量方程的 Hausman 检验结果。研究表明，各方程的 chi2 值均在 1% 水平上显著，说明基于固定效应模型的估计具有有效性。

表 6 - 9 股权制衡度 I 与混合所有制企业竞争力

	（25）	（26）	（27）	（28）	（29）	（30）
cons.	3.7449 *** (0.0712)	3.8239 *** (0.0835)	3.7879 *** (0.0808)	3.8624 *** (0.0800)	3.8646 *** (0.0772)	3.8894 *** (0.0767)
restri1	0.2147 *** (0.0226)	0.2282 *** (0.01498)	0.2657 *** (0.0148)	0.1955 *** (0.0149)	0.3749 ** (0.1513)	0.4210 ** (0.2146)
restri1_sq	0.1645 (0.2571)	0.1130 (0.2448)	0.1120 (0.2446)	0.1163 (0.2448)	0.0972 (0.2450)	0.1074 (0.2443)
manager	- 0.1279 (0.4958)	- 0.0785 (0.1156)	- 0.0738 (0.0449)	- 0.0779 (0.0450)	- 0.0789 (0.0450)	- 0.0640 (0.0422)
growth	0.0583 *** (0.0131)	0.0516 *** (0.0132)	0.0515 *** (0.0132)	0.0517 *** (0.0133)	0.0515 *** (0.0132)	0.0510 *** (0.0112)

续表

	（25）	（26）	（27）	（28）	（29）	（30）
size	0.0008 *** （0.0001）	0.0013 *** （0.0001）	0.0013 *** （0.0001）	0.0014 *** （0.0001）	0.0013 *** （0.0001）	0.0014 *** （0.0001）
age	0.0594 *** （0.0053）	0.0445 *** （0.0045）	0.0438 *** （0.0045）	0.0445 *** （0.0046）	0.0442 *** （0.0046）	0.0428 *** （0.0046）
contr_cen		0.0625 （0.0916）				
contr_pro			0.2068 *** （0.0927）			
contr_city				− 0.0646 （0.0970）		
contr_cou					− 0.3104 （0.1940）	
contr_uni						− 0.8197 （0.2206）
industry	控制	控制	控制	控制	控制	控制
year	控制	控制	控制	控制	控制	控制
F stat.	50.32	50.17	52.84	51.56	54.32	54.73
Prob. （F）	0.000	0.000	0.000	0.000	0.000	0.000
R^2	0.664	0.674	0.681	0.678	0.669	0.672
Obs.	1907	1907	1907	1907	1907	1907
Hausman test	37.26 ***	37.29 ***	37.23 ***	37.22 ***	38.01 ***	37.55 ***

注：*** 、 ** 、 * 分别表示在1%、5%、10%水平上显著。括号内为标准误。

表 6 − 10　　　　　　　股权制衡度 II 与混合所有制企业竞争力

	（31）	（32）	（33）	（34）	（35）	（36）
cons.	3.7371 *** （0.0709）	3.7242 *** （0.0711）	3.7915 *** （0.0806）	3.8663 *** （0.0795）	3.8677 *** （0.0768）	3.7371 *** （0.0709）
restri2	0.1539 ** （0.0588）	0.1540 ** （0.0588）	0.1227 ** （0.0568）	0.1705 *** （0.0568）	0.1395 ** （0.0569）	0.1540 ** （0.0588）
restri2_sq	0.0271 （0.0197）	0.0272 （0.0198）	0.0309 （0.0193）	0.0525 （0.0198）	0.0315 （0.0193）	0.0272 （0.0197）

	(31)	(32)	(33)	(34)	(35)	(36)
manager	-0.1270 (0.4950)	-0.1270 (0.4950)	-0.0731 (0.0449)	-0.0770 (0.0450)	-0.0780 (0.0449)	-0.1270 (0.4950)
growth	0.0577 *** (0.0131)	0.0577 *** (0.0131)	0.0512 *** (0.0132)	0.0513 *** (0.0133)	0.0511 *** (0.0132)	0.0577 *** (0.0131)
size	0.0008 *** (0.0001)	0.0008 *** (0.0001)	0.0014 *** (0.0001)	0.0014 *** (0.0001)	0.0014 *** (0.0001)	0.0008 *** (0.0001)
age	0.0599 *** (0.0053)	0.0599 *** (0.0054)	0.0443 *** (0.0045)	0.0450 *** (0.0046)	0.0446 *** (0.0045)	0.0599 *** (0.0053)
contr_cen		0.0692 (0.0912)				
contr_pro			0.2022 *** (0.0806)			
contr_city				-0.0694 (0.0969)		
contr_cou					-0.3047 (0.1940)	
contr_uni						-0.8139 (0.2209)
industry	控制	控制	控制	控制	控制	控制
year	控制	控制	控制	控制	控制	控制
F stat.	51.27	51.67	52.02	51.83	52.44	51.97
Prob. (F)	0.000	0.000	0.000	0.000	0.000	0.000
R^2	0.690	0.701	0.721	0.708	0.712	0.723
Obs.	1907	1907	1907	1907	1907	1907
Hausman test	37.33 ***	37.54 ***	37.36 ***	37.25 ***	38.11 ***	37.83 ***

注: *** 、** 、* 分别表示在1%、5%、10%水平上显著。括号内为标准误。

从表6-9和表6-10的估计结果来看,股权制衡度Ⅰ一次项变量的估计系数显著为正,二次项变量估计系数不显著,说明股权制衡度Ⅰ与混合所有制企业竞争力之间仅存在正向的线性关系,即第二大股东持股比例与第一大股东持股比例的比值越高,混合所有制企业竞争力越强。股权制衡度Ⅱ一次项变量的估计系数显著也为正，二次项变量估计系数同样不显著，表明股权制衡度Ⅱ与混合所有制企业竞争力之间也仅存在正向的线性关系，即第二大股东至第十大股东持股比例之和与第一大股东持股比例的比值越高，则混合所有制企业竞争力越强，由此说明原假设4不成立，这与马连福等（2015）的研究结论相同，与刘银国等（2010）的研究结论相反，即在国有控股的制造业混合所有制企业中，股权制衡度Ⅰ和股权制衡度Ⅱ都和企业竞争力存在正相关关系，见图6－4。

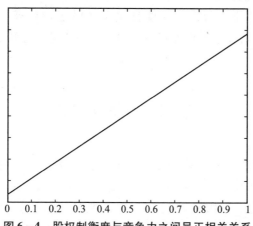

图6－4　股权制衡度与竞争力之间呈正相关关系

上述结论说明在合理的股权制衡结构中，当某一个大股东试图作出对公司价值不利或损害公司竞争力的行为时，具有制衡能力的其余大股东有能力和也有动力采取措施共同去阻挠或限制大股东的这一行为（Bennedsen 和 Wolfenzon，2000）。控股股东对企业的行为一般表现为"支持效应"和"掏空效应"，合理的股权结构就是要其他股东能够对控股股东的行为加以约束和监督，限制控股股东利用各种途径损害上市公司和其他股东的利益，抑制控股股东的掏空效应、促进支持效应，[①] 而这正反映在股权结构上，就是要提高股权制衡程度。因此，对当前我国处于经济转型期，在对投资者的保护还不完善的情况下，提高股权制衡程度，使得任何一个大股东都无法单独决定企业的决策，公司的任何一项重要决策都要经过另外几个大股东的一致同意，起到限制大股东

---

① 孙兆斌. 股权集中、股权制衡与上市公司的技术效率 [J]. 管理世界，2006（7）：115－123.

的掏空和掠夺作用，提高企业的竞争力。

从控制变量的估计结果来看，表6－9和表6－10中的高管持股变量的估计系数不显著，企业总营业收入增长率、企业年末总资产、企业年龄的估计系数均显著为正，说明混合所有制企业成长性、规模以及年龄均与其竞争力之间呈正相关关系，这与前文的研究结论一致。另外央企、省级国企、地市级国企、县级国企以及高校（科研院所）类国企等虚拟变量的估计结果也与前文的研究结论一致，即省级混合所有制企业综合竞争力的平均值高于其他类型混合所有制企业。从模型的检验结果来看，方程（25）~方程（36）的 F 统计值均大50且在 1% 水平上显著，说明计量模型设定较合理。拟合优度值处于0.664~0.723，表明计量模型能够有效地解释因变量与自变量之间66% ~73% 的信息。

第七节　本章小结[①]

本章中对混合所有制企业的竞争力与股权结构进行回归分析，以 2010 ~ 2014 年的企业竞争力为被解释变量，以股权结构（国有主体深入性、股权流动性、股权集中度、股权制衡度）为解释变量，以高管持股、企业成长性（企业总营业收入增长率）、企业规模（年末总资产的自然对数）、企业年龄、企业归属层级（央企、省级国企、地市级国企、县级国企）以及高校（科研院所）类国企等为虚拟变量，以行业、年度为控制变量，以寻求这些变量同竞争力之间的定量关系。得出的结论为以下几方面。

第一，主体深入性与混合所有制企业竞争力之间存在倒 U 形关系。

用国有股比例代表主体深入性，通过竞争力和主体深入性之间的回归分析，发现主体深入性的程度和竞争力之间存在先升后降的非线性关系，即当国有股比例小于某一水平时，随着国有股比例提升，竞争力提升，但当国有股比例高于某一水平时，随着国有股比例提升，竞争力出现不升反降的现象，即国有股比例同混合所有制企业的竞争力存在倒 U 形关系。通过计算得到，国有股比例的最优值在 28.34% ~ 30.32%，均值为 29.26%，即当国有股比例在

---

① 本章中前述表格和模型所用的数据均来自"国泰安 CSMAR 数据库"和"Wind 数据库"，再经过计算所得，在此统一进行注释。

29.26%左右时，混合所有制企业竞争力取得最大值。

第二，股权集中度与混合所有制企业竞争力之间存在 U 形关系。

用第一大股东持股比例和前五大股东股东合计持股比例分别代表股权集中度Ⅰ和股权集中度Ⅱ，与竞争力进行回归分析，发现竞争力和股权集中度Ⅰ及股权集中度Ⅱ之间都存在先降后升的非线性关系，即当股权集中度低于某一水平时，竞争力随着股权集中度上升呈下降趋势，当股权集中度高于某一水平时，竞争力随股权集中度上升而上升，股权集中度Ⅰ和股权集中度Ⅱ都同混合所有制企业竞争力之间存在 U 形关系。通过计算得到，股权集中度Ⅰ的临界点出现在 40.24% ~ 40.95%，均值为 40.63%，即股权集中度Ⅰ位于 40.63% 附近时，竞争力取得最小值，当股权集中度Ⅰ小于 40.63% 时，竞争力随着股权集中度Ⅰ的升高而下降，当股权集中度Ⅰ大于 40.63% 时，竞争力随着股权集中度Ⅰ的升高而升高；通过计算，股权集中Ⅱ的拐点出现在 41.92% ~ 43.74%，均值为 42.71%，当股权集中度Ⅱ在 42.71% 附近时，竞争力取得最小值，当股权集中度Ⅱ小于 42.71% 时，竞争力随着股权集中度Ⅱ的升高而下降，当股权集中度Ⅱ大于 42.71% 时，竞争力随着股权集中度Ⅱ的升高而升高。

第三，股权流动性同混合所有制企业竞争力之间存在 U 形关系。

用混合所有制企业的流通股比例代表股权流动性，通过竞争力和股权流动性之间的回归分析，发现股权流动性和竞争力之间存在先降后升的非线性关系，即当流通股比例低于某一水平时，竞争力随着流通股比例上升呈下降趋势，当流通股比例高于某一水平时，竞争力随流通股比例上升而上升，即股权流动性同混合所有制企业竞争力之间存在 U 形关系。通过计算得到，当流通股比例处于区域 0.1318 ~ 0.1362，均值为 0.1334，即流通股比例位于 13.34% 附近时，竞争力取得最小值。当流通股比例低于 13.34% 时，竞争力随股权流动性升高而下降；当流通股比例高于 13.34% 时，竞争力随股权流动性升高而升高。

第四，股权制衡度同混合所有制企业之间存在正相关关系。

用第二大股东持股比例与第一大股东持股比例的比值表示股权制衡度Ⅰ，用第二大股东与第十大股东的合计持股比例与第一大股东的持股比例之比表示股权制衡度Ⅱ，通过股权制衡度与竞争力的回归分析发现，不论股权制衡度Ⅰ，还是股权制衡度Ⅱ都同竞争力之间存在着线性关系，即企业竞争力随着股权制衡度的上升而上升，股权制衡度同企业竞争力之间存在正相关关系。

第五，高管持股是否对混合所有制企业竞争力产生影响不明显；企业成长性、企业规模、企业年龄同混合所有制企业的竞争力之间存在正相关关系；在与竞争力进行回归时发现，仅省级国企的虚拟变量在5%水平上显著，央企、地市级国企、县级国企以及高校（科研院所）类国企等虚拟变量的估计系数均不显著，说明省级国企的综合竞争力明显高于其他归属层级的企业。

第七章

结论与展望

第一节 结论与建议

一、研究结论

（一）混合所有制企业竞争力有逐年上升的趋势

通过计算 388 家样本企业在 2010 ~ 2014 年竞争力得分均值，发现 5 年中混合所有制企业的竞争力基本呈现上升趋势，2010 年竞争力得分最低，为171. 53；2011 年竞争力有个飞跃式上升，达到213. 66 分，2012 年回落后出现了逐年递增，2014 年竞争力达到最高，为225. 52 分，具体见图 7 - 1。

另外，2010 ~ 2014 年竞争力得分高于 1000 分的企业数分别为 9 家、18家、10 家、16 家、15 家，2011 年的企业数最多，为 18 家；五年中，得分高于 1000 分的企业平均得分分别为 1579. 47 分、1497. 01 分、1537. 56 分、1584. 87 分、1661. 6 分，在 2011 得分均值出现回落后，逐年升高，至 2014 年达到最高值 1584. 87 分。

（二）混合所有制企业竞争力分布极不均衡，整体偏弱

根据对 388 家混合所有制企业在 2010 ~ 2014 年竞争力得分的统计性描述，发现竞争力的得分分布很不均衡，两极分化现象严重，最小值和最大值之间的

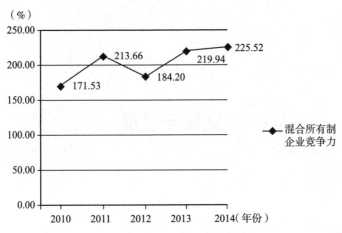

图 7 – 1   2010～2014 年制造业混合所有制企业竞争力得分均值变化趋势

极差都超过了 2000 分，极差最大为 4006 分。每年中得分的最大值从 2548.09～4015 分，但最小值却非常低，而且在 2010 年和 2011 年最小值均出现了负值，分别为冠农股份和江南红箭，得分分别为 – 120.96 分和 – 7.14 分，不过得分为负值的企业数在这两年中也只各有 1 家；2012～2014 年的 3 年中，虽然竞争力的最小值没有为负，但是也均低于 10 分，具体见表 7 – 1。

表 7 – 1   2010～2014 年制造业混合所有制企业竞争力得分统计性描述

年份	最小值	最大值	极差	中位数	均值	均值标准误
2010	– 120.96	2548.09	2669.05	72.93	171.53	14.44%
2011	– 7.14	2784.05	2791.19	94.20	213.66	17.56%
2012	7.70	2191.08	2183.38	84.42	184.20	14.55%
2013	5.34	3847.54	3842.20	105.06	219.94	18.42%
2014	9.00	4015.00	4006.00	113.00	225.52	18.69%

为进一步分析混合所有制企业内部竞争力分布的离散程度，计算 2010～2014 年中竞争力得分低于均值的情况，发现 5 年中，每年都有近 75% 的企业得分低于当年竞争力的平均值，其中 2010 年有 290 家，占比为 74.74%；2011 年有 289 家，占比为 74.48%；2012 年有 290 家，占比为 74.74%；2013 年有

293 家，占比为 75.52%；2014 年有 292 家，占比为 75.26%。再进一步计算竞争力得分低于 100 分的情况，发现 5 年中，每年都有近 50%的企业得分均值低于 100 分，具体为 2010 年有 236 家，占比为 60.82%；2011 年有 206 家，占比为 53.09%；2012 年有 216 家，占比为 55.67%；2013 年 190 家，占比为 48.97%；2014 年有 183 家，占比为 47.16%，具体可见图 7－2。

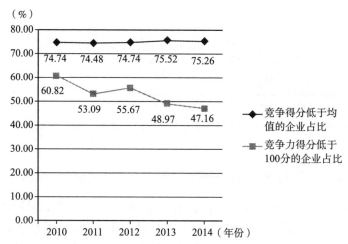

图 7－2　2010～2014 年制造业混合所有制企业竞争力离散程度趋势

（三）在各企业归属层级中，省级国企的竞争力最强，高校（科研院所）类国企的竞争力最弱

对 388 家混合所有制企业按照企业归属层级分类，计算出各企业归属层级的企业竞争力得分均值，并以此得分均值代表各企业归属层级的竞争力状况，通过比较发现省级国企的竞争力最强、央企次之，地市级国企居于中间，县级国企较低，高校（科研院所）类国企的竞争力最低，而且每年的竞争力都呈现出同样的趋势，具体可见图 7－3。通过对比央企和省级国企的竞争力得分，发现央企虽然竞争力得分高的企业数较多，但其中竞争力得分低的企业数也较多，说明央企内部竞争状况分化严重，导致央企整体竞争力得分低于省级国企。其次，沿着各企业归属层级在国民经济中发挥的作用的大小，从"地市级国企—县级国企—高校（科研院所）类国企"呈现出竞争力逐渐下降的趋势，高校（科研院所）类国企的得分最低，平均不及 50 分。

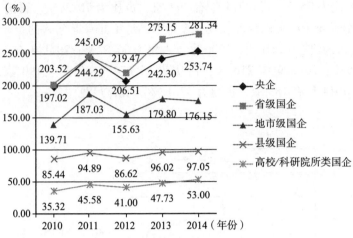

图 7 – 3　2010～2014 年各企业归属层级的竞争力得分均值分布

（四）混合所有制企业国有主体深入性与竞争力之间存在倒 U 形关系

用国有股比例代表主体深入性，通过竞争力和主体深入性之间的回归分析，发现主体深入性的程度和竞争力之间存在先升后降的非线性关系，即当国有股比例小于某一水平时，随着国有股比例提升，竞争力提升，但当国有股比例高于某一水平时，随着国有股比例提升，竞争力出现不升反降的现象，即国有股比例同混合所有制企业的竞争力存在倒 U 形关系。通过计算得到，国有股比例的最优值在 28.34% ～30.32%，均值为 29.26%，即当国有股比例在 29.26% 左右时，混合所有制企业竞争力取得最大值。

（五）混合所有制企业股权流动性与竞争力之间存在 U 形关系

用混合所有制企业的流通股比例代表股权流动性，通过竞争力和股权流动性之间的回归分析，发现股权流动性和竞争力之间存在先降后升的非线性关系，即当流通股比例低于某一水平时，竞争力随着流通股比例上升呈下降趋势，当流通股比例高于某一水平时，竞争力随流通股比例上升而上升，即股权流动性同混合所有制企业竞争力之间存在 U 形关系。通过计算得到，当流通股比例处于区域 0.1318～0.1362，均值为 0.1334，即流通股比例在 13.34% 左右时，竞争力取得最小值。当流通股比例低于 13.34% 时，竞争力随股权流动性升高而下降；当流通股比例高于 13.34% 时，竞争力随股权流动性升高而升高。

(六) 混合所有制企业股权集中度与竞争力之间存在 U 形关系

用第一大股东持股比例和前五大股东股东合计持股比例分别代表股权集中度 I 和股权集中度 II，与竞争力进行回归分析，发现竞争力与股权集中度 I 及股权集中度 II 之间都存在先降后升的 U 形关系。通过计算得到，股权集中度 I 的拐点出现在 40.24% ~ 40.95%，均值为 40.63%，即股权集中度 I 为 40.63% 左右时，竞争力取得最小值，当股权集中度 I 小于 40.63% 时，竞争力随着股权集中度 I 的升高而下降，当股权集中度 I 大于 40.63% 时，竞争力随着股权集中度 I 的升高而升高；通过计算，股权集中 II 的拐点出现在 41.92% ~ 43.74%，均值为 42.71%，当股权集中 II 在 42.71% 左右时，竞争力取得最小值，当股权集中度 II 小于 42.71% 时，竞争力随着股权集中度 II 的升高而下降，当股权集中度 II 大于 42.71% 时，竞争力随着股权集中度 II 的升高而升高。

(七) 混合所有制企业股权制衡度与竞争力之间存在正相关关系

用第二大股东持股比例与第一大股东持股比例的比值表示股权制衡度 I，用第二大股东与第十大股东的合计持股比例与第一大股东持股比例之比表示股权制衡度 II，通过股权制衡度与混合所有制企业竞争力的回归分析，发现不论股权制衡度 I，还是股权制衡度 II 都同竞争力之间存在着正相关的线性关系。即企业竞争力随着股权制衡度的上升而上升，股权制衡度同企业竞争力之间存在正相关关系。

二、对策建议

(一) 适当降低国有股比例

通过金字塔式的持股结构，选定实际控制人为国有股东的混合所有制企业，计算出最终的国有股比例（终极所有权），发现国有股比例最高的企业为广西壮族自治区出资的省级国企柳钢股份，其在 5 年中的国有股比例均最高，都超过了 80%；5 年中的国有股比例均值在 34.73% ~ 35.35%，有近 20% 的企业国有股比例超过了 50%，56% 以上的企业国有股比例超过了 30%。通过分析制造业门类中的行业大类，发现有黑色金属冶炼及压延加工业的国有股比例最高，达到了 54.36%，另有 6 个行业大类的国有股比例也接近和超过了 40%，分别为农副食品加工业、酒、饮料和精制茶制造业、纺织服装、服饰业、专用设备制造业、铁路船舶航空航天和其他运输设备制造业、其他制造业。按企业归属层级分析，省级国企的国有股比例最高，为 38.32%；央企次之，国有股比例为 36.64%；地市级国企也为 32.01%，都高于国有股比例的平均值。

党的十八届三中全会通过了《中共中央关于全面深化改革若干问题的决定》，提出了要发展混合所有制经济，此后，全国各省市都相继发布了相关关于国有企业发展混合所有制经济的相关措施；为进一步规范混合所有制经济发展，2015 年 9 月，《中共中央、国务院关于深化国有企业改革的指导意见》的顶层设计出台，而且还有针对性地出台了《国务院关于国有企业发展混合所有制经济的意见》。国有企业发展混合所有制经济，引进非国有经济成分入股国有企业，可以取长补短，促进国有企业更好的发展，对于混合后国有股的最佳比例问题，本书经过实证，得出了国有股的最佳比例在 28.34% ~ 30.32%（均值为 29.26%），而现阶段，制造业混合所有制企业的国有股比例在 34.73% ~ 35.35%（均值为 35.05%），按照国有股比例和企业竞争力之间的倒 U 形关系，当前的制造业混合所有制企业的国有股比例在最佳比例的右侧，可以通过适当降低国有股比例来提升混合所有制企业的竞争力。而且对于各行业大类中和企业归属层级中高于国有股比例最佳取值的行业和企业层级，也同样应该通过适当降低其国有股比例来提升其竞争力。

（二）适当降低第一大股东持股比例

通过对 388 家制造业混合所有制企业第一大股东的持股比例统计性描述，发现第一大股东持股比例的均值在 37% ~ 40%，最低为 5.02%，最高为 84%。第一大股东持股比例高于 50%（绝对控股）的企业数超过了 20%，高于 30%（相对控股）企业数近 45%，可见第一大股东持股比例非常高。在制造业门类中的 24 个行业大类中，有包括黑色金属冶炼及压延加工业在内的 10 个行业第一大股东持股比例均值超过 40%；在各企业归属层级中，有省级国企和央企的第一大股东持股比例超过了 40%，分别为 41.23% 和 40.62%。

根据混合所有制企业竞争力和股权集中度的回归分析可知，用第一大股东持股比例代表的股权集中度 I 和竞争力之间存在 U 形关系，通过计算可知，竞争力最小值时的第一大股东持股比例的区域在 40.24% ~ 40.95%（均值为 40.63%），而混合所有制企业第一大股东持股比例均值在这一区域的左侧，根据竞争力随第一大股东持股比例上升而下降的关系，为提高制造业混合所有制企业的竞争力，应适当降低第一大股东的持股比例。

党的十九大报告指出："深化国有企业改革，发展混合所有制经济，培育具有全球竞争力的世界一流企业"，因此，在发展混合所有制经济的过程中，要重点降低作为国有股东的第一大股东的持股比例，吸引民营股东或外资股东进入，优化混合所有制企业的股权结构。

（三）提高第二大股东至第五大股东的持股比例

通过对第一大股东至第五大股东的合计持股统计性描述，发现第一大股东至第五大股东合计持股比例的均值在 51% ~ 53%，最小值为 14.81%，最大值为 92.66%。前五大股东持股比例高于 50% 的企业数超过了 50%，高于 30% 的企业数超过了 90%。从制造业门类中的行业大类分析，有、酒、饮料和精制茶制造业、石油加工、炼焦及核燃料加工业、铁路、船舶、航空航天和其他运输设备制造业等 12 个行业的前五大股东合计持股比例超过了 50%，黑色金属冶炼及压延加工业的前五大股东合计持股依然为最高，达到 67.87%。从企业归属层级分析，央企、省级国企的前五大股东合计持股比例均值都超过了 50%，分别为 54.13%、53.66%；地市级国企和高校（科研院所）类国企的股权集中度均值次之，也接近 50%，分别为 49.09% 和 48.29%。

通过股权集中度与混合所有制企业竞争力的回归分析，用第一大股东至第五大股东合计持股比例表示的股权集中度 Ⅱ 与竞争力之间呈 U 形关系，通过计算可知，竞争力最小时第一大股东至第五大股东合计持股的在 41.92% ~ 43.74%（均值为 42.71%），而混合所有制企业中第一大股东至第五大股东持股比例均值在 51% ~ 53%，位于这一区间的右侧，竞争力随第一大股东至第五大股东合计持股比例的升高而升高，所以应提高第一大股东至第五大股东的合计持股比例，而根据第一大股东持股比例和竞争力之间的关系，为提高竞争力应适当降低第一大股东持股比例，所以应提高第二大股东至第五大股东的持股比例。

（四）提高流通股比例

在 388 家制造业混合所有制企业中，只发行 A 股的企业数为 87.89%，另有 12.11% 的企业既发行 A 股又发行 B 股或 H 股。通过对样本企业的流通股现状分析，发现只有在 2010 年流通股比例均值接近 80%，为 79.69%，其余四年流通比例均值都超过了 80%，达到全流通（流通股比例为 100%）的企业数占到了 40% 以上，流通股比例的极差较大，极差最高达 90%，流通股比例最高达 100%，最低的只有 10%。对达到全流通的企业进一步分析，发现在全流通的企业中，上海证券交易所上市的企业数超过了 80%，而在深圳证券交易所上市的企业数不足 20%；而对流通股比例过低的企业分析，发现要么这些企业为当年上市或在上一年刚上市，要么实施了高送转或非公开增发，股权处于锁定期。

通过股权流动性和混合所有制企业竞争力之间的回归分析，发现股权流动性和竞争力之间呈 U 形关系，竞争力随股权流动性的提高先降后升，根据计算得到，在竞争力最低时流通股比例在 0.1318 ~ 0.1362（均值为 0.1334），而现阶段的流通股比例均值在 79% ~ 92%，远远在这一区域的右侧，竞争力随股权流动性提高而上升，直至上升到全流通。而对达到全流通的企业分析，发现在深圳证券交易所上市的企业数占比不到 20%，所以切实可行的措施是提高在深圳证券交易所上市的企业流通股比例。

（五）加大高管持股力度

通过对 388 家样本企业分析，具有高管持股的企业非常少，而在高管持股的企业中高管持股比例又非常低，具有高管持股的企业数所占比例最高为 32.47%，最低为 30.67%，即接近 70% 以上的企业都没有实行高级管理人员持股；在高级管理人员持股的企业中，持股比例最高为 24.80%，最低为 13.89%；高管持股比例的均值最高为 0.40%，最低为 0.20%；而且，高管持股比例均值和持股比例最大值都出现了随年份递增逐年下降的趋势。在对具有高管持股的企业分析，发现超过 90% 以上的企业为在深圳证券交易所上市的企业，上海证券交易所上市企业占比不足 10%。

党的十九大报告指出："经济体制改革必须以完善产权制度和要素市场化配置为重点，实现产权有效激励。"而通过是否有高管持股作为虚拟变量对混合所有制企业进行回归时发现回归结果并不明显，原因可能是因为高管持股企业太少，只有 30% 左右。因此，应该提高具有高管持股的企业数量，而且加大高管持股比例，尤其是加大在上海证券交易所上市的企业更多实施高级管理人员持股和提高高管持股比例。《中共中央关于全面深化改革若干重大问题的决定》《中共中央、国务院关于深化国有企业改革的指导意见》和《国务院关于国有企业发展混合所有制经济的意见》都提出了要探索混合所有制企业员工持股，优先支持对科研人员、经营管理人员和业务骨干等持股。优先支持对科研、经营等高级管理人员持股和实施股权激励，容易将员工和管理层同企业形成利益共同体，促进混合所有制企业竞争力的提升。而且，不应针对存量国有资产进行股权激励和员工持股，而是应将通过员工努力创造出来的超额收益同员工分享，并坚持长期导向的激励原则。

（六）提升股权制衡程度

用第二大股东持股与第一大股东持股之比代表股权制衡度Ⅰ，用第二大股东与第十大股东合计持股与第一大股东持股之比代表股权制衡度Ⅱ，通过统计性分析，发现股权制衡度Ⅰ的均值在24%～25%，股权制衡度Ⅱ的均值在53%～57%，第二大股东能对第一大股东形成制衡作用的企业数不足5%，第二大股东至第十大股东合力可与第一大股东形成制衡作用的企业数在16%左右，股权制衡度Ⅰ的最小值为0.13%，股权制衡度Ⅱ的最小值为0.77%，即第二大股东至第十大股东合计持股都不及第一大股东的1%，可见制衡度非常弱。

通过股权制衡度和混合所有制企业竞争力之间的回归分析，发现不论是股权制衡度Ⅰ还是股权制衡度Ⅱ都和竞争力之间存在正相关关系，所以为提高制造业混合所有制企业的竞争力，需提升股权制衡度，提高第二大股东持股比例。有学者认为应该在混合所有制企业中引进非国有的第二大股东，非国有的第二大股东能够通过引入关系股东、争取董事会席位、运用法律制度等路径来制衡控股股东，能够对大股东的战略行为进行纠偏，有利于提升公司绩效和竞争力，解决国有股权与非国有股权的激励相容问题。[①] 因此，在当前发展混合所有制的过程中，国有企业引进民营资本或外资资本时，应保持适当的股权制衡度，相比引入分散的小股东，有意识地打造第二大股东，更能起到有效制衡的作用；此外，还应提升第二大股东至第十大股东的合计持股比例。

---

① 郝云宏，汪茜. 混合所有制企业股权制衡机制研究——基于"鄂武商控制权之争"的案例解析 [J]. 中国工业经济，2015（3）：148－160.

（七）建立科学的混合所有制企业公司治理机制

为提升制造业混合所有制企业的竞争力，除上述措施外，还应建立科学有效的公司治理机制。因为发展混合所有制企业，实施两种不同所有制资本之间有效的制度衔接、组织架构及企业文化的深度融合是难度很大的系统工程，除建立相互制衡的股权结构外，还需要加强信息披露，防止出现信息不对称的"道德风险"和"逆向选择"等问题。同时，在混合所有制企业的董事会建设方面，还应总结以前的董事会试点经验，落实董事会选人用人职权，建立对高级管理人员的激励约束机制，增加外部董事和独立董事的比例，保持董事会的独立性。

习近平总书记 2016 年出席全国国有企业党的建设座谈会时，强调坚持党对国有企业的领导是重大政治原则，必须一以贯之；建立现代企业制度是国有企业改革的方向，也必须一以贯之。中国特色现代国有企业制度，"特"就特在把党的领导融入公司治理各环节，把企业党组织内嵌到公司治理结构之中，明确和落实党组织在公司法人治理结构中的法定地位，做到组织落实、干部到位、职责明确、监督严格。十九大新修订的《中国共产党党章》中规定"国有企业党委（党组）发挥领导作用，把方向、管大局、保落实，依照规定讨论和决定企业重大事项"。因此，可以通过将党建工作总体纳入公司章程，明确党组织在公司治理中的法定地位，通过推行党组织先议、会前沟通、会上表达、会后报告"四步法"，确保党组织参与企业经营管理重大问题决策落到实处，充分发挥党组织把方向、管全局、保落实作用，通过形成"党组织与股东会、董事会、经理层、监事会五位一体"的中国特色现代国有企业治理机制，来提升混合所有制企业的竞争力。

第二节　局限与展望

一、研究局限

第一，本书在选择研究对象进行研究时，为了便于数据的可获得性，所选择的制造业企业，只局限于已在沪、深两市上市的企业，而未涉及目前还没有公开上市的企业。

第二，本书在选择研究对象时，只选择了上市公司数量最多的制造业门类中的上市公司，而没有涉及所有行业的上市公司；在选择制造业的上市公司时，也只选择了实际控制人为国有股东的上市公司，没有涉及实际控制人为民营股东和外资股东的上市公司，所以研究对象过于有限。

第三，本书在构建混合所有制企业竞争力的指标体系时，只对规模竞争力、增长竞争力、效率竞争力进行了评价，而无进行制造业混合所有制企业的创新竞争力评价，原因在于本书选取的制造业门类中包括 24 个行业大类，对于很多行业大类中的上市公司没有在年报中披露诸如"科研人员占全体人员的比重""研发投入占所有投入的比重""所获专利数量"等与创新有关的相关数据，鉴于数据的难以获得性，本书没有建立与创新相关的竞争力评价指标。

二、研究展望

第一，扩大研究范围和研究对象。本书接下来的进一步研究对象要超出制造业类的上市公司的研究范围，把范围扩展至 2012 年证监会颁布的行业分类中的所有行业，研究所有行业混合所有制上市企业的竞争力；而且还要进一步扩大研究对象，不仅要研究实际控制人是国有股东的上市公司，还要把研究对象扩大到实际控制人是民营股东和外资股东的上市公司，更透彻地研究所有的混合所有制上市企业，比较国有控股与非国有控股的混合所有制企业的竞争力差异及与股权结构之间的关系。

第二，充实混合所有制企业竞争力的评价指标体系。本书接下来对混合所有制企业竞争力的评价一定要包括到创新竞争力，因为随着《中国制造 2025》的实施和中国由制造大国向制造强国的转变，以及"大众创业、万众创新"在全国蔚然成风，未来混合所有制企业的发展必将离不开企业自身创新能力的提升，因此，科学的评价混合所有制企业的创新能力，便于查找不足、寻找原因，采取切实有效的提升混合所有制企业创新能力的对策。

第三，加强对未上市企业的研究。本书不能仅局限于对已上市企业的研究，还需要进一步对未上市企业进行研究，尤其是去发现未上市企业的数据库以及增强现场调研，获得更多的未上市企业的数据，充实研究内容。

参 考 文 献

［1］ R. P Rumelt. Strategy, structure, and economic performance ［M］. The Harvard Business School Press, 1986.

［2］ J. Barney. Firm resources and sustained competitive advantage ［M］. Journal of management, 1991 (17): 99 - 120.

［3］ Boltho, A. The Assessment: International Competitiveness ［J］. oxford Review of Economic Policy, 1996, 12 (3): 1 - 16.

［4］ OECD (2001). The New Economy: Beyond the Hype. The OECD Growth Project, Paris.

［5］ Prahalad C K, Hamel G. The Core Competence of the Corporation ［J］. Harvard Business Review, 1990.

［6］ Leonard - Barton D. Core Capabilities and Core Rigidities: A Paradox in Managing New Product Development ［J］. Strategic Management Journal, 1992, (13).

［7］ Henderson R, Cockburn I. Measuring Competence? Exploring Firm Effects in Pharmaceutical Research ［J］. Strategic Management Journal, 1994, (15).

［8］ Meyer, M. H. , Utterback, J. M. . Product development cycle time and commercial success ［J］. IEEE Transactions on Engineering Management, 1995.

［9］ Coombs, Rod. Core Competence and the Strategic Management of R&D ［J］. R&D Management, 1996 (24).

［10］ J. S. Bain. Barriers to new competition : Their character and consequences in Manufacturing industries. ［M］. The Fairfield Press, 1956.

［11］ Siggel, E. and Semogerere, G. Uganda's Policy Reforms, Industry Competitiveness and Regional Integration: a Comparison with Kenya ［J］. Journal of International Trade&Economic Development, 2004, 13 (3): 325 - 357.

［12］ F. M. Scherer, D. Ross. Industrial market structure and economic performance [M]. The MIT Press, 1984.

[13] Carayannis, J. Alexander, AIoannidis. Leveraging knowledge, learning, and innovation in forming strategic government-university-industry (GUI) R&D partnerships in the US, Germany, and France. [J]. Technovation, 2000, 20 (9): 477 - 488.

[14] S. Sahney, D. K. Banwet, S. Karunes. Enhancing quality in education: application Of quality function deployment—an industry perspective. [J]. Work Study, 2003, 157 (2): 398 - 408.

[15] IMD&WEF. 1989 - 1995, The World Competitive Yearbook.

[16] IMD. 1996 - 2005, The World Competitive Yearbook.

[17] WEF. 2007 - 2008. The Global Competitiveness Report.

[18] IMD. 2007, World Competitiveness Yearbook.

[19] Berle A. and Means G. The Modem Corporation and Private Property [M]. Harvourt, Brace and World Inc. , New York, 1932, revised edition 1967.

[20] Jensen, Michael C. , and William H. Meckling. Theory of the Firm: Managerial Behavior, Agency Costs and Ownership Structure [J]. Journal of Financial Economics, 1976: 305 - 360.

[21] Shleifer A, Vishny R W. Large shareholders and corporate control [J]. Journal of Political Economy, 1986 (94): 461 - 488.

[22] Hiill, c. , and Snell, S. , Effects of Ownership Structure and Control on Corporate Productivity [J]. Academy of Management Journal, 1989, 32 (1): 25 - 46.

[23] Bonin, J. P. , Hasan, L. , Wachtel, P. , Bank Performance, Efficiency and Ownership in Transition Countries [J]. Journal of Banking & Finance, 2005, 29 (1): 31 - 53.

[24] Antonio, M. V. , Campbell, K. , The Influence of Gender on Spanish Boards of Directors: An Empirical Analysis. Working Papers. Serie EC, 2007.

[25] Leech, D. , Leahy, J. , Ownership Structure, Control Type Classifications and the Performance of Large British Companies [J]. Economic Journal, 1991, 101 (11): 1418 - 1437.

[26] Mudambi, R, Nicosia, C. , Ownership Structure and Firm Performance: Evidence from the UK Financial Services Industry [J] . Taylor and Francis

Journals, 1998, 8 (2): 175 - 180.

[27] Burkart, M., Gromb, D., and Panunzi, F., Large Shareholders, Monitoring, And the Value of the Firm [J]. The Quarterly Journal of Economics, 1997, 12 (3): 693 - 728.

[28] Kim, K. A., Kitsabunharat - Chatjuthamard, P., Nofsinger, J. R, Large Shareholders, Board Independence, and Minority Shareholder Rights: Evidence from Europe [J]. Journal of Corporate Finance, 2007, 13 (5): 859 - 880.

[29] Demsetz H, Lehn K. The structure of corporate ownership: Causes and consequences [J]. Journal of Political Economy, 1985 (93): 1155 - 1177.

[30] Mehran H. Executive Compensation Structure, Ownership and Firm Performance [J]. Journal of Financial Economics, 1995, 38 (2): 163 - 184.

[31] Tian L H. Government shareholding and the value of China's modern firms [Z]. William Davidson Institute working paper 395, University of Michigan Business School, 2001.

[32] Sun Q, Tong W, Tong J. How does government ownership affect firm performance? evidence from China's privatization experience [J]. Journal of Business Finance and Accounting, 2002, 29 (1 - 2).

[33] Cho, M. H.. Ownership Structure, Investment, and the Corporate Value: An Empirical Analysis [J]. Journal of Financial Economics, 1988, 47 (1): 103 - 121.

[34] Holderness. C. G and D. E Sheehan. The Role of Majority Shareholders in Publicly Held Corporations: an Exploratory Analysis [J]. Journal of Financial Economics, 1988, 20 (1 - 2): 317 - 346.

[35] Iannotta, G., G Nocera and A. Sironi. Ownership Structure, Risk and Performance in the European Banking Industry [J]. Journal of Banking & Finance, 2007, 31 (7): 2127 - 2149.

[36] Jensen, M. C., W H. Meckling. Theory of the Firm : Man agerial Behavior, Agency Costs and Ownership Structure [J]. Journal of Financial Economics, 1976, 3 (4): 305 - 60.

[37] Shleifer, A. and R. Vishny. Large Shareholders and Corporate Control [J]. Journal of Political Economy, 1986, 94 (3): 461 - 488.

[38] Booth et al. Boards of Directors, Ownership, and Regulation [J]. Jour-

nal of Banking and Finance, 2002 (26): 1973 – 1996.

[39] Burket, Gromb and Panunzi. Large Shareholders, Monitoring, and the Value of the Firm [J]. Quarterly Journal of Economics, 1997 (112): 693 – 728.

[40] Core, Guay and Larcker. Executive Equity Compensation and Incentives: A Survey [J]. Federal Reserve Bank of New York Economic Policy Review, 2003 (9): 27 – 50.

[41] Cui and Mak. The Relationship Between Managerial Ownership and Firm Performance in High R&D Firms [J]. Journal of Corporate Finance, 2002 (8): 313 – 336.

[42] Demsetz and Lehn. The Structure of Corporate Ownership: Causes and Consequences [J]. Journal of Political Economy, 1985 (93): 1155 – 1177.

[43] Morck, Shleife. and Vishny. Management Ownership and Market Value——An Empirical Analysis [J]. Journal of Financial Economics, 1988 (20): 293 – 315.

[44] Himmelberg, Hubbard and Palia. Understanding the Determinants of Managerial Ownership and the Link between Ownership and Performance [J]. Journal of Financial Economics, 1999 (53): 353 – 384.

[45] Heibatollah Sami, JustinWangb, Haiyan Zhou. Corporate governance and operating performance of Chinese listed firms [J]. Journal of International Accounting, Auditing and Taxation, 2011, 20 (2): 106 – 114.

[46] Džani A. Concentration of ownership and corporate performance: evidence from the Zagreb Stock Exchange [J]. General Information, 2012 (1): 29 – 52.

[47] Wei Zuobao, Feixue Xie and Shaorong Zhang. Ownership Structure and Firm Value in China's Privatized Firms [J]. Journal of Financial Quantitative Analysis, 2005 (40): 87 – 108.

[48] M. Bennedsen, D. Wolfenzon. The balance of power in closely held corporations [J]. Journal of Financial Economics, 2000 (58): 113 – 139.

[49] McConnell J. J., Servaes H. Additonal Evidence on Equity Ownership and Corporate Value [J]. Journal of Financial Economics, 1990 (27): 595 – 612.

[50] Claessens, S., and J. P. H. Fan. The Benefits and Costs of Group Affiliation: Evidence from East Asia. Emerging Markets Review, 2006 (7): 1 – 26.

［51］党的十八届三中全会．中共中央关于全面深化改革若干问题的决定
［M］．北京：人民出版社，2013．

［52］潘石．中国"混合经济"论［J］．当代经济研究，1999（9）：18 -
23．

［53］常修泽．中国国企改革和民营经济发展中的几个突出问题［J］．产
权导刊，2004（8）：4 - 8．

［54］胡锋．国企改革中实施混合所有制探析［J］．贵州社会科学，2014
（10）：110 - 113．

［55］肖辉．对发展混合所有制经济的几点认识［J］．岭南学刊，2004
（1）：23 - 26．

［56］高鹏．论混合所有制经济的基本特征［J］．学习论坛，2000（5）：
18 - 19．

［57］邓燕萍．关于混合所有制企业产权结构特征的分析［J］．求实，
2000（11）：18 - 19．

［58］曾国平，刘翰琳．论混合所有制的滥觞与发展［J］．经济问题探索，
2000（8）：47 - 49．

［59］戴文标．论混合所有制形式的性质［J］．浙江学刊，2001（4）：
45 - 48．

［60］王平．高明华：反对资源垄断国企实行混合所有制［J］．国企，
2014（5）：30 - 33．

［61］中共上海市委办公厅、市政府办公厅．关于推进本市国有企业积极
发展混合所有制经济的若干意见（试行）［N］．自贸区邮报，2014 - 7 - 8．

［62］毛立言．关于中国特色现代国有企业治理结构问题的新思考［J］．
毛泽东邓小平理论研究，2012（7）：23 - 29．

［63］谢军．中国混合所有制企业国有产权管理研究［D］．武汉理工大学
博士论文，2013．

［64］石予友．混合所有制企业公司治理——利益冲突视角的研究［M］．
北京：经济管理出版社，2010．

［65］胡锋．混合所有制企业股权结构现状研究——基于国有控股的制造
业上市公司的实证分析［J］．湖南行政学院学报，2016（6）：76 - 82．

［66］万华炜．中国混合所有制企业产权制度研究［M］．北京：中国经济
出版社，2009．

［67］张文魁．中国混合所有制企业的兴起及其公司治理研究［M］．北京：经济科学出版社，2010．

［68］吴延兵．不同所有制企业技术创新能力考察［J］．产业经济研究，2014（2）：53－64．

［69］金碚．论企业竞争力的性质［J］．中国工业经济，2001（10）：5－10．

［70］迈克尔·波特．国家竞争优势［M］．北京：华夏出版社，2002．

［71］千庆兰．中国地区制造业竞争力新论［M］．北京：科学出版社，2006．

［72］杨洪焦，孙林岩，官俊涛．区域制造业竞争力评价体系研究［J］．经济问题探索，2007（7）：125－128．

［73］徐斌．江苏制造业竞争力研究［M］．北京：科学出版社，2009．

［74］金碚．企业竞争力测评的理论与方法［J］．中国工业经济，2003（3）：5－13．

［75］金碚．中国企业竞争力报告（2003）：竞争力的性质和源泉［M］．北京：社会科学文献出版社，2003．

［76］王立平．中国制造业竞争力实证分析［J］．当代财经，2005（3）：85－88．

［77］胡锋．混合所有制企业竞争力研究［J］．上海经济研究，2017（10）：13－21．

［78］郑明身，田兰章，王俊杰．中国 IT 制造业的国际竞争力实证研究［J］．管理世界，2005（2）：68－76．

［79］陈立敏，王璇，饶思源．中美制造业国际竞争力比较：基于产业竞争力层次观点的实证研究［J］．中国工业经济，2009（6）：57－66．

［80］王军，王瑞．山东省制造业竞争力的比较研究［J］．东岳论丛，2011（12）：95－99．

［81］张广宏．上市公司竞争力及其评价分析——以中国农业上市公司为例［D］．福建农林大学博士学位论文，2012．

［82］周威．中国工程机械产业国际竞争力研究［D］．吉林大学博士学位论文，2014．

［83］周渤．中国央企竞争力研究［D］．吉林大学博士学位论文，2014．

［84］姚圣娟，马健．混合所有制企业的股权结构与公司治理研究［J］．

华东经济管理, 2008 (4): 52-57.

[85] 黄晓飞, 井润田. 我国上市公司的实证研究: 股权结构和高层梯队与公司绩效的关系 [J]. 管理学报, 2006 (5): 336-346.

[86] 施东晖. 股权结构、公司治理与绩效表现 [J]. 世界经济, 2000 (12): 37-44.

[87] 宾国强, 舒元. 股权分割、公司业绩与投资者保护 [J]. 管理世界, 2003, (5): 101-107.

[88] 陈远志, 梁彤缨. 行业特征、股权结构与公司绩效的实证研究 [J]. 系统工程, 2006 (2): 72-77.

[89] 谭兴民, 宋增基, 杨天赋. 中国上市银行股权结构与经营绩效的实证分析 [J]. 金融研究, 2010 (11): 144-154.

[90] 易行建, 杨碧云. 多元化经营战略、核心竞争力框架与股权结构 [J]. 南开管理评论, 2003 (2): 55-59.

[91] 卞琳琳, 王怀明. 农业上市公司治理结构与竞争力关系研究 [J]. 南京农业大学学报 (社会科学版), 2008 (3): 26-31.

[92] 张晖明, 陆军芳. 混合所有制经济的属性与导入特点的新探究 [J]. 毛泽东邓小平理论研究, 2015 (2): 23-28.

[93] 胡锋, 黄速建. 混合所有制经济的优势、改革困境与上海实践 [J]. 经济体制改革, 2016 (5): 100-105.

[94] 李先灵. 依宪推进混合所有制经济发展 [J]. 红旗文稿, 2015 (9): 22-23.

[95] 林毅夫. 企业自生能力与国企改革 [J]. 发展论坛, 2005 (8): 11-12.

[96] 金碚. 新常态下国企改革与发展的战略方向 [J]. 北京交通大学学报 (社会科学版), 2015 (4): 1-6.

[97] 廖冠民, 沈红波. 国有企业的政策性负担: 动因、后果及治理 [J]. 中国工业经济, 2014 (6): 96-108.

[98] 陈林, 唐杨柳. 混合所有制改革与国有企业政策性负担——基于早期国企产权改革大数据的实证研究 [J]. 经济学家, 2014 (11): 13-23.

[99] 肖贵清, 乔惠波. 混合所有制经济与国有企业改革 [J]. 社会主义研究, 2015 (3): 50-56.

[100] 黄速建. 中国国有企业混合所有制改革研究 [J]. 经济管理, 2014

（7）：1－10.

[101] 胡锋．国有企业分类改革：动因、理论指导与当前实践 [J]．湖湘论坛，2017（2）：88－94.

[102] 郑志刚．国企公司治理与混合所有制改革的逻辑和路径 [J]．证券市场导报，2015（6）：4－12.

[103] 刘凤义．论发展混合所有制经济中的两个理论问题 [J]．中国特色社会主义研究，2015（1）：33－38.

[104] 李正图．改革开放 30 年来我国所有制理论和政策的结构性变迁 [J]．毛泽东邓小平理论研究，2008（9）：36－43.

[105] 胡锋．混合所有制经济研究——基于文献综述的视角 [J]．上海市经济管理干部学院学报，2016（3）：17－26.

[106] 顾钰民．所有权分散与经营权集中——混合所有制的产权特征和效率分析 [J]．经济纵横，2006（2）：45－48.

[107] 程承坪，刘凡．发展混合所有制经济应把握的若干重大问题 [J]．学习与实践，2015（4）：40－48.

[108] 胡锋．现阶段发展混合所有制企业要着重解决好的几个问题 [J]．湖湘论坛，2016（1）：103－107.

[109] 石建国．混合所有制将为国企改革开启新局面 [J]．福建论坛·人文社会科学版，2014（1）：20－25.

[110] 中国社会科学院工业经济研究所课题组．论新时期全面深化国有经济改革重大任务 [J]．中国工业经济，2014（9）：5－24.

[111] 金碚．发展混合所有制复杂性不可低估 [N]．人民日报，2015－3－30（第 007 版）.

[112] 李维安．深化国企改革与发展混合所有制 [J]．南开管理评论，2014（3）.

[113] 郝云宏，汪茜．混合所有制企业股权制衡机制研究——基于"鄂武商控制权之争"的案例解析 [J]．中国工业经济，2015（3）：148－160.

[114] 马连福，王丽丽，张琦．混合所有制的优序选择：市场的逻辑 [J]．中国工业经济，2015（7）：5－20.

[115] 胡锋．混合所有制企业竞争力与国有股比例关系研究——基于制造业的分析 [J]．上海经济，2018（1）：18－26.

[116] 汤吉军．不完全契约视角下国有企业发展混合所有制分析 [J]．中

国工业经济, 2014 (12): 31 - 43.

[117] 白重恩, 刘俏等. 中国上市公司治理结构的实证研究 [J]. 经济研究, 2005 (2): 81 - 91.

[118] 吴淑琨. 股权结构与公司绩效的 U 形关系研究——1997 ~ 2000 年上市公司的实证研究 [J]. 中国工业经济, 2002 (1): 80 - 87.

[119] 孙永祥, 黄祖辉. 上市公司的股权结构与绩效 [J]. 经济研究, 1999 (12): 23 - 30.

[120] 郝淑辰, 陶虎, 田金方. 不同股权结构的国有企业治理效率比较研究 [J]. 中国工业经济, 2011 (9): 130 - 139.

[121] 胡锋, 黄速建. 对国有资本投资公司和运营公司的再认识 [J]. 经济体制改革, 2017 (6): 98 - 103.

[122] 曹廷求, 杨秀丽, 孙宇光. 股权结构与公司绩效: 度量方法和内生性 [J]. 经济研究, 2007 (10): 126 - 137.

[123] 席酉民, 赵增耀. 公司治理 [M]. 北京: 高等教育出版社, 2004.

[124] 孙永祥. 公司治理结构: 理论与实证研究 [M]. 上海: 上海人民出版社, 2002.

[125] 胡国柳. 股权结构与企业理财行为研究 [M]. 北京: 中国人民大学出版社, 2006.

[126] 马永斌. 公司治理与股权激励 [M]. 北京: 清华大学出版社, 2010.

[127] 孙兆斌. 股权集中、股权制衡与上市公司的技术效率 [J]. 管理世界, 2006 (7): 115 - 123.

[128] 黄渝祥, 孙艳等. 股权制衡与公司治理研究 [J]. 同济大学学报, 2003 (9): 1102 - 1106.

[129] 胡锋. 如何推动国有资本做强做优做大 [N]. 社会科学报, 2017 - 11 - 30 (第 2 版).

[130] 习近平. 决胜全面建成小康社会 夺取新时代中国特色社会主义伟大胜利——在中国共产党第十九次全国代表大会上的报告 [M]. 北京: 人民出版社, 2017.

附　录

附表 1　388 家混合所有制企业 2010～2013 年综合竞争力得分

证券代码	证券简称	2010 年竞争力	2011 年竞争力	2012 年竞争力	2013 年竞争力	行业代码	企业归属
000016	深康佳 A	474.51	534.16	454.76	511.11	C39	央企
000019	深深宝 A	14.09	18.08	17.00	20.67	C15	地市级
000039	中集集团	1472.92	1801.25	1287.06	1447.23	C32	央企
000049	德赛电池	98.56	142.49	98.40	131.05	C38	地市级
000050	深天马 A	174.14	221.82	156.51	186.56	C39	央企
000060	中金岭南	238.04	303.74	240.53	267.03	C32	省级
000070	特发信息	32.40	43.55	39.13	48.75	C38	地市级
000158	常山股份	408.35	445.88	279.37	216.78	C17	地市级
000338	潍柴动力	913.77	1143.50	1337.18	1046.46	C36	省级
000400	许继电气	141.46	164.25	122.34	131.89	C38	央企
000401	冀东水泥	375.15	480.79	405.55	461.49	C30	地市级
000404	华意压缩	142.76	171.34	131.07	153.64	C34	地市级
000410	沈阳机床	320.87	402.42	313.62	355.36	C34	地市级
000422	湖北宜化	88.21	141.80	96.15	399.19	C26	地市级
000423	东阿阿胶	125.51	153.19	135.98	141.87	C27	央企
000425	徐工机械	291.99	467.00	360.15	233.74	C35	地市级
000488	晨鸣纸业	421.88	498.63	363.67	342.71	C22	县级
000519	江南红箭	34.07	-7.14	30.98	120.98	C30	央企
000521	美菱电器	92.75	113.27	325.52	328.56	C38	地市级
000523	广州浪奇	14.81	17.51	18.29	20.70	C26	地市级
000528	柳工	294.90	369.50	297.83	311.16	C35	省级
000529	广弘控股	22.14	26.92	21.91	26.35	C13	省级
000530	大冷股份	29.07	36.57	47.02	53.36	C34	地市级
000538	云南白药	94.69	112.59	282.60	136.39	C27	省级

证券代码	证券简称	2010 年竞争力	2011 年竞争力	2012 年竞争力	2013 年竞争力	行业代码	企业归属
000550	江铃汽车	234.44	281.49	245.61	335.14	C36	地市级
000553	沙隆达 A	58.42	62.50	49.60	54.11	C26	央企
000565	渝三峡 A	24.07	26.48	28.26	29.96	C26	省级
000568	泸州老窖	49.62	57.91	54.44	55.34	C15	地市级
000570	苏常柴 A	78.36	88.78	69.57	79.16	C34	地市级
000581	威孚高科	125.70	147.13	117.05	132.40	C36	地市级
000589	黔轮胎 A	215.25	236.85	191.34	219.09	C29	地市级
000596	古井贡酒	106.31	141.13	119.45	149.42	C15	地市级
000597	东北制药	222.78	255.41	198.03	223.01	C27	地市级
000599	青岛双星	222.94	243.02	182.28	192.51	C29	地市级
000606	青海明胶	25.30	29.03	24.85	34.29	C27	省级
000617	石油济柴	35.12	66.01	52.34	38.89	C34	央企
000619	海螺型材	34.45	39.98	28.11	29.74	C29	省级
000625	长安汽车	303.02	424.98	353.13	782.97	C36	央企
000630	铜陵有色	384.19	453.32	382.44	431.00	C32	省级
000635	英力特	78.08	90.42	70.38	72.53	C26	央企
000636	风华高科	197.62	208.29	146.74	153.17	C39	省级
000651	格力电器	1459.00	1989.23	1791.47	1850.21	C38	地市级
000657	中钨高新	38.91	42.36	28.81	262.90	C32	央企
000661	长春高新	62.98	84.37	73.92	86.36	C27	地市级
000666	经纬纺机	319.27	387.46	314.35	316.21	C35	央企
000678	襄阳轴承	54.02	65.60	51.55	58.48	C34	省级
000680	山推股份	87.03	115.61	193.89	202.88	C35	省级
000682	东方电子	42.98	60.65	63.04	76.22	C38	地市级
000698	沈阳化工	119.59	119.85	90.52	97.27	C25	央企
000702	正虹科技	40.06	50.61	37.77	41.68	C13	县级

证券代码	证券简称	2010年竞争力	2011年竞争力	2012年竞争力	2013年竞争力	行业代码	企业归属
000707	双环科技	81.43	90.87	122.44	130.28	C26	地市级
000708	大冶特钢	87.22	102.94	80.31	91.60	C31	央企
000709	河北钢铁	1335.57	1531.45	1163.21	1269.68	C31	省级
000717	韶钢松山	290.27	337.20	267.61	254.68	C31	央企
000725	京东方A	447.03	469.07	528.13	703.26	C39	省级
000727	华东科技	61.05	68.38	80.26	79.63	C39	央企
000729	燕京啤酒	759.92	1044.20	911.28	1036.22	C15	省级
000731	四川美丰	53.87	62.15	55.30	72.70	C26	央企
000733	振华科技	167.13	200.55	163.11	156.65	C39	央企
000737	南风化工	178.03	192.68	140.13	152.04	C26	省级
000738	中航动控	174.88	220.17	185.61	209.91	C37	央企
000751	锌业股份	255.54	291.54	129.64	167.49	C32	央企
000755	山西三维	68.03	78.29	57.80	75.36	C26	省级
000756	新华制药	135.43	161.10	130.46	150.30	C27	省级
000761	本钢板材	593.93	680.81	542.16	610.95	C31	省级
000768	中航飞机	350.69	417.47	712.47	817.24	C37	央企
000777	中核科技	27.11	34.59	28.88	23.18	C34	央企
000778	新兴铸管	425.05	593.68	500.29	556.87	C33	央企
000786	北新建材	87.53	112.14	254.47	282.64	C30	央企
000788	北大医药	70.67	87.19	60.14	73.40	C27	高校（科研院所）
000789	万年青	117.05	162.61	139.61	172.67	C30	省级
000792	盐湖股份	93.48	306.89	320.50	438.59	C26	省级
000800	一汽轿车	199.78	230.94	172.12	185.80	C36	央企
000807	云铝股份	96.64	113.85	96.02	106.53	C32	省级
000811	烟台冰轮	40.27	50.39	40.01	44.49	C34	地市级
000819	岳阳兴长	14.69	16.43	14.67	20.21	C25	央企

证券代码	证券简称	2010年竞争力	2011年竞争力	2012年竞争力	2013年竞争力	行业代码	企业归属
000823	超声电子	119.28	154.84	128.90	150.43	C39	地市级
000825	太钢不锈	658.79	636.10	527.72	709.47	C31	省级
000830	鲁西化工	240.43	318.30	261.63	317.97	C26	地市级
000837	秦川机床	52.63	61.06	50.19	55.76	C34	省级
000850	华茂股份	136.73	152.73	135.15	155.15	C17	地市级
000852	石化机械	38.90	69.16	80.20	87.97	C35	央企
000858	五粮液	732.08	1044.88	671.70	688.35	C15	地市级
000859	国风塑业	34.05	49.25	34.98	39.45	C29	地市级
000860	顺鑫农业	142.96	179.75	164.46	170.19	C13	地市级
000868	安凯客车	72.05	63.09	76.17	110.55	C36	地市级
000877	天山股份	61.61	76.09	149.28	304.17	C30	央企
000878	云南铜业	304.83	410.23	331.46	320.32	C32	央企
000880	潍柴重机	48.92	61.23	54.76	73.90	C34	省级
000885	同力水泥	50.12	68.38	62.54	75.38	C30	省级
000901	航天科技	48.04	50.61	45.31	50.91	C37	央企
000903	云内动力	47.97	53.54	42.42	44.71	C34	地市级
000911	南宁糖业	225.49	128.32	91.58	97.90	C13	地市级
000913	钱江摩托	185.25	185.88	146.06	136.42	C37	县级
000915	山大华特	6.58	8.54	51.30	61.19	C27	高校（科研院所）
000919	金陵药业	81.49	97.06	94.74	112.64	C27	地市级
000923	河北宣工	50.55	60.19	47.41	50.48	C35	省级
000925	众合科技	23.03	26.61	21.52	5.34	C35	高校（科研院所）
000930	中粮生化	207.15	241.19	187.35	201.76	C26	央企
000932	华菱钢铁	762.56	909.39	730.41	832.13	C31	省级
000933	神火股份	786.06	954.53	795.18	870.27	C32	地市级
000949	新乡化纤	232.76	285.85	218.16	239.49	C28	地市级

证券代码	证券简称	2010年竞争力	2011年竞争力	2012年竞争力	2013年竞争力	行业代码	企业归属
000950	建峰化工	42.48	57.83	52.43	65.19	C26	省级
000951	中国重汽	166.61	193.42	169.23	191.93	C36	地市级
000952	广济药业	25.21	30.27	7.70	23.61	C27	省级
000957	中通客车	60.56	75.55	67.17	79.19	C36	省级
000959	首钢股份	170.95	94.98	72.05	63.18	C31	省级
000960	锡业股份	354.04	438.34	360.57	419.47	C32	省级
000962	东方钽业	57.30	68.32	58.51	61.47	C32	央企
000969	安泰科技	73.07	96.55	69.81	155.94	C33	央企
000970	中科三环	118.69	140.23	110.88	129.03	C39	高校（科研院所）
000973	佛塑科技	106.62	117.07	91.56	103.03	C29	省级
000985	大庆华科	18.61	21.23	16.12	18.92	C26	央企
000988	华工科技	106.81	138.70	107.87	120.05	C39	高校（科研院所）
000990	诚志股份	39.69	45.58	55.21	65.50	C26	高校（科研院所）
000999	华润三九	197.20	354.83	268.33	311.19	C27	央企
002013	中航机电	16.43	18.88	29.56	8.93	C37	央企
002025	航天电器	25.28	32.48	27.86	31.66	C39	央企
002030	达安基因	13.01	15.37	13.06	15.94	C27	高校（科研院所）
002037	久联发展	4.16	118.97	109.37	140.22	C26	省级
002046	轴研科技	18.20	22.45	19.55	24.02	C34	央企
002049	同方国芯	32.72	30.26	33.86	36.80	C39	高校（科研院所）
002053	云南盐化	91.59	104.81	84.29	108.01	C26	省级
002057	中钢天源	19.92	23.60	14.50	18.06	C26	央企
002061	江山化工	20.15	23.32	19.09	21.02	C26	省级
002066	瑞泰科技	52.14	78.72	79.14	93.11	C30	央企
002068	黑猫股份	55.75	83.17	78.61	105.00	C26	地市级
002080	中材科技	67.19	101.85	120.02	128.74	C30	央企

证券代码	证券简称	2010年竞争力	2011年竞争力	2012年竞争力	2013年竞争力	行业代码	企业归属
002087	新野纺织	206.25	201.21	170.87	202.79	C17	县级
002092	中泰化学	143.80	192.06	196.85	258.42	C26	省级
002096	南岭民爆	47.93	55.71	120.33	131.46	C26	省级
002100	天康生物	42.78	53.69	45.34	55.17	C13	省级
002101	广东鸿图	60.75	74.53	62.76	72.36	C36	省级
002106	莱宝高科	36.12	45.08	44.79	65.64	C39	央企
002109	兴化股份	40.95	42.21	34.55	39.08	C26	省级
002110	三钢闽光	174.49	214.16	177.61	198.85	C31	省级
002112	三变科技	21.17	24.72	19.12	22.67	C38	县级
002114	罗平锌电	30.10	38.50	30.36	33.37	C32	县级
002125	湘潭电化	25.17	42.33	35.09	36.04	C26	地市级
002129	中环股份	48.23	77.25	73.95	95.03	C38	省级
002136	安纳达	13.72	16.61	15.87	17.64	C26	地市级
002149	西部材料	30.10	35.52	29.40	33.86	C32	省级
002152	广电运通	29.71	109.66	103.25	168.60	C34	地市级
002179	中航光电	133.26	176.44	147.53	189.48	C39	央企
002189	利达光电	52.03	56.88	42.50	47.52	C39	央企
002190	成飞集成	12.11	16.22	41.43	51.21	C35	央企
002204	大连重工	10.51	198.87	156.70	169.12	C35	地市级
002205	国统股份	14.20	31.32	27.08	43.06	C30	央企
002222	福晶科技	19.15	25.97	18.21	19.84	C39	高校（科研院所）
002243	通产丽星	37.36	50.83	41.18	37.06	C29	地市级
002246	北化股份	33.21	36.35	29.82	54.19	C26	央企
002254	泰和新材	28.31	34.55	28.57	32.99	C28	地市级
002258	利尔化学	22.12	52.13	41.70	48.95	C26	高校（科研院所）
002297	博云新材	15.40	18.63	15.67	19.02	C30	高校（科研院所）

证券代码	证券简称	2010年竞争力	2011年竞争力	2012年竞争力	2013年竞争力	行业代码	企业归属
002302	西部建设	27.12	60.20	60.78	128.98	C30	央企
002304	洋河股份	170.11	225.02	230.65	301.88	C15	地市级
002332	仙琚制药	47.37	61.37	61.72	76.38	C27	县级
002338	奥普光电	20.59	24.58	22.60	33.75	C40	高校（科研院所）
002349	精华制药	21.16	26.25	29.58	34.64	C27	地市级
002386	天原集团	157.22	178.41	106.06	106.50	C26	地市级
002393	力生制药	35.42	39.80	42.81	51.69	C27	省级
002415	海康威视	89.00	176.47	179.99	243.34	C39	央企
002423	中原特钢	92.90	106.46	84.55	94.34	C35	央企
002430	杭氧股份	77.78	97.63	79.30	105.87	C35	地市级
002461	珠江啤酒	129.43	158.42	130.30	147.66	C15	地市级
002481	双塔食品	12.77	14.95	12.36	14.39	C14	县级
002507	涪陵榨菜	21.48	25.12	19.34	28.10	C14	地市级
002523	天桥起重	21.17	31.98	25.50	25.66	C34	地市级
300024	机器人	19.65	32.74	32.79	53.03	C34	高校（科研院所）
300034	钢研高纳	9.02	10.56	10.20	13.54	C32	央企
300073	当升科技	19.26	24.34	14.27	13.23	C30	央企
300105	龙源技术	13.74	22.32	20.60	24.87	C38	央企
300114	中航电测	40.61	56.89	51.40	61.50	C39	央企
300140	启源装备	13.55	16.83	12.95	18.84	C38	央企
300161	华中数控	12.30	17.67	14.25	16.38	C34	高校（科研院所）
600005	武钢股份	785.72	1212.30	944.29	1010.03	C31	央企
600006	东风汽车	220.88	264.72	229.18	264.57	C36	央企
600010	包钢股份	730.77	848.63	666.69	806.66	C31	省级
600019	宝钢股份	1133.40	1276.35	854.26	1060.95	C31	央企
600022	山东钢铁	438.48	491.52	798.85	812.72	C31	省级

证券代码	证券简称	2010 年竞争力	2011 年竞争力	2012 年竞争力	2013 年竞争力	行业代码	企业归属
600038	中直股份	75.61	93.17	86.67	294.58	C37	央企
600055	华润万东	21.72	26.69	24.53	35.55	C35	央企
600056	中国医药	36.53	43.07	38.38	178.22	C27	央企
600059	古越龙山	55.79	69.86	58.30	65.84	C15	地市级
600060	海信电器	326.10	432.68	504.54	592.17	C39	地市级
600061	国投安信	43.78	50.03	36.69	38.94	C17	央企
600062	华润双鹤	257.58	298.28	280.69	293.92	C27	央企
600063	皖维高新	72.79	85.72	110.51	125.62	C28	省级
600073	上海梅林	65.14	187.20	178.45	197.63	C14	省级
600081	东风科技	75.39	133.54	106.13	137.12	C36	央企
600085	同仁堂	70.46	82.48	270.36	322.58	C27	省级
600096	云天化	284.98	292.26	237.89	527.89	C26	省级
600099	林海股份	12.06	12.55	10.43	15.18	C37	央企
600103	青山纸业	94.03	87.59	76.93	108.15	C22	省级
600104	上汽集团	356.87	420.02	461.70	3847.54	C36	省级
600107	美尔雅	110.10	127.89	96.80	105.11	C18	央企
600111	北方稀土	91.25	282.20	232.75	280.49	C32	省级
600117	西宁特钢	200.38	266.90	227.36	210.19	C31	省级
600126	杭钢股份	144.31	166.50	160.11	177.21	C31	省级
600127	金健米业	62.04	65.63	53.25	54.37	C13	地市级
600129	太极集团	263.37	340.47	278.17	311.22	C27	地市级
600135	乐凯胶片	39.25	42.21	34.19	38.61	C26	央企
600141	兴发集团	102.07	140.45	132.49	162.94	C26	县级
600148	长春一东	26.06	29.11	22.02	25.84	C36	央企
600150	中国船舶	294.20	388.34	256.11	310.09	C37	央企
600151	航天机电	69.87	69.76	51.60	45.21	C39	央企

证券代码	证券简称	2010年竞争力	2011年竞争力	2012年竞争力	2013年竞争力	行业代码	企业归属
600156	华升股份	28.39	80.79	73.01	79.72	C17	省级
600160	巨化股份	134.79	152.88	122.74	156.15	C26	省级
600161	天坛生物	58.97	60.02	60.89	69.15	C27	央企
600166	福田汽车	749.46	1019.15	659.72	760.31	C36	省级
600169	太原重工	184.18	222.14	196.46	223.32	C35	省级
600171	上海贝岭	17.77	20.02	12.59	11.61	C39	央企
600176	中国巨石	237.69	255.29	209.91	213.43	C30	央企
600183	生益科技	68.16	87.66	121.39	190.13	C39	地市级
600184	光电股份	66.63	97.24	73.28	67.60	C35	央企
600189	吉林森工	149.96	181.78	113.42	129.14	C20	省级
600192	长城电工	90.89	104.77	83.18	98.50	C38	省级
600195	中牧股份	51.48	64.21	88.73	99.48	C27	央企
600197	伊力特	38.59	49.66	38.80	44.48	C15	地市级
600199	金种子酒	65.99	83.31	67.91	78.18	C15	地市级
600202	哈空调	21.56	23.35	21.40	22.75	C38	地市级
600206	有研新材	16.07	17.61	9.70	14.90	C32	央企
600218	全柴动力	71.52	75.44	60.68	70.00	C34	县级
600222	太龙药业	28.50	33.79	27.15	37.74	C27	县级
600226	升华拜克	51.01	43.15	60.92	70.99	C26	县级
600229	青岛碱业	82.79	92.15	39.15	41.72	C26	地市级
600230	沧州大化	47.32	53.05	69.23	76.25	C26	央企
600231	凌钢股份	141.95	158.73	156.44	190.10	C31	地市级
600235	民丰特纸	44.05	51.35	42.27	47.63	C22	地市级
600243	青海华鼎	91.55	110.88	86.33	94.26	C34	省级
600249	两面针	50.09	96.20	74.04	79.70	C26	地市级
600251	冠农股份	-120.96	729.83	22.16	22.54	C13	地市级

证券代码	证券简称	2010年竞争力	2011年竞争力	2012年竞争力	2013年竞争力	行业代码	企业归属
600262	北方股份	28.50	33.47	35.10	37.42	C35	央企
600267	海正药业	88.09	107.57	168.92	212.69	C27	县级
600268	国电南自	71.72	121.48	111.64	127.11	C38	央企
600298	安琪酵母	27.52	38.07	36.19	156.97	C14	地市级
600302	标准股份	46.70	61.08	55.94	67.43	C35	地市级
600305	恒顺醋业	34.33	48.63	33.96	44.43	C14	地市级
600307	酒钢宏兴	398.58	490.25	549.70	675.74	C31	省级
600309	万华化学	68.37	122.10	129.68	175.24	C26	地市级
600312	平高电气	82.18	98.09	83.54	92.88	C38	央企
600316	洪都航空	191.14	222.71	187.60	203.07	C37	央企
600320	振华重工	137.59	159.12	146.72	180.91	C35	央企
600328	兰太实业	74.94	89.43	108.99	117.85	C26	央企
600329	中新药业	125.56	141.67	94.34	103.53	C27	省级
600332	白云山	131.11	150.99	133.28	284.53	C27	地市级
600333	长春燃气	55.39	73.62	59.05	72.95	C25	地市级
600336	澳柯玛	153.92	170.65	131.28	158.23	C38	地市级
600339	天利高新	58.56	58.01	86.03	94.01	C26	县级
600343	航天动力	43.02	82.43	63.47	66.53	C35	央企
600346	大橡塑	37.74	44.43	33.96	38.38	C35	地市级
600356	恒丰纸业	56.73	58.42	46.78	52.44	C22	地市级
600362	江西铜业	685.36	661.61	572.23	635.99	C32	省级
600367	红星发展	77.21	90.60	67.55	77.78	C26	地市级
600375	华菱星马	31.53	114.52	100.82	127.11	C36	地市级
600378	天科股份	27.34	24.47	19.24	9.27	C26	央企
600389	江山股份	48.56	53.10	42.00	49.66	C26	央企
600390	金瑞科技	15.95	17.66	46.68	51.60	C31	央企

证券代码	证券简称	2010年竞争力	2011年竞争力	2012年竞争力	2013年竞争力	行业代码	企业归属
600391	成发科技	52.77	97.74	99.57	114.49	C37	央企
600399	抚顺特钢	189.97	260.94	225.46	263.30	C31	省级
600409	三友化工	137.36	347.26	283.91	368.77	C26	央企
600416	湘电股份	138.54	168.66	171.40	194.08	C34	省级
600418	江淮汽车	392.24	482.71	446.27	419.71	C36	省级
600420	现代制药	21.25	26.34	92.54	137.20	C27	央企
600423	柳化股份	67.52	82.01	66.67	71.35	C26	地市级
600425	青松建化	92.98	123.71	117.23	123.78	C30	地市级
600426	华鲁恒升	69.64	82.78	74.47	88.90	C26	省级
600429	三元股份	184.72	215.48	187.00	201.09	C14	省级
600432	吉恩镍业	110.35	124.66	122.77	131.27	C32	省级
600433	冠豪高新	20.36	34.41	30.35	33.98	C22	央企
600435	北方导航	78.24	88.47	57.52	62.52	C39	央企
600436	片仔癀	20.30	26.02	22.50	29.94	C27	地市级
600448	华纺股份	69.35	77.96	64.61	79.11	C17	地市级
600449	宁夏建材	89.71	104.99	99.36	139.10	C30	央企
600456	宝钛股份	70.66	84.25	76.58	87.59	C32	省级
600458	时代新材	51.62	67.80	60.20	70.02	C29	央企
600459	贵研铂业	14.62	16.62	15.18	19.13	C32	省级
600468	百利电气	25.25	41.40	31.54	37.53	C38	省级
600469	风神股份	137.12	160.55	137.72	185.90	C29	央企
600470	六国化工	36.82	45.61	95.84	109.40	C26	地市级
600475	华光股份	37.74	42.60	52.05	56.18	C34	地市级
600479	千金药业	34.76	46.17	67.87	103.64	C27	地市级
600480	凌云股份	112.06	176.04	162.46	204.89	C36	央企
600482	风帆股份	162.70	196.44	152.35	176.63	C38	央企

证券代码	证券简称	2010年竞争力	2011年竞争力	2012年竞争力	2013年竞争力	行业代码	企业归属
600486	扬农化工	28.24	32.83	27.11	32.41	C26	地市级
600488	天药股份	35.85	37.89	30.92	37.17	C27	省级
600495	晋西车轴	49.63	52.01	42.14	50.78	C37	央企
600500	中化国际	264.86	301.87	276.38	328.87	C26	央企
600501	航天晨光	64.96	79.71	69.88	82.75	C36	央企
600513	联环药业	9.99	17.62	16.07	31.44	C27	地市级
600517	置信电气	30.67	28.48	25.86	49.91	C38	央企
600519	贵州茅台	248.50	330.17	331.13	449.24	C15	省级
600523	贵航股份	163.75	196.90	151.07	172.27	C36	央企
600526	菲达环保	37.83	47.36	39.44	51.80	C35	县级
600529	山东药玻	113.91	128.97	101.64	110.58	C30	县级
600530	交大昂立	9.41	19.51	15.92	17.66	C27	高校（科研院所）
600531	豫光金铅	60.54	75.39	71.23	84.65	C32	地市级
600543	莫高股份	45.19	55.41	39.00	44.11	C15	省级
600549	厦门钨业	177.69	253.07	216.21	282.91	C32	省级
600552	方兴科技	20.06	52.85	47.12	61.01	C30	央企
600558	大西洋	44.10	48.45	69.77	76.75	C33	地市级
600559	老白干酒	53.81	68.55	55.90	60.56	C15	地市级
600560	金自天正	14.81	16.75	14.48	15.98	C35	央企
600569	安阳钢铁	597.16	647.62	469.42	524.58	C31	省级
600573	惠泉啤酒	55.12	73.61	57.28	74.14	C15	省级
600581	八一钢铁	147.01	166.46	138.67	198.70	C31	央企
600582	天地科技	228.61	291.57	358.21	427.44	C35	央企
600585	海螺水泥	790.00	1188.60	984.20	1156.68	C30	省级
600587	新华医疗	41.17	54.99	67.68	112.60	C35	省级
600592	龙溪股份	18.12	23.01	69.24	73.43	C34	地市级

证券代码	证券简称	2010年竞争力	2011年竞争力	2012年竞争力	2013年竞争力	行业代码	企业归属
600597	光明乳业	68.31	76.15	86.92	109.21	C14	省级
600600	青岛啤酒	812.78	1013.90	872.91	1044.31	C15	地市级
600602	仪电电子	8.49	29.39	23.34	26.54	C39	省级
600612	老凤祥	57.79	76.89	65.81	67.40	C41	地市级
600616	金枫酒业	158.43	29.94	20.83	22.71	C15	省级
600618	氯碱化工	60.27	66.22	64.61	67.02	C26	省级
600619	海立股份	102.58	121.15	74.43	90.29	C34	省级
600623	双钱股份	62.38	69.11	56.94	62.77	C29	省级
600629	棱光实业	16.77	16.66	16.19	17.58	C30	省级
600630	龙头股份	85.01	89.55	61.30	59.69	C17	省级
600636	三爱富	17.47	22.52	17.10	18.90	C26	省级
600651	飞乐音响	104.79	118.33	86.66	93.69	C38	省级
600664	哈药股份	378.38	441.07	434.58	477.94	C27	地市级
600666	西南药业	40.31	49.68	45.72	53.70	C27	地市级
600667	太极实业	63.32	104.91	92.75	86.19	C39	地市级
600668	尖峰集团	70.91	54.81	45.47	52.97	C30	地市级
600679	金山开发	40.98	38.23	24.87	24.94	C37	地市级
600685	中船防务	86.84	101.46	90.46	248.43	C37	央企
600686	金龙汽车	278.89	376.51	317.74	370.37	C36	省级
600688	上海石化	408.32	452.13	362.05	413.95	C25	央企
600702	沱牌舍得	77.21	93.42	83.54	98.17	C15	县级
600720	祁连山	153.37	175.83	133.08	164.52	C30	央企
600725	云维股份	80.39	93.26	130.46	98.35	C25	省级
600731	湖南海利	47.29	54.86	47.25	54.64	C26	省级
600737	中粮屯河	152.65	184.11	137.74	156.64	C13	央企
600741	华域汽车	326.15	245.74	215.63	256.12	C36	省级

证券代码	证券简称	2010年 竞争力	2011年 竞争力	2012年 竞争力	2013年 竞争力	行业代码	企业归属
600742	一汽富维	145.06	164.90	129.72	146.40	C36	央企
600746	江苏索普	23.82	28.51	18.26	21.75	C26	地市级
600750	江中药业	85.92	99.21	83.49	84.07	C27	省级
600761	安徽合力	128.11	150.23	123.21	153.19	C35	省级
600765	中航重机	154.94	244.03	259.83	229.96	C34	央企
600782	新钢股份	658.49	729.62	573.92	546.26	C31	省级
600789	鲁抗医药	130.00	123.53	144.39	158.53	C27	省级
600796	钱江生化	17.46	19.33	14.02	16.08	C26	县级
600802	福建水泥	49.15	58.64	46.59	57.96	C30	省级
600806	昆明机床	60.00	67.53	51.67	56.39	C34	地市级
600808	马钢股份	995.62	1152.96	1108.21	1051.61	C31	省级
600809	山西汾酒	112.08	178.02	165.05	187.86	C15	省级
600810	神马股份	149.28	172.93	158.80	160.92	C28	省级
600812	华北制药	360.51	432.17	343.75	384.48	C27	省级
600815	厦工股份	93.58	174.27	128.01	125.99	C35	地市级
600819	耀皮玻璃	60.05	71.62	49.23	57.18	C30	省级
600835	上海机电	131.15	134.65	109.82	114.41	C34	省级
600839	四川长虹	1328.57	1635.62	1348.68	1546.16	C39	地市级
600841	上柴股份	72.71	72.35	52.17	54.87	C34	省级
600843	上工申贝	32.26	27.17	15.38	16.83	C35	地市级
600844	丹化科技	37.36	4.38	35.40	37.78	C26	县级
600848	自仪股份	39.10	43.79	33.04	36.73	C40	省级
600855	航天长峰	17.08	31.35	23.86	27.56	C35	央企
600866	星湖科技	64.70	92.77	69.52	68.83	C14	省级
600872	中炬高新	65.28	80.43	65.90	94.29	C14	地市级
600875	东方电气	519.90	610.64	505.75	565.07	C34	央企

证券代码	证券简称	2010 年竞争力	2011 年竞争力	2012 年竞争力	2013 年竞争力	行业代码	企业归属
600879	航天电子	217.75	222.88	172.93	201.18	C35	央企
600881	亚泰集团	383.59	521.96	519.53	623.26	C30	地市级
600889	南京化纤	85.89	114.76	74.39	79.75	C28	地市级
600893	中航动力	244.79	301.23	246.98	284.07	C37	央企
600960	渤海活塞	81.87	98.97	79.85	89.54	C36	省级
600963	岳阳林纸	115.35	158.24	128.15	139.80	C22	央企
600967	北方创业	31.53	36.38	75.94	84.38	C37	央企
600970	中材国际	246.10	304.25	258.47	268.78	C35	央企
600973	宝胜股份	61.91	68.35	70.87	85.84	C38	央企
600985	雷鸣科化	17.36	19.47	57.63	61.38	C26	省级
600992	贵绳股份	82.05	95.69	115.58	125.55	C33	省级
600997	开滦股份	297.98	344.60	274.32	300.98	C25	省级
601003	柳钢股份	226.02	276.99	217.26	249.94	C31	省级
601005	重庆钢铁	295.96	317.72	288.83	325.85	C31	省级
601106	中国一重	280.49	336.14	275.63	303.22	C35	央企
601177	杭齿前进	60.45	70.13	80.19	87.15	C34	县级
601179	中国西电	373.07	463.79	332.30	358.90	C38	央企
601299	中国北车	1919.42	2416.68	1943.31	2170.04	C37	央企
601369	陕鼓动力	69.53	82.27	70.59	75.08	C38	地市级
601600	中国铝业	2548.09	2784.05	2191.08	2320.31	C32	央企
601717	郑煤机	87.77	96.76	133.20	145.75	C35	省级
601718	际华集团	1082.66	1189.27	885.89	928.71	C18	央企
601727	上海电气	732.29	773.83	738.62	835.09	C34	省级
601766	中国南车	1935.56	2348.23	1888.25	2182.58	C37	央企
601989	中国重工	697.91	1154.51	1317.18	1317.87	C37	央企
601992	金隅股份	656.63	935.84	664.38	756.07	C30	省级

附表 2   中国金融企业名录

序号	企业（集团）名称
1	中国农业发展银行
2	中国进出口银行
3	国家开发银行股份有限公司
4	中国工商银行股份有限公司
5	中国农业银行股份有限公司
6	中国银行股份有限公司
7	中国建设银行股份有限公司
8	交通银行股份有限公司
9	中国出口信用保险公司
10	中国人民保险集团股份有限公司
11	中国人寿保险（集团）公司
12	中国再保险（集团）股份有限公司
13	中国太平保险集团有限责任公司
14	中国华融资产管理股份有限公司
15	中国长城资产管理股份有限公司
16	中国东方资产管理股份有限公司
17	中国信达资产管理股份有限公司
18	中国中信集团有限公司
19	中国光大集团股份公司
20	中国银河金融控股有限责任公司
21	中国银河投资管理有限公司
22	中国建银投资有限责任公司
23	中央国债登记结算有限责任公司
24	中国投资有限责任公司

资料来源：财政部网站，2017 - 12 - 28。

附表3　　　　　　　　　　　　　　　　央企名录

序号	企业（集团）名称	序号	企业（集团）名称
1	中国核工业集团有限公司	27	东风汽车集团有限公司
2	中国航天科技集团有限公司	28	中国一重集团有限公司
3	中国航天科工集团有限公司	29	中国机械工业集团有限公司
4	中国航空工业集团有限公司	30	哈尔滨电气集团有限公司
5	中国船舶工业集团有限公司	31	中国东方电气集团有限公司
6	中国船舶重工集团有限公司	32	鞍钢集团有限公司
7	中国兵器工业集团有限公司	33	中国宝武钢铁集团有限公司
8	中国兵器装备集团有限公司	34	中国铝业集团有限公司
9	中国电子科技集团有限公司	35	中国远洋海运集团有限公司
10	中国航空发动机集团有限公司	36	中国航空集团有限公司
11	中国石油天然气集团有限公司	37	中国东方航空集团有限公司
12	中国石油化工集团公司	38	中国南方航空集团有限公司
13	中国海洋石油集团有限公司	39	中国中化集团有限公司
14	国家电网有限公司	40	中粮集团有限公司
15	中国南方电网有限责任公司	41	中国五矿集团有限公司
16	中国华能集团有限公司	42	中国通用技术（集团）控股有限责任公司
17	中国大唐集团有限公司	43	中国建筑集团有限公司
18	中国华电集团有限公司	44	中国储备粮管理集团有限公司
19	国家电力投资集团有限公司	45	国家开发投资集团有限公司
20	中国长江三峡集团有限公司	46	招商局集团有限公司
21	国家能源投资集团有限责任公司	47	华润（集团）有限公司
22	中国电信集团有限公司	48	中国旅游集团有限公司［香港中旅（集团）有限公司］
23	中国联合网络通信集团有限公司	49	中国商用飞机有限责任公司
24	中国移动通信集团有限公司	50	中国节能环保集团有限公司
25	中国电子信息产业集团有限公司	51	中国国际工程咨询有限公司
26	中国第一汽车集团有限公司	52	中国诚通控股集团有限公司

续表

序号	企业（集团）名称	序号	企业（集团）名称
53	中国中煤能源集团有限公司	76	中国林业集团有限公司
54	中国煤炭科工集团有限公司	77	中国医药集团有限公司
55	机械科学研究总院集团有限公司	78	中国保利集团有限公司
56	中国中钢集团有限公司	79	中国建设科技有限公司
57	中国钢研科技集团有限公司	80	中国冶金地质总局
58	中国化工集团有限公司	81	中国煤炭地质总局
59	中国化学工程集团有限公司	82	新兴际华集团有限公司
60	中国盐业有限公司	83	中国民航信息集团有限公司
61	中国建材集团有限公司	84	中国航空油料集团有限公司
62	中国有色矿业集团有限公司	85	中国航空器材集团有限公司
63	有研科技集团有限公司	86	中国电力建设集团有限公司
64	北京矿冶科技集团有限公司	87	中国能源建设集团有限公司
65	中国国际技术智力合作有限公司	88	中国黄金集团有限公司
66	中国建筑科学研究院有限公司	89	中国广核集团有限公司
67	中国中车集团有限公司	90	中国华录集团有限公司
68	中国铁路通信信号集团有限公司	91	上海诺基亚贝尔股份有限公司
69	中国铁路工程集团有限公司	92	武汉邮电科学研究院有限公司
70	中国铁道建筑有限公司	93	华侨城集团有限公司
71	中国交通建设集团有限公司	94	南光（集团）有限公司［中国南光集团有限公司］
72	中国普天信息产业集团有限公司	95	中国西电集团有限公司
73	电信科学技术研究院有限公司	96	中国铁路物资集团有限公司
74	中国农业发展集团有限公司	97	中国国新控股有限责任公司
75	中国中丝集团有限公司		

资料来源：国务院国资委网站，2017-12-29。

后　记

　　本书是在本人博士论文的基础上修改而成的，出版的动力仅来源于想对读博以来自己在国企改革领域研究中所付出的努力做个总结，对自己多年的读书生涯做个交代，对近不惑之年的人生奋斗做个回顾。

　　值此论文出版，我的硕士毕业已经十年，博士毕业已经两年。就像当初硕士毕业没有去考博一样，博士毕业我也没有立刻去走科研之路。只是与硕士毕业很坚定的去工作不同，这两年我一直在犹豫要不要放弃现在的工作去找一份教职，或许是对自己的科研能力不是足够自信，或许是已渐不惑对未知的不笃定，又或许是对重新清零的不甘心，最终还是没有勇气去这么做。

　　硕士毕业后的第一份工作是在一家央企从事生产管理，那是在我山穷水尽时的柳暗花明，至今仍十分感激那位招我进厂的人力资源负责人，本想以厂为家好好工作，可由于随后家庭和单位的距离，苦于每日路途奔波的劳累，我在第一个单位工作了两年后考到了离家近的一家机关单位，至今想来，在这里工作的印象尤为记忆深刻，由于职业发展的困惑，我于两年后又重新考到了一家大口党校，也就是在这里让我又燃起了考博的希望，在当初取得了工学学士和管理学硕士学位后，一直想再攻读经济学博士学位，要感谢这里的部门领导和校领导的支持，为我博士录取后顺利办理了就读手续。在这家大口党校工作一年后，由于党校办学体制改革的原因，我又去了合并后的另一家党校上班，也要非常感谢这家单位的部门领导对我读博的支持。

　　博士学习阶段，由于并非经济学科班出身，就读过程是吃力的，一边要应付经济学的"三高"考试和博士资格考，一边还要准备小论文的发表。博士就读期间，适逢党的十八届三中全会召开，国有企业的混合所有制改革又一次成了热点，于是博士论文开题时，毅然决然选择了这个方向，但由于积累不够，论文的研究框架却迟迟难以形成，要多谢博导的及时点拨和在财大就读好友的热心帮助，才得以形成了论文的清晰研究脉络。论文写作需要大量时间，还需要灵感的显现，于是迷恋上了咖啡，在每个周末的早上我都会雷打不动地到家附近的咖啡店开始自己一天的码字，这几年咖啡店的员工换了一批又一批，唯独不变的是我依然如故地坐在老位子上看着电脑。本就肠胃不好的我，再加上长年累月的咖啡刺激，有时候打趣自己是"左手咖啡，右手中药"。终于，经过努力，按期三年顺利通过了博士论文外审和答辩，取得了博士研究生学历和经济学博士学位。

博士毕业后我并没有放弃学术研究，也相继写了几篇拙文见诸学术期刊与报端，在此也要非常感谢那些负责的主编和编辑"不以出身论英雄"。比较遗憾的是，我的博士后录取后并没有能顺利办理进站手续，也只能作罢。由于体制机制的原因，也由于精力所限，只是对学术的"业余"热爱无法支撑我走得更远。从在一个不到百人的小山村出生，在村里读小学，到乡里读初中，到县城读高中，再到西北一所省会城市读大学，再到现在的城市读研、工作、读博，一直以来的努力学习造就了我不服输的性格，性格中没有被磨去的棱角也时刻提醒我要不断刻苦上进，只是这种"坚忍不拔"也让我在另一个市场的博弈中大吃苦头，这大概就是每个人都会有"死穴"。就像博士毕业未必都要去做科研一样，每个人的过往经历都会形成自己的路径依赖，注定了自己的人生轨迹，最终形成了世界的丰富多彩。年渐不惑，碌碌无为，我想我也应该坚定自己的职业取向，去尽全力奋斗一番。

最后，感谢经济科学出版社李晓杰编辑对论文的顺利出版所做的帮助，感谢我的家人、感谢自己。本书对混合所有制企业的研究仍属探索性研究，还存在很多不足，希望学界前辈和各位读者多批评指正。

胡　锋

2018.8.4 于星巴克畹町路店